W0238123

Little Boxes Teil 0

Für meine Eltern und alle Seminarteilnehmer der letzten Jahre.
Ohne euch wäre dieses Buch nicht entstanden.

TEIL 0

little boxes

Was Sie wissen sollten, bevor Sie eine Website bauen (lassen)

PETER MÜLLER

Markt+Technik

Bibliografische Information der Deutschen Nationalbibliothek
Die Deutsche Nationalbibliothek verzeichnet diese Publikation
in der Deutschen Nationalbibliografie; detaillierte bibliografische
Daten sind im Internet über http://dnb.d-nb.de abrufbar.

Die Informationen in diesem Produkt werden ohne Rücksicht auf einen
eventuellen Patentschutz veröffentlicht.
Warennamen werden ohne Gewährleistung der freien Verwendbarkeit benutzt.
Bei der Zusammenstellung von Texten und Abbildungen wurde mit größter
Sorgfalt vorgegangen.
Trotzdem können Fehler nicht vollständig ausgeschlossen werden.
Verlag, Herausgeber und Autoren können für fehlerhafte Angaben
und deren Folgen weder eine juristische Verantwortung noch
irgendeine Haftung übernehmen.
Für Verbesserungsvorschläge und Hinweise auf Fehler sind Verlag und
Herausgeber dankbar.

Alle Rechte vorbehalten, auch die der fotomechanischen
Wiedergabe und der Speicherung in elektronischen Medien.
Die gewerbliche Nutzung der in diesem Produkt gezeigten
Modelle und Arbeiten ist nicht zulässig.

Fast alle Hardware- und Softwarebezeichnungen und weitere Stichworte und sonstige
Angaben, die in diesem Buch verwendet werden, sind als eingetragene Marken geschützt.
Da es nicht möglich ist, in allen Fällen zeitnah zu ermitteln, ob ein Markenschutz besteht,
wird das ® Symbol in diesem Buch nicht verwendet.

Umwelthinweis:
Dieses Buch wurde auf chlorfrei gebleichtem Papier gedruckt.
Um Rohstoffe zu sparen, haben wir auf Folienverpackung verzichtet.

10 9 8 7 6 5 4 3 2 1

10 09 08

ISBN 978-3-8272-4428-4

© 2008 by Markt+Technik Verlag,
ein Imprint der Pearson Education Deutschland GmbH,
Martin-Kollar-Straße 10–12, D-81829 München/Germany
Alle Rechte vorbehalten
Lektorat: Boris Karnikowski, bkarnikowski@pearson.de
Herstellung: Claudia Bäurle, cbaeurle@pearson.de
Korrektorat: Brigitte Hamerski, Willich
Covergestaltung: Marco Lindenbeck, webwo GmbH, mlindenbeck@webwo.de
Satz: text&form GbR, Fürstenfeldbruck
Druck und Verarbeitung: Bosch Druck, Ergolding
Printed in Germany

Inhaltsübersicht

Vorweg 15

Teil I Einführung 19

1 Wissenswertes übers Web 21
2 So funktioniert das Web 45
3 Die Entwicklung des Webpublishing 67
4 Gute Seiten, schlechte Seiten 85

Teil II Vorbereitung 99

5 Fünf Schritte bis zur fertigen Site 101
6 Baukästen und Fertigbauteile 123
7 Webhosting: Domain und Webspace 141

Teil III Inhalte erstellen 163

8 Schreiben im Web für Menschen 165
9 Schreiben im Web für Maschinen 187
10 Grafiken fürs Web vorbereiten 205

Teil IV Werkzeuge 221

11 Werkzeuge zum Selberbauen 223

Stichwortverzeichnis 235

Inhaltsverzeichnis

Vorweg		15
	Little Boxes, Teil 0?	15
	Der Aufbau des Buches	16
	Was Sie auf der CD gefunden hätten ...	17
	Vorkenntnisse: Was Sie bereits wissen sollten	17
Teil I	**Einführung**	**19**
1	**Wissenswertes übers Web**	21
1.1	Das Internet und das World Wide Web	22
	Das Internet ist einfach nur ein Computernetzwerk	22
	Das World Wide Web: Hypertext im Internet	23
	Hypertext ist Text mit Hyperlinks	25
	Internet und Web sind nicht wirklich dasselbe	25
1.2	Das World Wide Web: Ein weltweites Gewebe	26
	Das Web besteht aus Webseiten	26
	Hyperlinks verknüpfen Webseiten miteinander	28
	Webstandards und das World Wide Web Consortium	29
	Begriffsverwirrung: Website, Webseite und Homepage	30
1.3	Orientierung im Web: Navigation	32
	Eine Website ist anders als ein Buch	32
	Navigation dient zur Orientierung innerhalb der Site	33
1.4	Navigationshilfen im Browser	34
	Die Symbolleiste im Überblick	34
	Favoriten und Lesezeichen: Ihre Sicht des World Wide Web	36
	RSS-Feeds: Webseiten abonnieren	38
	Die Surfgeschichte: Verlauf, Chronik, History ...	40
1.5	So funktionieren Suchmaschinen	40
	Suchmaschinen durchsuchen nicht das Web	40
	Der Ablauf einer Websuche	41
	Suchmaschinen vergleichen nur Buchstaben	42
1.6	Auf einen Blick	43

2	**So funktioniert das Web**	45
2.1	Domain Name System: Die automatische Auskunft	46
	IP-Adressen – Die Telefonnummern des Internet	46
	Das Domain Name System: Von Namen zu Nummern	47
	Der Aufbau von Domain Namen	48
	Die Top Level Domains	49
	Die Second Level Domains (und alle darunter)	50
2.2	Der Aufbau einer Webadresse (URL)	51
2.3	Eine Webseite besteht aus Quelltext	53
	Der Quelltext ist der Bauplan der Webseite	53
	Der Browser bekommt den Quelltext von einem Webserver	54
	Grafiken ausstellen im Browser	56
2.4	Quelltext: HTML, CSS und eventuell JavaScript	57
	Der Browser übersetzt HTML, CSS und JavaScript	57
	Die Ordnung: HTML ist nicht hübsch, aber flexibel	58
	Das Styling: CSS gestaltet die HTML-Elemente	60
	HTML und CSS: Die Trennung von Inhalt und Gestaltung	62
	JavaScript beeinflusst das Verhalten der Webseite	63
2.5	Auf einen Blick	65
3	**Die Entwicklung des Webpublishing**	67
3.1	Webpublishing war ursprünglich statisch	68
	Webspace: Speicherplatz zum Veröffentlichen im Web	68
	So funktioniert statisches Webpublishing	69
	Statische Webseiten sind umständlich zu pflegen	70
3.2	Statisches Webpublishing wird interaktiv	70
	Das Web ist ein interaktives Medium	71
	Ein Beispiel zur Interaktion: Ein Kontaktformular	71
	Formulardaten werden immer von einer Webanwendung verarbeitet	73
3.3	Webanwendungen als Motor für die Website	74
	99 Luftballons: Grenzen des statischen Webpublishing	74
	Dynamisches Webpublishing: Immer aktuelle Preise	75
	Beispiel: Content Management in Aktion	76
	So funktioniert ein Content Management System (CMS)	78
3.4	Webanwendungen erobern den Alltag	80
	Webmail: Das Web integriert andere Dienste wie E-Mail	80
	Web 2.0: Webanwendungen zur Zusammenarbeit im Web	81
	Webanwendungen als Ersatz für installierte Programme	82
3.5	Auf einen Blick	84

4	**Gute Seiten, schlechte Seiten**	85
4.1	Die Webseite ist zu Gast beim Surfer	86
4.2	Überblick: Sieben Qualitätskriterien	86
	1. Der Inhalt: Darum kommen die Besucher	87
	2. Die Gestaltung: So sieht's aus	88
	3. Die Navigation: Orientierung geben	89
	4. Die Performance: »Boah, is dat langsaam«	90
	5. Die Zugänglichkeit: »Wie Sie sehen, sehen Sie nichts«	91
	6. Der Quelltext: Verborgene Qualitäten	92
	7. Die Interaktion: Mit den Besuchern kommunizieren	93
4.3	Die Mischung macht's: Bibliothek und Galerie	94
	Die Bibliothek: form follows function	95
	Die Galerie: form without function	96
	Bibliotheken und Galerien haben unterschiedliche Prioritäten	97
4.4	Auf einen Blick	98
Teil II	**Vorbereitung**	**99**
5	**Fünf Schritte bis zur fertigen Site**	101
5.1	Fünf Schritte: Der rote Faden durch das Labyrinth	102
5.2	Schritt 1: Rahmenbedingungen festlegen	104
	Ziele: Was wollen Sie mit der Site erreichen?	105
	Zeit: Deadline setzen und Pflege abschätzen	106
	»Zaster«: Kostenrahmen festlegen	107
5.3	Schritt 2: Sammeln	107
	Sammeln der zu veröffentlichenden Inhalte	108
	Webanwendungen: Sammeln der Funktionen	109
5.4	Schritt 3: Sortieren	110
	Inhalte sortieren: Kategorien und Hierarchien	110
	Funktionen sortieren	112
5.5	Schritt 4: Skizzieren	112
	Grundlegende Gedanken zur Skizze	113
	Werkzeuge zum Erstellen der Skizzen	114
5.6	Schritt 5: Umsetzen	115
	Methoden: Selber bauen, Bauen lassen, Baukasten benutzen	115
	Layout erstellen	116
	Inhalte erstellen	117
	Funktionen erstellen	118

5.7	Altogether now: Die fünf Schritte im Überblick	119
5.8	Nach der Freischaltung: Die Website im Alltag	120
	Eine Website ist ein Prozess	120
	Wenn sich die Anforderungen ändern ...	121
5.9	Auf einen Blick	122
6	**Baukästen und Fertigbauteile**	123
6.1	Im Web aktiv ohne eigene Site	124
6.2	Blogger Dir einen: Bloganbieter	125
	Blogs sind einfache Websites und leicht zu bedienen	125
	Überblick: Fertigblogs vom Bloganbieter	127
6.3	»Instant Websites«: Baukästen für komplette Sites	128
	Man spricht deutsch: *jimdo.com*	129
	Englischsprachige Baukästen für Websites	131
	Webhoster mit Online-Baukasten: Strato und 1&1	132
	Fertighaus per Offline-Baukasten (und eigenem Webspace)	133
6.4	Google Maps und Flickr auf Ihrer Site	134
	Google Maps ohne Programmierung integrieren	134
	Fotos direkt von Flickr einbinden	135
6.5	Fertigbauteile: Gehostete Webanwendungen	137
	Beispiel: Ein Forum als gehostete Webanwendung	137
	So funktioniert eine gehostete Webanwendung	138
	Überblick: Gehostete Webanwendungen	139
6.6	Auf einen Blick	139
7	**Webhosting: Domain und Webspace**	141
7.1	Untermieter: Webspace ohne eigene Domain	142
7.2	Die eigene Domain: *mueller.de*	142
7.3	Wenn Ihr Wunschname vergeben ist	144
	1. Eine andere Second-Level-Domain	144
	2. International: Eine andere Top Level Domain	145
	3. Domain kaufen: Der Handel mit Domain Namen	147
7.4	Der eigene Webspace	148
	Überblick über Webhoster: *webhostlist.de*	148
	Verwirrende Preise: Null Euro Sternchen	150
	Der Einstieg: Domain und Mail	151
	Die Mittelklasse: Webspace mit PHP und Datenbank	152
	Die Oberklasse: Premiumpakete für Experten	153

7.5 Know-how: Fachbegriffe rund ums Webhosting 154
Wie viel Speicherplatz wird benötigt? 154
Wie viel Traffic (Datentransfer) brauchen Sie? 155
Der Zugang zum Webspace: FTP & Co. 156
Serverseitige Skriptsprachen: PHP & Co. 157
Datenbanken: MySQL und phpMyAdmin 158
Sonstige Fachbegriffe rund um den Webspace 159
Der Mailspace: POP3, IMAP und Webmail 160
7.6 Auf einen Blick 161

Teil III Inhalte erstellen 163

8 Schreiben im Web für Menschen 165
8.1 Wie Menschen im Web lesen 166
Und es hat Zoom gemacht: Lesen am Bildschirm 167
Webseiten werden nicht gelesen, sondern überflogen 168
Zwischenlandung: Scannen – Skimmen – Lesen 169
8.2 Verständliche Texte: Die Hamburger Pyramide 170
Pulitzer und das Hamburger Verständlichkeitsmodell 171
Die umgekehrte Pyramide: Das Wichtigste am Anfang 172
8.3 Grafisches Schreiben: Texte scannbar machen 172
Überschriften und Zwischenüberschriften 173
Schreiben Sie kurze Absätze 173
Heben Sie wichtige Worte hervor 173
Benutzen Sie Listen 174
8.4 Abstände und Schriften: Fließtext gestalten 175
Abstand halten im Fließtext 175
Sie können nicht jede Schriftart benutzen 176
Schnorkel oder nicht Schnörkel: Schriften und Serifen 178
8.5 Der Umgang mit Hyperlinks 180
Linken Sie nicht nur des Linkens wegen 180
Das »Hier«-Syndrom: Klicken Sie hier 181
Benutzen Sie Linklisten 181
Beschreiben Sie Downloadlinks deutlich 182
8.6 Schreiben im Web: Beispiel und Übung 182
Beispiel: Zürich, die Stadt, die die Römer Turicum nannten ... 182
Übung: Rezept für Caipirinha übersichtlich gestalten 184
8.7 Lösung: Rezept für Caipirinha 185
8.8 Auf einen Blick 186

9	**Schreiben im Web für Maschinen**	187
9.1	Wie Maschinen im Web lesen	188
	Robots sammeln den Quelltext der Webseiten ein	188
	Suchmaschinen lesen den head-Bereich der Webseite	189
9.2	Grafisches Schreiben hilft auch bei Suchmaschinen	191
	Sprechen Sie die Sprache Ihrer Benutzer	191
	Einige HTML-Elemente sind wichtiger als andere	192
	Suchbegriffe in Überschriften	192
	Suchbegriffe in Hervorhebungen	194
	Suchbegriffe in Hyperlinks und Listen	194
9.3	Nicht zugänglich: Wie Sie sehen, sehen Sie nichts	195
9.4	Ranking: Bei Google auf Platz 1 ...	196
	Google mag Hyperlinks ...	197
	Ein Beispiel: IKEA in Groningen	198
	Die Site gibt es schon länger und der Inhalt wird gepflegt	200
	Es zeigen viele Links auf die Site	201
	Die Site ist suchmaschinenfreundlich geschrieben	202
	Fazit: Gut schreiben und fleißig linken	203
9.5	Auf einen Blick	204
10	**Grafiken fürs Web vorbereiten**	205
10.1	Webgrafiken – Das Wichtigste in Kürze	206
	Grafiken laden länger als Text	206
	Im Web sind nur GIF, JPEG oder PNG erlaubt	206
10.2	Grafiken – Woher nehmen und nicht stehlen?	207
	Vorsicht bei Grafiken von anderen Webseiten	207
	Die Google-Bildersuche ist keine gute Quelle ...	208
	Flickr.com und CreativeCommons	209
	Andere Websites mit lizenzfreien Fotos	210
10.3	Fotos für das Web vorbereiten	211
	Ein Foto in Picnik bearbeiten	212
	Verschiedene Größen derselben Grafik	214
10.4	Know-how: JPEG, GIF und PNG im Detail	215
	Besonderheiten von JPEG: Kompressionsrate vs. Qualität	215
	Besonderheiten von GIF: Interlaced, Transparenz und Animation	217
	Besonderheiten von PNG: Alphatransparenz	218
	JPG, GIF und PNG im Überblick	219
10.5	Auf einen Blick	219

Teil IV Werkzeuge **221**

11 Werkzeuge zum Selberbauen 223
11.1 Text-Editoren zum Erstellen von Webseiten 224
WYSIWYG-Editor oder Quelltext-Editor 224
Übersicht: Editoren für den Quelltext 226
Dreamweaver & Co. 227
11.2 Editoren zum Bearbeiten von Grafiken 229
11.3 Browser zum Testen von Webseiten 230
Die Browser 230
Zwei Zusatzprogramme für den Firefox 231
Editor und Browser im Alltag: Per Tastatur wechseln 231
11.4 FTP: Veröffentlichen von Webseiten 232
11.5 Hilfe im Web und in Foren 232
11.6 Bücher und Videotrainings 233

Stichwortverzeichnis 235

Vorweg

Das »Vorweg« enthält all die Dinge, die sowieso niemand liest. Es kommt *vor* dem eigentlichen Ereignis, wird aber meistens einfach *weg* gelassen. So ähnlich wie das Wort zum Sonntag.

Little Boxes, Teil 0?

Wieso nennt man ein Buch »Teil Null«? Tja. Ich könnte jetzt erzählen, dass man in der Computerei oft bei Null anfängt zu zählen oder dass das Buch quasi »bei Null« anfängt, aber um ehrlich zu sein: Das war nicht so geplant, das hat sich so ergeben.

Die Geschichte von »Little Boxes« begann im Mai 2006 mit einer Einführung in »Webseiten gestalten mit CSS. Grundlagen«. Kurz, dünn und gelb.

Zur im Februar 2007 bei Markt + Technik erschienenen Neuauflage bekam es neben ein paar hübschen Häusern auf dem Cover und einem neuen Layout auch einige zusätzliche Themen und wurde so ein bisschen dicker.

Viele Leser wünschten sich nach der Lektüre eine Fortsetzung, die im Dezember 2007 erschien und sinnigerweise »Teil 2« hieß. Daraufhin bekam das erste Buch den Zusatz »Teil 1«, den es vorher nicht hatte, weil es ursprünglich keinen zweiten Teil gab und auch keiner geplant war.

Hinweis

Die Folgebände (schon erschienen):

- »Little Boxes, Teil 1«, Markt+Technik 2007, ISBN 978-3-8272-4224-2
- »Little Boxes, Teil 2«, Markt+Technik 2007, ISBN 978-3-8272-4307-2

Mehr zu den Büchern (und Video-Trainings) erfahren Sie auf *http://www.little-boxes.de*.

Einige Monate später traf ich mich in einem Münchener Wirtshaus mit meinem Lektor Boris Karnikowski und wir plauderten bei einigen halben Litern über mögliche Projekte. Dabei habe ich erzählt, dass ich gerne einen Vorläufer zu Little Boxes schreiben würde:

> *Ein Buch, das interessierten Laien das Wichtigste rund ums Webpublishing erklärt. Das Webdesigner ihren Kunden und Kunden ihren Webdesignern schenken. Schüler ihren Lehrern und Lehrer ihren Schülern. Ein Buch, das bei Null anfängt und Einsteigern das nötige Vorwissen für »Teil 1« vermittelt. Alles was ich in Seminaren immer vorweg erzähle. So eine Art »Teil 0«.*

Und darum heißt dieses Buch jetzt »Teil 0«. Wenn ich vor zweieinhalb Jahren gewusst hätte, wie sich das alles entwickelt, hätte ich wahrscheinlich *dieses* Buch zuerst geschrieben, es »Teil 1« genannt und die CSS-Einführung wäre »Teil 2« und »Teil 3« geworden. Oder wir hätten gleich eine Buchreihe geplant und die Nummern ganz weggelassen, aber hinterher ist man immer klüger ...

Jedenfalls halten Sie jetzt »Little Boxes, Teil 0« in Ihren Händen. Was Sie wissen sollten, *bevor* Sie Ihre Website bauen (lassen). Aber Sie können es natürlich auch danach lesen und es dann mit Ihren Erfahrungen vergleichen.

Der Aufbau des Buches

Das Buch besteht aus vier großen Teilen:

- **Teil I – Die Einführung**

  Kapitel 1 erklärt, was es mit »Internet und World Wide Web« so auf sich hat, bevor Kapitel 2, »So funktioniert das Web«, etwas detaillierter auf die Technik eingeht. Kapitel 3 schildert »Die Entwicklung des Webpublishing« und der erste Teil schließt mit Kapitel 4, »Gute Seiten, schlechte Seiten«, in dem ein paar Kriterien zur Beurteilung der Qualität von Webseiten vorgeschlagen werden.

- **Teil II – Die Vorbereitung**

  In »Fünf Schritte zur fertigen Site« (Kapitel 5) geht es um einen roten Faden bei der Erstellung von Websites. Kapitel 6 heißt »Baukästen und Fertigbauteile« und stellt Themen wie Social Networking, Fertigblogs und Websitebaukästen vor. Kapitel 7 berät Sie bei der Beschaffung von »Webhosting: Domain und Webspace«.

- **Teil III – Inhalte erstellen**

  Wenn alles gut geplant ist, müssen die Inhalte erstellt werden. In Kapitel 8 geht es um »Schreiben im Web für Menschen« und in Kapitel 9 um »Schreiben im Web für Maschinen«. Kapitel 10 zeigt, wie Sie »Grafiken für das Web vorbereiten«.

- **Teil IV – Wichtige Werkzeuge**

  Zum Abschluss werden einige nützliche Programme und hilfreiche Websites zum Erstellen, Testen, Veröffentlichen und Evaluieren von Webseiten vorgestellt.

Was Sie auf der CD gefunden hätten ...

... können Sie besser direkt downloaden.

Es gibt zu diesem Buch keine Beispieldateien und die meisten beschriebenen Programme sind nur wenige Megabyte groß. Bis Sie dieses Buch in Händen halten, hätte es bestimmt neue Versionen gegeben, sodass nach einer Installation von der Buch-CD erst einmal ein Update fällig geworden wäre. Da können Sie sich besser gleich die aktuelle Version aus dem Web holen und für das Buch etwas weniger bezahlen.

Vorkenntnisse: Was Sie bereits wissen sollten

Leser dieses Buches sollten über einige wenige Vorkenntnisse verfügen, um den Inhalt optimal verstehen und anwenden zu können.

Zunächst einmal sollten Sie grundlegende Dinge auf Ihrem Computer erledigen können:

- Ordner und Dateien erstellen, kopieren, verschieben etc.
- Programme installieren
- Datei-Endungen im Windows Explorer sichtbar machen.

  Unter Windows XP geht das so:

  - EXTRAS – ORDNEROPTIONEN – ANSICHT
  - Das Kontrollkästchen vor ERWEITERUNGEN BEI BEKANNTEN DATEITYPEN AUSBLENDEN darf nicht angekreuzt sein.

Bei Vista ist diese Option ins Menü ORGANISIEREN – ORDNER- UND SUCHOPTIONEN gewandert.

- Wechseln zwischen mehreren geöffneten Programmen: Alt+Tab (Windows)
- ZIP-Dateien entpacken

Die Eingabe von Sonderzeichen wie @ und geschweiften Klammern { und } auf der Tastatur sollte Ihnen keine großen Probleme bereiten:

Eingabe einiger Sonderzeichen auf PC und MAC

Zeichen	PC	MAC
@	AltGr+Q	Alt+L
{	AltGr+7	Alt+8
}	AltGr+0	Alt+9

Last not least sollten Sie natürlich einen Internetzugang zur Verfügung haben und einen Browser (Internet Explorer, Mozilla Firefox etc.) bedienen können: Anlegen von Favoriten bzw. Lesezeichen, Downloaden von Programmen und dergleichen.

Die mit Abstand wichtigsten Voraussetzungen zur Lektüre dieses Buches sind aber wie bei den »Little-Boxes«-Bänden Teil 1 und 2 ein grundlegendes Interesse am Web und Spaß am Lernen.

Teil I

Einführung

Kapitel 1

Wissenswertes übers Web

Worin es um den Unterschied zwischen Internet und World Wide Web geht und erklärt wird, warum das Web ein weltweites Gewebe aus Hypertext ist. Anschließend geht es um die Schwierigkeiten der Orientierung im Web, Navigationshilfen im Browser und um die Funktionsweise von Suchmaschinen.

Die Themen im Überblick

- Das Internet und das World Wide Web, Seite 22
- Das World Wide Web: Ein weltweites Gewebe, Seite 26
- Orientierung im Web: Navigation, Seite 32
- Navigationshilfen im Browser, Seite 34
- So funktionieren Suchmaschinen, Seite 40
- Auf einen Blick, Seite 43

Für dieses Kapitel benötigen Sie lediglich einen Browser und einen Internetzugang, aber das meiste können Sie auch bequem offline lesen.

1.1 Das Internet und das World Wide Web

Eine Website ist Teil des World Wide Web, und um ein bisschen besser verstehen zu können, was dieses *World Wide Web* ist, wird auf den folgenden Seiten das Wichtigste kurz zusammengefasst und dabei hoffentlich einige Verwirrungen beseitigt.

Das Internet ist einfach nur ein Computernetzwerk

Seit dem Ende der 60er-Jahre gibt es ein weltweites, immer dichter werdendes Netz von Computern, die über diverse Leitungen miteinander verbunden sind. Dieses riesige Netzwerk heißt *Internet*.

Schon bald gab es Programme zum Versenden von elektronischen Nachrichten (*E-Mail*) und zum Kopieren von Dateien von einem Computer auf den anderen (*FTP*, kurz für File Transfer Protokoll) auf diesem Netzwerk:

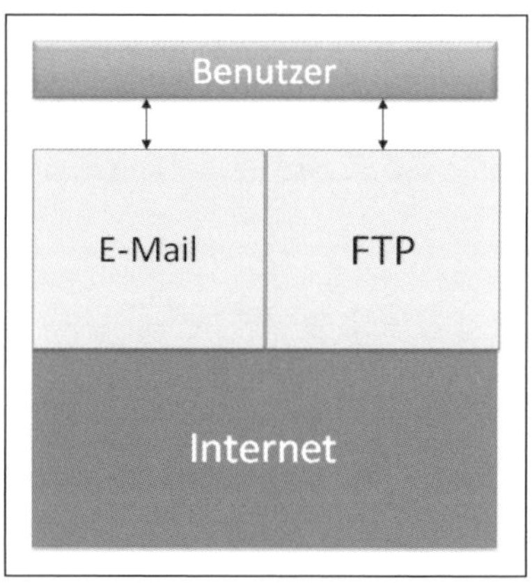

Abbildung 1.1: Zwei traditionelle Möglichkeiten, das Internet zu nutzen

Die Bedienung dieser Programme war für Laien kompliziert und nicht mit dem zu vergleichen, was man heute so gewohnt ist. Wer die *Eingabeaufforderung* von MS-DOS umständlich oder kompliziert findet (oder gar nicht mehr kennt), hätte Ende der 80er Jahre nicht viel Spaß am Internet gehabt:

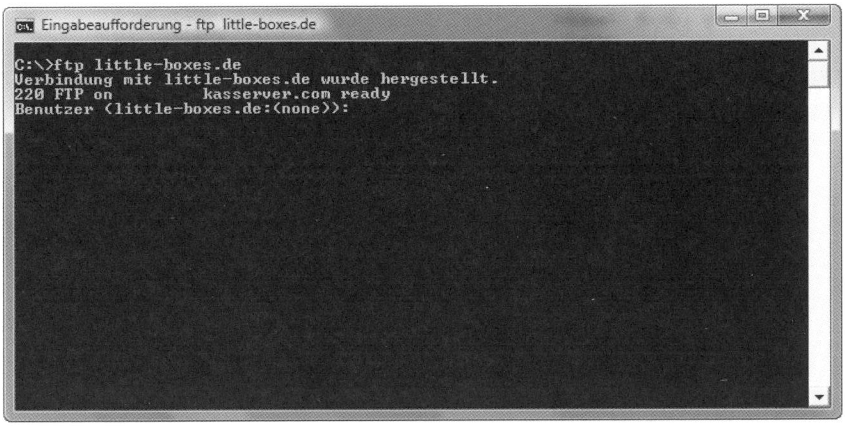

Abbildung 1.2: Nicht wirklich bedienerfreundlich – FTP per Befehlszeile

Hinweis

Internet Provider

Ein *Internet Provider* ist übrigens eine Firma, die ein an das Internet angeschlossenes Netzwerk betreibt und ihren Kunden den Zugang zum Internet gegen ein Entgelt zur Verfügung stellt. Eine treffendere Bezeichnung wäre *Internetzugangsprovider*, schon alleine, um es vom *Webspaceprovider* (alias *Webhoster*) zu unterscheiden, der Speicherplatz für Ihre Website zur Verfügung stellt (siehe auch Seite 142).

Das World Wide Web: Hypertext im Internet

Das Internet war bereits gut 20 Jahre alt, als Anfang der 1990er der Physiker Tim Berners-Lee im CERN (Forschungszentrum für Teilchenphysik in Genf) auf die Idee kam, Wissenschaftlern das Auffinden von weltweit verteilten Forschungsergebnissen im Internet zu erleichtern.

Um es vorwegzunehmen: Das Ergebnis seiner Bemühungen kennen wir heute unter dem Namen *World Wide Web* und man sollte im Hinterkopf behalten, dass das Web ursprünglich von Wissenschaftlern für Wissenschaftler entworfen wurde. Dann wird vieles auf den ersten Blick Umständliche wie z. B. der Aufbau der Webadressen etwas verständlicher.

Berners-Lee dachte sich ein System aus, wie man Dateien, die auf verschiedenen an das Internet angeschlossenen Computern gespeichert sind, per Hypertext miteinander verknüpfen kann. Die folgende Abbildung zeigt einen Nachbau der Website des ersten Webservers der Welt:

Abbildung 1.3: info.cern.ch – die Website zum allerersten Webserver

Das Neue am World Wide Web war die Kombination von Internet und Hypertext. Anfangs war das Web neben E-Mail und FTP nur eine weitere Möglichkeit, das Internet zu nutzen:

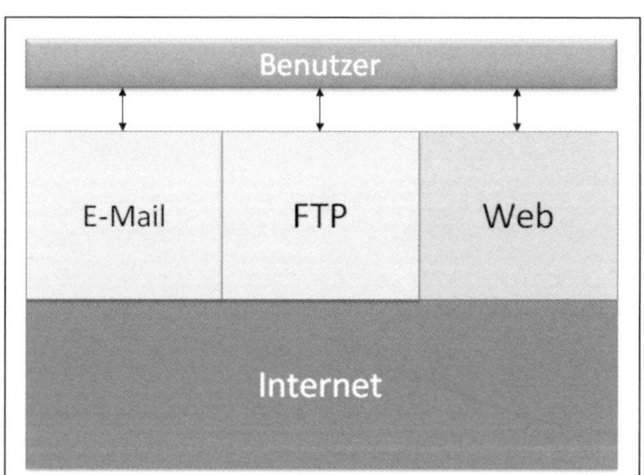

Abbildung 1.4: Das Web ist eine weitere Möglichkeit, das Internet zu nutzen.

Das Internet ist also ein Computernetzwerk, auf dessen Leitungen Daten hin und her sausen, aber was genau ist dieser »Hypertext«?

Hypertext ist Text mit Hyperlinks

Die Buchstaben *HT* für Hypertext tauchen rund um das Web immer wieder auf:

- Jede Webadresse beginnt mit *http* (»Hypertext Transfer Protokoll«).
- Jede Webseite ist in *HTML* geschrieben (»Hypertext Markup Language«).

Die Vorsilbe *hyper* kennzeichnet eine Steigerung, wie z. B. in Markt, Supermarkt, Hypermarkt. »Hypertext« ist also eine Steigerungsform von »Text«: Text, Supertext, Hypertext. Hypertext ist also so toll, dass man »Supertext« glatt übersprungen hat.

Hypertext hat etwas, was normaler Text nicht hat, und dieses gewisse Etwas klingt zunächst völlig unspektakulär:

- In einem normalen Text müssen Sie Querverweise manuell nachschlagen und zur entsprechenden Seite blättern oder sogar erst das entsprechende Buch besorgen.
- In einem Hypertext sind Querverweise – bildlich gesprochen – »automatisch«: ein Klick genügt.

Diese automatischen Querverweise werden im Alltag »Hyperlinks« genannt. Andere häufig verwendete Begriffe sind »Links«, »Verknüpfungen« oder »Verweise«. Sie erkennen einen Hyperlink daran, dass der Mauszeiger zu einer Hand mit klickbereitem, erhobenem Zeigefinger wird, wenn er darüber schwebt. Ein Klick und schon sind Sie woanders. Hypertext.

Internet und Web sind nicht wirklich dasselbe

Dass Internet und World Wide Web nicht dasselbe sind, kann man schon daran erkennen, dass das Internet bereits über 20 Jahre alt war, als das World Wide Web erfunden wurde. Trotzdem werden die Begriffe »Internet« und »World Wide Web« im Alltag häufig durcheinandergewürfelt.

Das Internet war ursprünglich nur das Netzwerk selbst, die Infrastruktur, vergleichbar mit dem »Straßennetz«, auf dem verschiedene Fahrzeuge (Dienste) wie Postautos (E-Mail) oder LKWs (FTP) hin und her fuhren.

Im Laufe der Jahre bezeichnete der Begriff »Internet« aber immer öfter nicht mehr nur das Netzwerk, sondern auch die Dienste wie E-Mail, FTP oder World Wide Web. Das ist zwar ein bisschen so, als ob man mit »Straßennetz« nicht nur die Straßen, sondern auch den darauf fließenden Verkehr meinen würde, aber auch wenn es nicht ganz korrekt ist, ist dieser Sprachgebrauch weit verbreitet.

Die folgende Abbildung zeigt den unterschiedlichen Gebrauch des Begriffes »Internet«:

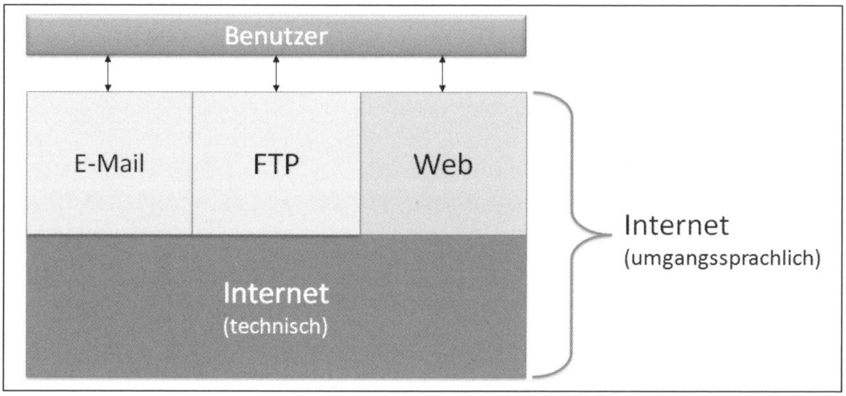

Abbildung 1.5: Mit Internet sind zweierlei Dinge gemeint.

So viel zum Internet. Jetzt kommt das Web.

1.2 Das World Wide Web: Ein weltweites Gewebe

Das Web besteht aus Milliarden einzelner »Webseiten«, die auf über die ganze Welt verteilten Rechnern gespeichert und per Hyperlinks miteinander verbunden werden.

Das Web besteht aus Webseiten

Das Grundprinzip des Web ist ebenso genial wie einfach:

- Alle Informationen werden auf Webseiten gespeichert.
- Jede Webseite hat eine weltweit einmalige Adresse.

Die folgende Abbildung zeigt fünf (fast) beliebige Webseiten mit ihren Adressen:

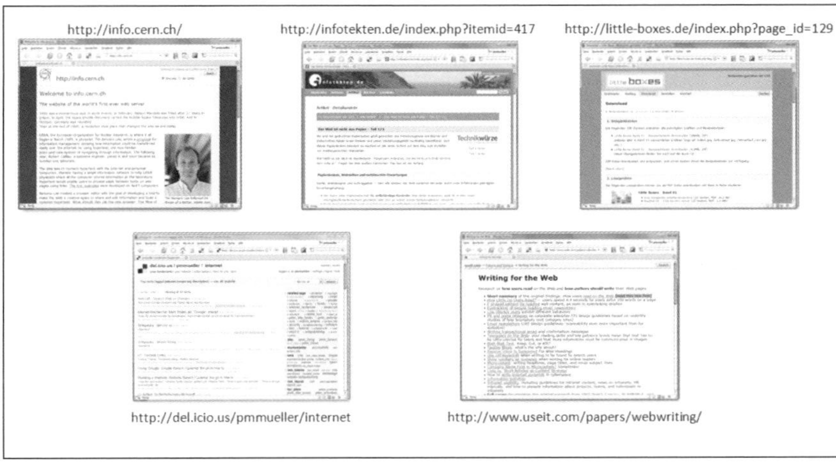

Abbildung 1.6: Jede Webseite hat eine weltweit einmalige Adresse.

Die Webseiten werden in einem *Browser* genannten Programm (z. B. Mozilla Firefox, Internet Explorer) betrachtet. Um auf eine bestimmte im Web gespeicherte Information zugreifen zu können, benötigen Sie lediglich die korrekte Adresse der entsprechenden Seite:

- Zur Anzeige einer Webseite tippen Sie die Adresse im *Browser* ein.
- Um die Seite jemandem zu zeigen, verschicken Sie die Adresse per *E-Mail*.
- Um eine interessante Webseite später leicht wiederzufinden, speichern Sie die Adresse im Browser als *Lesezeichen*.

Im Web dreht sich buchstäblich *alles* um diese Webadressen. Je intensiver Sie das Web nutzen, desto mehr gilt dieser Satz.

Hinweis

Webadressen heißen URL

Webadressen werden oft auch URL genannt, kurz für »Uniform Resource Locator«. Ab Seite 51 erfahren Sie mehr über den Aufbau dieser Adressen.

Hyperlinks verknüpfen Webseiten miteinander

Hypertext ist das Besondere am World Wide Web und das Besondere am Hypertext sind die Hyperlinks, die Webseiten miteinander verbinden.

Auf fast allen Webseiten gibt es solche Links, die nichts anderes als Querverweise auf andere Webseiten sind und die als virtuelle Fäden ein dichtes Gewebe aus miteinander verbundenen Webseiten schaffen.

Die folgende Abbildung zeigt die Webseiten aus Abbildung 1.6 mit einigen Hyperlinks:

Abbildung 1.7: Hyperlinks sind die Fäden, mit denen das Web gesponnen wird.

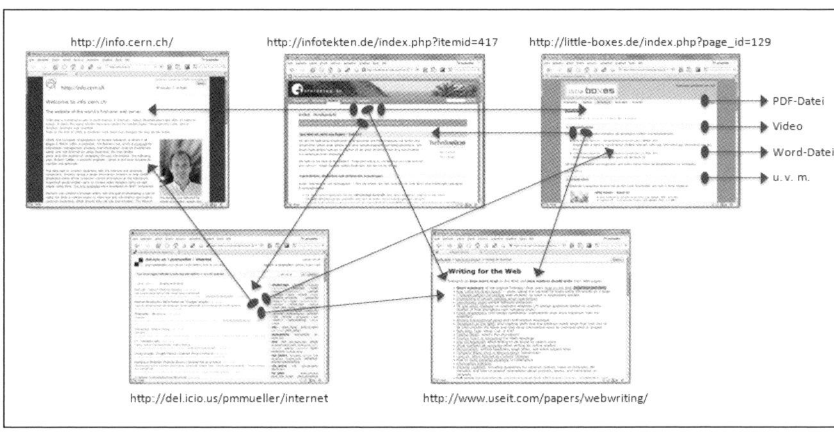

Durch die Verknüpfung der Webseiten entsteht ein weltweites, fein gesponnenes Gewebe, das auf Englisch »World Wide Web« genannt wird. Etwas prosaischer könnte man das so ausdrücken:

- Hyperlinks sind die Fäden, mit denen das weltweite Gewebe gesponnen wird.

Links unten in der Statuszeile des Browserfensters können Sie übrigens schon vor dem Klick sehen, zu welcher Adresse die Reise gehen wird:

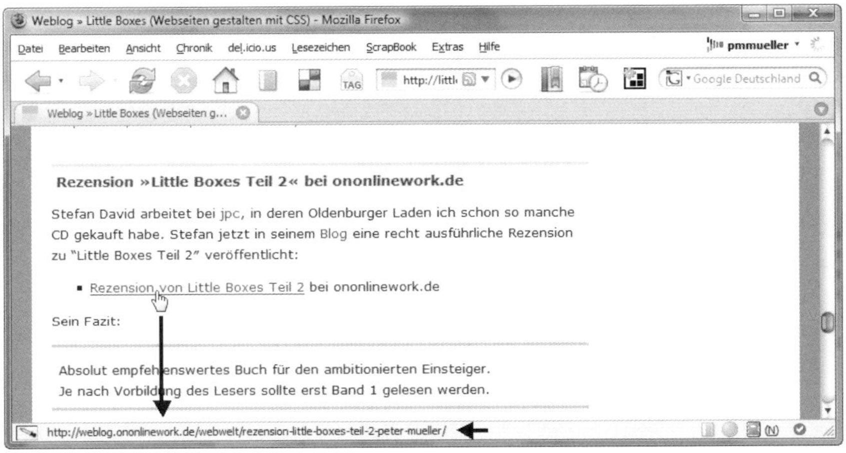

Abbildung 1.8: In der Statuszeile ist der URL hinter dem Hyperlink zu erkennen.

Tipp

Hypertext gibt es nicht auf Papier

Hypertext gibt es übrigens nicht auf Papier, sondern nur in elektronischen Medien. Sobald Sie Hypertext ausdrucken, verliert er das »hyper« und wird ganz normaler Text. Die Links auf einer ausgedruckten Webseite sind ggfs. nach wie vor unterstrichen, aber Sie können draufdrücken so viel Sie wollen, sie springen nirgendwo hin.

Webstandards und das World Wide Web Consortium

Das Web gehört zwar niemandem, ist aber trotzdem nicht unorganisiert oder chaotisch. Erfunden wurde es wie gesagt in einer Forschungseinrichtung namens CERN, aber inzwischen hat das 1994 von Tim Berners-Lee gegründete *World Wide Web Consortium* (W3C) die Organisation des WWW übernommen.

Das W3C definiert die für die Entwicklung des Web benötigten Standards und nach der allgemeinen Einführung in diesem Buch, dreht sich in »Little Boxes« Teil 1 und 2 alles um zwei dieser Webstandards, nämlich um HTML und CSS. Außerdem stellt das W3C sogenannte Validatoren zur Verfügung, Programme mit denen überprüft werden kann, ob Webseiten diesen Standards entsprechen.

Ohne Standardisierung würde wahrscheinlich jeder Hersteller versuchen, seine eigenen Ideen durchzusetzen, und das Web würde sich wahrscheinlich in Richtung Turmbau zu Babel entwickeln. Sie könnten nicht mehr jede Webseite in jedem Browser betrachten, sondern müssten immer erst einmal das entsprechende Programm starten.

Die rein englischsprachigen Webseiten des W3C werden Sie als normalsterblicher Seitenbauer nur selten besuchen müssen, aber im Falle eines Falles erreichen Sie sie unter *http://www.w3.org/*:

Abbildung 1.9: Die Startseite des World Wide Web Consortiums

Begriffsverwirrung: Website, Webseite und Homepage

Begriffe wie »Webseite«, »Internetseite«, »Website« und »Homepage« werden im Alltag oft falsch benutzt und sorgen für viel Verwirrung. So habe ich im Radio letztens den schönen Satz gehört »Weitere Informationen finden Sie auf unserer Internetseite *www.unser-sender.de*«, was genau genommen gleich ein Doppelfehler ist:

- Erstens gibt es genau genommen gar keine »Internetseiten«, weil das Internet ja nur das Netzwerk ist, auf dem die *Web*seiten übertragen werden.
- Und zweitens ist im Beispiel nicht eine einzelne Seite, sondern das komplette Webangebot gemeint, also die *Site*.

»Internetseite« statt »Website«. Für diese und ähnliche Begriffsverwirrungen gibt es zwei Ursachen: Zum einen die Verwechslung von Internet und Web und zum anderen eine unvollständige Übersetzung. Aber der Reihe nach:

- Das Web besteht aus *Webseiten*.
- Mehrere Webseiten bilden eine *Website* (wörtlich »ein Platz im Web«).
- Die erste Seite einer (Web)site heißt *Homepage* (auf Deutsch *Startseite*).

Bemerkenswert ist dabei, dass im Deutschen der erste Begriff übersetzt wurde (*web page* wird zu *Webseite*), der zweite aber nicht (*Website* bleibt *Website*). Zudem werden beide Begriffe durch die klangliche Ähnlichkeit zwischen dem englischen »Website« (gesprochen »webssseit«, mit scharfem S) und dem deutschen »Webseite« (mit weichem S) oft verwechselt. Merkhilfe:

- Eine *Website* besteht aus *Webseiten*.

Da aber auch bei überdeutlicher Aussprache die Verwechslungsgefahr bestehen bleibt und deutsche Gegenstücke zu Website wie etwa *Webangebot* oder *Webpräsenz* einfach zu behäbig sind, hat sich die Umgangssprache einige Auswege gesucht:

1. *Webseite* und *Website* werden synonym gebraucht. Wild durcheinander.
2. Der Begriff *Webseite* wird im deutschen Sprachraum immer öfter anstelle von *Website* verwendet: »Wir haben jetzt auch eine Webseite«.
3. Der Begriff *Homepage* bezeichnet oft nicht nur die Startseite, sondern die gesamte Site: »Gehen Sie doch mal auf unsere Homepage. Da finden Sie alles.«

Womit der eine unverstandene englische Begriff durch einen anderen ersetzt wird und die Verwirrung komplett wäre. Jedenfalls meint »Webseite« oder »Homepage« je nach Kontext manchmal eine einzelne Seite und manchmal die gesamte Site:

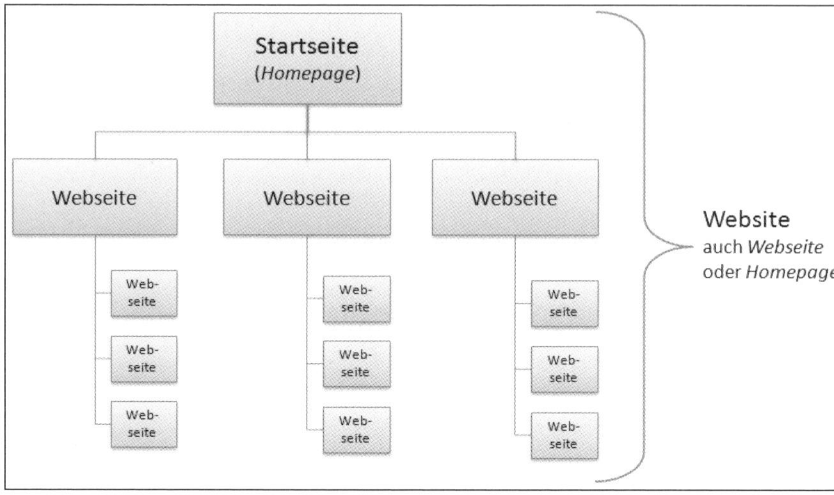

Abbildung 1.10: Website, Webseite und Homepage

Ich bin ja mal gespannt, welche Begriffe sich in den nächsten Jahren in der Alltagssprache durchsetzen. Wahrscheinlich »Internetseite«, weil das am weitesten daneben liegt, aber doch irgendwie gut klingt ...

1.3 Orientierung im Web: Navigation

Sich zu verirren und die Orientierung zu verlieren gehört zu den Urängsten des Menschen, und beim Surfen im Web verliert man die Orientierung recht schnell.

Eine Website ist anders als ein Buch

Genau wie ein Buch besteht eine Website aus einzelnen Seiten, aber es gibt doch wichtige Unterschiede: Erstens können Sie ein Buch im Gegensatz zur Website in die Hand nehmen und zweitens sehen Sie bei einem Buch immer das Ganze, bei einer Website nicht.

Eine Website können Sie natürlich nicht in die Hand nehmen, aber genauso wichtig ist der zweite Unterschied, dass Sie beim Surfen nie die ganze Website sehen:

- Beim Blättern im Buch sehen Sie das Verhältnis der Seiten zum ganzen Buch.
- Beim Blättern in einer Website sehen Sie immer nur eine Seite zurzeit.

Um die Auswirkungen dieses Unterschiedes zu begreifen, stellen Sie sich vor, Sie würden dieses Buch nicht als Ganzes bekommen, sondern Seite für Seite, ohne Nummerierung, in beliebiger Reihenfolge und ohne Inhaltsverzeichnis. Dann kommen Sie dem »Lost in Hyperspace«-Gefühl beim Surfen schon ein bisschen näher.

Navigation dient zur Orientierung innerhalb der Site

Der Besucher einer Website liest die Seiten nicht in einer vorgegebenen Reihenfolge, sondern springt mithilfe von Hyperlinks darin herum. Er kommt auch nicht immer über die Startseite, sondern landet zum Beispiel über eine Suchmaschine direkt auf einer Unterseite.

Orientierung im Web ist also um einiges schwieriger als in Printmedien und darum gibt es auf jeder Webseite spezielle Bereiche, die dem Besucher bei der Orientierung innerhalb der unsichtbaren Site helfen sollen. Diese Bereiche werden »Navigation« genannt. In einem Buch würde niemand auf die Idee kommen, auf jeder Seite ein kleines Inhaltsverzeichnis abzudrucken, auf Webseiten ist das normal.

Die folgende Abbildung zeigt eine Webseite mit einer sehr gut durchdachten Navigation:

Abbildung 1.11: Navigationsbereiche helfen bei der Orientierung.

Die in Abbildung 1.1 dargestellte Webseite hat mehr Navigationsbereiche als Inhalt:

1. Der horizontale Navigationsbereich zeigt den Überblick über die ganze Site, wobei die aktuelle Rubrik optisch hervorgehoben wird (»Ratgeber«).
2. Die Suchfunktion ermöglicht die Suche innerhalb dieser Rubrik.
3. Die linke Spalte bietet den Überblick über die Themen innerhalb der Rubrik »Ratgeber«. Der angezeigte Artikel ist in der Kategorie »Multimedia – Internet« zu finden.
4. Am rechten Rand befindet sich ein Navigationsbereich für den gerade dargestellten Artikel »Internet-Recherche«, der wiederum aus mehreren Webseiten besteht.

Navigation ist wie gesagt notwendig, weil man nie die gesamte Site auf einmal sieht, sondern immer nur eine Seite zurzeit.

1.4 Navigationshilfen im Browser

Browser sind Programme zum Betrachten von Webseiten und *jede* Webseite wird in einem Browser betrachtet. Die bekanntesten Vertreter dieser Softwaregattung sind Microsofts *Internet Explorer*, der *Mozilla Firefox*, *Opera*, *Chrome* von Google oder der *Safari* von Apple.

Orientierung im Web ist also schwierig und es lohnt sich daher, die Orientierungshilfen in Ihrem Browser zu kennen. Zum einen, um sie selbst zu nutzen, zum anderen, um deren Funktion beim Erstellen der eigenen Webseiten zu berücksichtigen.

Die Symbolleiste im Überblick

Fast jeder Browser hat oben eine Symbolleiste mit den wichtigsten Bedienelementen zur Orientierung im Web. Die folgende Abbildung zeigt, stellvertretend für die anderen Browser, die Symbolleiste des Mozilla Firefox in der Version 3:

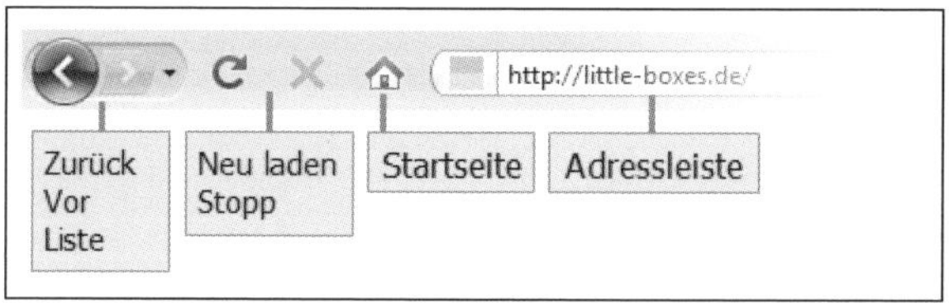

Abbildung 1.12: Die Navigationshilfen auf der Symbolleiste vom Firefox 3

In anderen Browsern sehen diese Symbole etwas anders aus und haben andere Namen, aber es gibt sie auch, und zwar mit mehr oder weniger identischen Funktionen.

Blättern durchs Web: Die Symbole Zurück und Vor

Mit den beiden Symbolen Zurück und Vor bewegen Sie sich in Ihrem Webbrowser eine Webseite zurück bzw. vor, und zwar in genau der Reihenfolge, in der Sie die Seiten in diesem Browser betrachtet haben.

Diese beiden Schaltflächen haben zwei wichtige Einschränkungen:

- Der Browser merkt sich die Liste der besuchten Seiten *nur während einer Sitzung*.

  Eine *Sitzung* (auf englisch »session«) dauert solange, wie das Browserfenster geöffnet ist. Wenn das Browserfenster geschlossen wird, ist die Sitzung beendet und die Liste wird gelöscht: Browser zu – Liste weg.

- Jedes Fenster hat seine eigene Sitzung.

  Wenn mehrere Browserfenster geöffnet sind, rufen die Symbole Zurück und Vor in jedem Fenster andere Seiten auf.

Falls neben den Symbolen ein kleiner Pfeil nach unten zu sehen ist, dient dieser zum Anzeigen einer Liste der zuletzt besuchten Webseiten. Je länger die Surftour, desto länger die Liste.

Hinweis

Blättern im Web per Tastatur

In den meisten Browsern können Sie statt mit der Maus auch mit der Tastenkombination [Alt]+[←] bzw. [Alt]+[→] eine Webseite zurück oder vor blättern.

Die Symbole Abbrechen und Aktualisieren

Eine Webseite kommt nicht in einem Stück auf Ihren Bildschirm. Der Browser läuft los, holt alle Einzelteile und baut sie zu Hause wieder zusammen. Das kann eine ganze Weile dauern.

Wenn Ihnen das Laden einer Webseite zu lange dauert, klicken Sie auf einfach auf Abbrechen. Das ist nicht verboten. Wie lange Sie warten, bestimmen Sie selbst und kann je nach Tagesform unterschiedlich sein.

Wenn Sie das Gefühl haben, dass eine Seite nicht richtig angezeigt wird oder veraltet ist, dann klicken Sie auf das Symbol Neu Laden, das manchmal auch Aktualisieren heißt. Per Tastatur geht das Aktualisieren in (fast) allen Browsern mit der Taste F5 oder Strg + R (kurz für *Reload*).

Manchmal klemmen Webseiten auch und kommen scheinbar gar nicht. Um einer solchen »verklemmten« Webseite auf die Sprünge zu helfen, können Sie Abbrechen und Aktualisieren direkt hintereinander benutzen: Zuerst den Ladevorgang abbrechen und ihn dann direkt danach neu starten. Manchmal hilft es.

Zurück nach Hause: Das Symbol Startseite

Wenn Sie den Browser starten, ruft er meistens sofort eine bestimmte Webseite auf, ohne dass Sie dieses veranlasst haben. Das ist die Startseite Ihres Browsers, und durch das Anklicken des Symbols Startseite kommen Sie zu dieser Seite zurück.

Standardmäßig ist die Startseite eines Browsers meist die Website des Herstellers oder eines Sponsoren, aber Sie können sich in (fast) jedem Browser eine eigene Startseite einstellen:

- Im Internet Explorer unter Extras – Internetoptionen... – Startseite
- Im Firefox unter Extras – Einstellungen – Allgemein – Startseite

Wenn Sie wissen, wie man Webseiten erstellt, können Sie sich als Startseite eine eigene Webseite mit den Links, die Sie am häufigsten besuchen, erstellen. Diese Seite speichern Sie irgendwo auf der Festplatte und tragen sie in Ihrem Browser als Startseite ein.

Hinweis

Alles auf einen Blick: *toool.de*

Ein Beispiel für eine »Alles auf einen Blick«-Seite, die sich gut als Ausgangspunkt für Surftouren und somit als Startseite eignet, finden Sie im Web unter *http://toool.de*, mit drei o in der Mitte.

Favoriten und Lesezeichen: Ihre Sicht des World Wide Web

Favoriten, Bookmarks, Lesezeichen. Egal wie man es nennt, Lesezeichen sind gespeicherte Webadressen (URLs) und eine gut gepflegte Favoritensammlung ist die Grundlage für eine effektive Nutzung des World Wide Web.

Oder anders ausgedrückt: Wenn Sie jede Surftour mit einer Suchmaschine wie Google beginnen, dann probieren Sie einfach einmal, sich eine Lesezeichensammlung aufzubauen. Das ist wie ein kleines, persönliches Adressbuch, das die für Sie wichtigsten Adressen enthält und eine Art »Findmaschine«.

Die Pflege einer Lesezeichensammlung kostet natürlich Zeit, aber ohne gesammelte Lieblingsadressen fangen Sie jedes Mal wieder bei Null an zu suchen. Das wäre im übertragenen Sinne so, als ob Sie vor jedem Anruf erst einmal die Auskunft anrufen, um die gewünschte Nummer zu bekommen.

Beim Sammeln von Lesezeichen gibt es außer der dazu benötigten Zeit noch andere potenzielle Probleme:

- **Mehrere Browser.** Jeder Browser hat seine eigene Methode, Lesezeichen zu speichern. Die in einem Browser gespeicherten Lesezeichen stehen Ihnen in einem anderen Browser nicht automatisch zur Verfügung.
- **Mehrere Rechner.** Wenn Sie an mehreren Rechnern surfen, z. B. tagsüber im Büro und abends zu Hause, sind die gerade benötigten Lesezeichen garantiert immer auf dem anderen Rechner.

Aufgrund dieser Probleme gibt es immer mehr Websites, die das Speichern von Lesezeichen im Web ermöglichen. International ist *del.icio.us* einer der Pioniere:

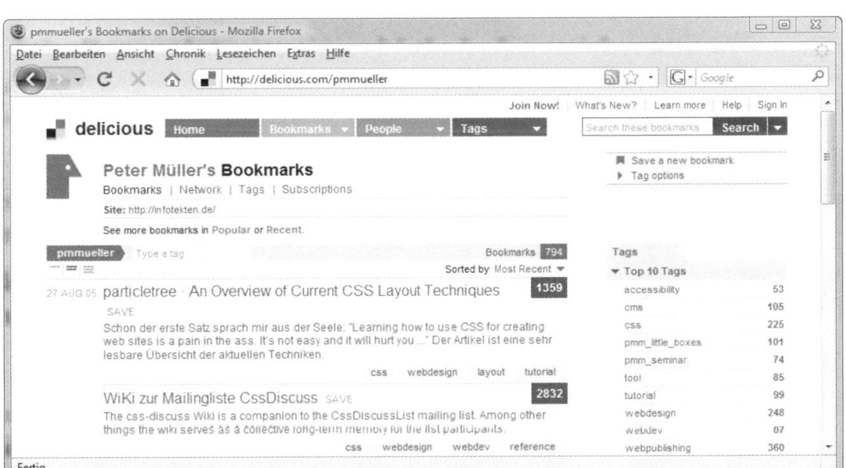

Abbildung 1.13: Lesezeichen im Web aufbewahren mit delicious.com.

In Deutschland sind *mister-wong.de* und *oneview.de* recht bekannt. Falls Sie einen dieser Dienste ausprobieren, sollten Sie schauen, ob es für Ihren Browser Tools oder Erweiterungen gibt, die die regelmäßige Nutzung effektiver machen.

RSS-Feeds: Webseiten abonnieren

Websites, die häufig wechselnde Inhalte veröffentlichen, bieten oft ein Abonnement an, das unter den verschiedensten Bezeichnungen wie »RSS«, »Feed« oder »Dynamisches Lesezeichen« bekannt ist. Dieses Abonnement bietet dem Besucher die Möglichkeit, sich bequem auf dem Laufenden zu halten.

In neueren Browsern wie Firefox oder Internet Explorer ab Version 7 wird die Möglichkeit zum Abonnement durch ein orangefarbenes Symbol in der Adressleiste angezeigt:

Abbildung 1.14: Das Symbol für ein Abonnement (Feed, RSS etc.)

Ein Klick auf dieses Symbol gibt dem Besucher die Möglichkeit, diese Seite zu abonnieren, sodass er nicht mehr zur Website surfen muss, um zu erfahren, ob es etwas Neues gibt. So kann man in sehr kurzer Zeit sehr viele Sites checken und der tägliche Informationsrundgang verkürzt sich enorm.

Zum Lesen und Verwalten der Abonnements gibt es verschiedene Möglichkeiten, aber die einfachste ist zunächst einmal direkt im *Browser*. Beim Firefox heißt die Funktion *dynamische Lesezeichen*, im Internet Explorer 7 einfach nur *Feeds*.

Im Firefox empfiehlt es sich, auf der Lesezeichensymbolleiste einen Ordner zum Sammeln aller Abos zu erstellen. Das könnte dann ungefähr so aussehen:

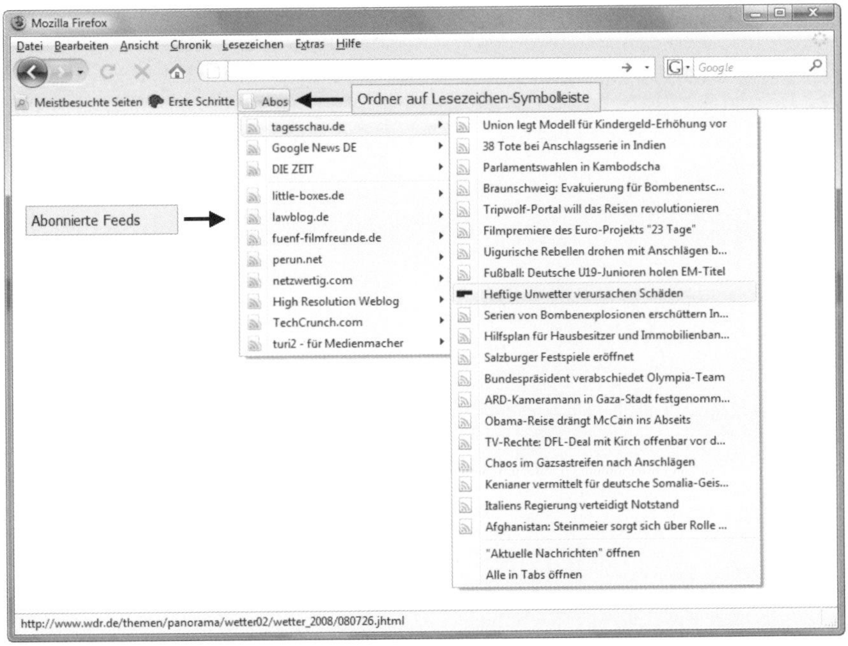

Abbildung 1.15: Das Abonnement der Tagesschau im Firefox

Quintessenz ist, dass der Leser zunächst nur noch die Überschriften der Artikel zu sehen bekommt und erst bei Interesse darauf klickt und zur entsprechenden Webseite surft.

Hinweis

Feeds lesen im Feedreader

Wenn Sie beim Abonnieren auf den Geschmack gekommen sind und die Browserfunktionen nicht mehr ausreichen, gibt es weitere Optionen zum Verwalten und Lesen von Feeds:

- Offline-Programme wie z. B. FeedDemon (*http://feeddemon.com/*)
- Online-Programme wie z. B. Google Reader (*http://reader.google.de/*)

Die Surfgeschichte: Verlauf, Chronik, History ...

Falls Sie nach dem Schließen des Browsers bereits besuchte Seiten wiederfinden möchten, können Sie neben der Adressleiste den Cache des Browsers nutzen, der die besuchten Seiten auch noch *nach* dem Ende der Sitzung enthält und oft auch nach Stichworten durchsucht werden kann.

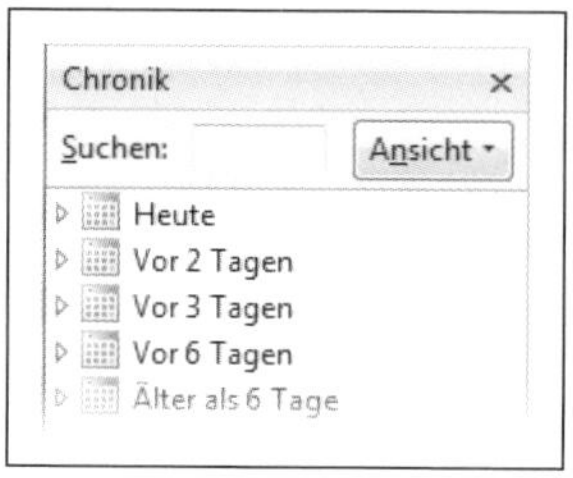

Abbildung 1.16: Die Chronik in der Sidebar des Firefox ([Strg] + [H])

Suchen Sie dazu im Browser nach Begriffen wie »Verlauf« (Internet Explorer) oder »Chronik« (Firefox). Auf Englisch wird diese Surfgeschichte im Browser schlicht und einfach »history« genannt und in fast allen Browsern können Sie sie entsprechend mit dem Tastaturkürzel [Strg] + [H] aufrufen.

Also immer, wenn Sie das Gefühl haben »Ich war da letztens auf so einer Site, aber wie war noch mal die Adresse?«, sollten Sie einen kurzen Blick in Ihre History werfen. Die können Sie übrigens auch durchsuchen.

1.5 So funktionieren Suchmaschinen

Zum Abschluss dieser kleinen Web-Einführung möchte ich Ihnen kurz zeigen, wie Suchmaschinen funktionieren, denn wenn Sie möchten, dass Ihre Webseiten später über eine Suchmaschine gefunden werden, sollten Sie ein paar grundlegende Dinge darüber wissen.

Suchmaschinen durchsuchen nicht das Web

Wichtig zu wissen ist zunächst Folgendes:

- *Keine* Suchmaschine durchsucht wirklich live das Web. Das geht gar nicht, weil das Web über Zig-Millionen Servercomputer verteilt ist, und die kann man in so kurzer Zeit beim besten Willen nicht alle abklappern.

- Suchmaschinen haben *Robots* oder *Crawler* genannte Programme, die eine Liste mit URLs bekommen und anhand dieser Liste rund um die Uhr durchs Web surfen.
- Die Robots machen *Kopien* vom Quelltext der besuchten Webseiten und speichern diese in der Datenbank der Suchmaschine.
- Die Suchmaschine durchsucht *nur diese Datenbank*.
- *Keine* Suchmaschine hat das *gesamte* World Wide Web in ihrer Datenbank.

Diese Punkte gelten für *alle* Suchmaschinen.

Der Ablauf einer Websuche

Alle Suchmaschinen funktionieren nach demselben Prinzip und sie unterscheiden sich hauptsächlich durch die Art und Weise, wie die gefundenen Ergebnisse sortiert werden.

Die folgende Abbildung zeigt den Ablauf einer ganz normalen Suche mit einer Suchmaschine:

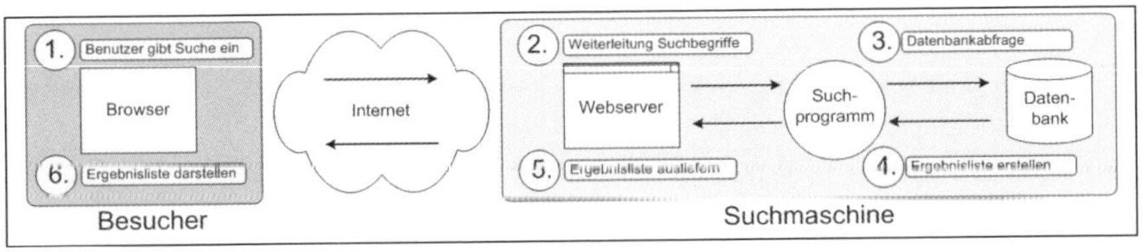

Abbildung 1.17: So funktioniert eine Websuche.

Und hier die Erklärung für die sechs in der Abbildung dargestellten Schritte:

1. Der Benutzer gibt seine Suchbegriffe in das Suchformular der Suchmaschine ein und die Suchbegriffe werden über das Internet zum Webserver der Suchmaschine transportiert.
2. Der Webserver reicht die Suchbegriffe weiter an das Suchprogramm, das zentraler Bestandteil einer jeden Suchmaschine ist.
3. Das Suchprogramm nimmt die vom Besucher eingegebenen Suchbegriffe und startet damit eine Datenbankabfrage.
4. Die Datenbank gibt die Adressen und einige Ausschnitte aus den gefundenen Webseiten zurück an das Suchprogramm. Mit den Ergebnissen der Datenbanksuche wird eine Webseite erstellt.

5. Der Webserver liefert die Webseite mit den Suchergebnissen an den Browser aus.

6. Der Browser stellt die Webseite mit der Ergebnisliste dar.

Das Faszinierende an Suchmaschinen ist erstens das Tempo mit dem das Ergebnis bei uns eintrifft und zweitens, dass überhaupt brauchbare Suchergebnisse dabei herauskommen, denn eine Suchmaschine versteht keine thematischen Zusammenhänge, sondern vergleicht nur Buchstaben.

Suchmaschinen vergleichen nur Buchstaben

Für eine Suchmaschine ist ein Hamburger ein Hamburger, für einen Menschen bezeichnen diese Buchstaben je nach Zusammenhang ein Hackfleischbrötchen oder den Einwohner einer norddeutschen Großstadt.

Suchmaschinen vergleichen nur Buchstaben und Zahlen, was die folgende Google-Suche mit einer aus zwei Worten bestehenden Phrase und einem Suchwort verdeutlicht:

```
"ägyptische pyramiden" wunderwerke
```

Das Ergebnis dieser Suche sieht ungefähr so aus:

Abbildung 1.18: Marx, Engels und die ägyptischen Pyramiden

39 Treffer. Wenn Sie aber genauer hinschauen, werden Sie sehen, dass alle gefundenen Seiten eher wenig mit ägyptischen Pyramiden zu tun haben, sondern direkt oder indirekt auf das Kommunistische Manifest verweisen. Wie kommt Google darauf, bei einer Suche nach ägyptischen Pyramiden als Suchergebnis Webseiten mit dem Kommunistischen Manifest zu zeigen?

Ganz einfach: Eine Suchmaschine vergleicht nur Buchstaben, und im Manifest der Kommunistischen Partei steht der Satz »... andere **Wunderwerke** vollbracht als **ägyptische Pyramiden**«.

Für eine Buchstaben vergleichende Suchmaschine ist das ein absoluter Volltreffer. Sie weiß nicht, dass die Seiten thematisch nichts mit ägyptischen Pyramiden zu tun hat.

Diese simple Tatsache hat weitreichende Konsequenzen, denn Webtexte werden nicht nur für Menschen geschrieben, sondern auch für Maschinen. Mehr dazu im Kapitel über »Schreiben im Web für Maschinen« ab Seite 187.

Hinweis

Ägyptische Pyramiden und der Zahn der Zeit

Ägyptische Pyramiden sind schon sehr alt und der Zahn der Zeit hat erstaunlich wenig daran genagt. Das Web hingegen gibt es erst seit Kurzem und es verändert sich ständig. Das Suchbeispiel ist nicht gestellt, aber der Datenbestand im Web und der Suchalgorithmus von Google ändern sich ständig. Wenn Sie die Beispielsuche in diesem Kapitel ausprobieren, kann es sein, dass Sie ein anderes Ergebnis bekommen.

1.6 Auf einen Blick

Hier noch einmal das Wichtigste im Überblick:

- Internet und World Wide Web sind nicht wirklich identisch:
  - Das World Wide Web ist ein weltweites Gewebe aus mit Hyperlinks verbundenen Webseiten.
  - Diese Webseiten werden über das Internet vom Webserver zum Surfer transportiert.
- Jede Webseite hat eine einmalige Adresse (URL).

- Eine *Website* besteht aus *Webseiten*. Die erste Seite einer Site heißt *Homepage*.
- Orientierung innerhalb einer Site ist schwierig, da man immer nur eine Seite zurzeit sieht. Die *Navigation* versucht, diese fehlende Übersicht zu geben.
- Webseiten werden in einem Programm namens *Browser* betrachtet.
- In jedem Browser gibt es bestimmte Navigationshilfen: Schaltflächen wie VOR und ZURÜCK oder auch Lesezeichen, RSS-Feeds oder Verlauf bzw. Chronik.
- Suchmaschinen durchsuchen nicht live das Web, sondern nur ihre eigenen Datenbanken.
- Suchmaschinen vergleichen nur Buchstaben und Zahlen.

Kapitel 2

So funktioniert das Web

Worin Sie das Domain Name System kennen lernen, das Namen zu Nummern umwandelt. Weiterhin wird gezeigt, wie Webadressen aufgebaut sind, dass Webseiten aus Quelltext bestehen, was ein Browser so treibt und dass der Quelltext aus bis zu drei Sprachen besteht.

Die Themen im Überblick

- Domain Name System: Die automatische Auskunft, Seite 46
- Der Aufbau einer Webadresse (URL), Seite 51
- Eine Webseite besteht aus Quelltext, Seite 53
- Quelltext: HTML, CSS und eventuell JavaScript, Seite 57
- Auf einen Blick, Seite 65

Zum Besuchen der Links können Sie irgendeinen Browser benutzen, zum Nachvollziehen der Beispiele ab Seite 57 brauchen Sie hingegen den *Mozilla Firefox*. Ansonsten können Sie weite Teile dieses Kapitel auch offline lesen.

2.1 Domain Name System: Die automatische Auskunft

Computer können hervorragend mit Zahlen umgehen, während Menschen sich Namen einfach besser merken. Deshalb haben die Server im Internet Namen wie zum Beispiel *www.little-boxes.de*. Die Computer verwandeln diese Namen aber so schnell es geht in Nummern, die sogenannten IP-Adressen.

IP-Adressen – Die Telefonnummern des Internet

Es fällt uns relativ leicht, das Telefonnetz zu verstehen. Das Internet hingegen erscheint wahnsinnig kompliziert. Dabei sind sich beide im Prinzip sehr ähnlich, denn in beiden Netzen braucht man eine Nummer, um erreichbar zu sein:

- Im Telefonnetz braucht jedes Gerät eine Telefonnummer.
- Im Internet braucht jedes Gerät eine Internetnummer, die sogenannte *IP-Adresse*.

IP-Adressen sind also so etwas wie die Telefonnummern des Internet: Um jemanden anrufen zu können, benötigen Sie dessen Telefonnummer, um eine Verbindung zu einem anderen Computer im Internet aufbauen zu können, benötigen Sie dessen IP-Adresse.

IP-Adresse heißt ausgesprochen »Internet Protokoll Adresse« und der Aufbau einer IP-Adresse ist genau festgelegt:

- IP-Adressen bestehen aus vier Dezimalzahlen zwischen 0 und 255.
- Die vier Zahlen sind durch drei Punkte getrennt: 207.201.183.81

Jeder Computer hat eine solche IP-Adresse, wenn er ans Internet angeschlossen ist. Auch Handy, Fernseher oder Mikrowelle brauchen eine IP-Adresse, wenn sie mit dem Internet kommunizieren sollen.

Hinweis

So finden Sie unter Windows Ihre aktuelle IP-Adresse heraus

Um unter Windows die aktuelle IP-Adresse Ihres PCs herauszufinden, stellen Sie eine Verbindung zum Internet her, geben auf der EINGABEAUFFORDERUNG (in der Programmgruppe ZUBEHÖR) den Befehl `ipconfig` ein und drücken dann [↵].

Das Domain Name System: Von Namen zu Nummern

Da wir Menschen aus Sicht der Computer fehlerhaft konstruiert sind, können wir uns Namen besser merken als Nummern, und haben deshalb extra ein System erfunden, um statt der IP-Adressen einfacher zu merkende Namen benutzen zu können. Dieses System heißt *Domain Name System*, abgekürzt *DNS*.

Wichtig zu wissen ist dabei, dass das Domain Name System auf den IP-Adressen aufsetzt. Die Computer wandeln einen Domain Namen *zuerst* in eine IP-Adresse um und stellen *dann* die Verbindung zum gewünschten Computer her:

- Wenn Sie im Browser eine Adresse wie *http://little-boxes.de* eingeben, wird der Domain Name *little-boxes.de* automatisch in eine IP-Adresse wie zum Beispiel `85.13.139.204` übersetzt.

Meistens geht diese Umwandlung so schnell, dass man überhaupt nichts davon mitbekommt, manchmal dauert es eine wahnsinnig lange Zeit (z. B. 15 Sekunden) und manchmal klappt es auch gar nicht. Sollte die Auflösung nicht klappen, gibt es eine nicht besonders viel sagende Fehlermeldung in der Art von »Host name could not be resolved«. Sonst nichts. Keine Webseite.

Das Geniale am DNS ist, dass keine zentrale Stelle für die Aktualität verantwortlich ist. Das DNS ist eine verteilte Datenbank und existiert auf vielen Name Servern auf der ganzen Welt. Kein Server enthält dabei alle Informationen.

Hinweis

Die Maus erklärt das Internet

Eine unterhaltsame Erklärung der Funktionsweise des Internet und insbesondere des Domain Name Systems finden Sie als Fotogeschichte bei der Sendung mit der Maus:

- *http://www.wdrmaus.de/sachgeschichten/internet/*

Der Aufbau von Domain Namen

Ein Domain Name wie *www.little-boxes.de* ist hierarchisch aufgebaut und besteht aus mehreren Teilen, die jeweils durch einen Punkt voneinander getrennt werden:

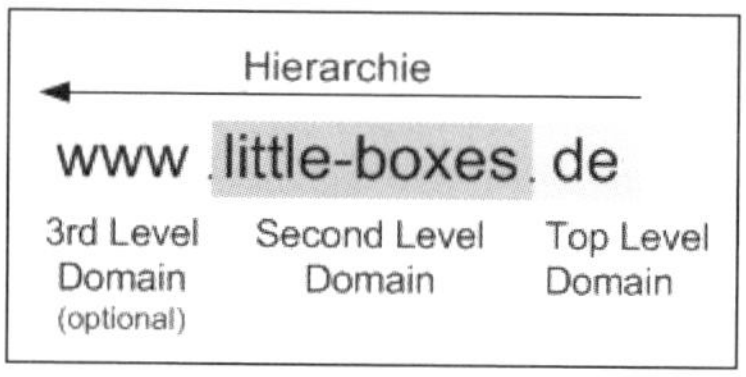

Abbildung 2.1: Domain Name – Aufbau

Ungewöhnlich dabei ist, dass ein Domain Name zwar wie üblich von links nach rechts gelesen wird, die Hierarchie aber *von rechts nach links* aufgebaut ist:

- Ganz *rechts* steht die oberste Ebene, die *Top Level Domain* (TLD).
- Links davon ist die zweite Ebene, die *Second Level Domain* (zweite Ebene).
- Rechts ist die optionale *Third Level Domain* (dritte Ebene), die oft auch als *Subdomain* bezeichnet wird.

Als Name für die Subdomain hat sich bei Webseiten das *www* eingebürgert, aber erstens muss eine Subdomain nicht unbedingt vorhanden sein und zweitens muss sie nicht unbedingt *www* lauten: *support.microsoft.com*.

Domain Namen gelten nicht nur für das World Wide Web, sondern für das gesamte Internet, also auch für Dienste wie E-Mail oder FTP.

Hier ein paar Beispiele:

- In E-Mail-Adressen stehen Domain Namen rechts vom @-Zeichen: *info@little-boxes.de*.
- FTP-Server sind auch über Domain Namen erreichbar: *ftp.ihre-domain.de*.

Die Top Level Domains

Die Top Level Domain teilt das Internet in verschiedene Bereiche und alle Top Level Domains sind bei der obersten Internetbehörde ICANN (*www.icann.org*) registriert. Es gibt einige wenige mit drei Buchstaben, noch weniger mit vier und sehr viele mit zwei Buchstaben, die alle für ein Land stehen.

Hier eine kleine Auswahl aus den TLDs:

Tabelle 2.1: Einige Top Level Domains

TLD	Abgeleitet von	Bedeutung
com	commercial	Kommerziell orientierte Organisationen
org	organization	Nicht kommerzielle Organisationen
net	Network	Für Internetfirmen und -organisationen
edu	education	Amerikanische Colleges und Hochschulen
gov	government	Amerikanische Regierungsbehörden
mil	Military	Amerikanische Militärbehörden
int	International	Internationale Organisationen wie z. B. die UNO
de	Deutschland	BRD
at	Austria	Österreich
ch	Confederatio Helvetica	Schweiz
tv	Tuvalu	Insel im Pazifik, ca. 10 000 Einwohner
info	Information	neue TLD

Jede dieser Top Level Domains wird von einem Network Information Center (NIC) verwaltet. Für die Top Level Domain *.de* ist zum Beispiel das DE-NIC zuständig, das Sie im Web unter *www.denic.de* finden.

Die NICs haben unter anderen folgende Aufgaben:

- Sie verwalten für ihre Top Level Domain die jeweiligen Second Level Domains und passen auf, dass keine Namen doppelt vergeben werden.
- Sie verwalten eine Datenbank, die alle Second Level Domains unterhalb ihrer Top Level Domain und die entsprechenden IP-Adressen enthält.

Hinweis

Liste der Top Level Domains für alle Länder

Bei der IANA (»Internet Assigned Numbers Authority«) finden Sie eine komplette Übersicht aller Länder-TLDs und der dazugehörigen NIC-Organisationen:

- *http://www.iana.org/cctld/cctld-whois.htm*

Die Second Level Domains (und alle darunter)

Die Second Level Domains werden bei den jeweiligen NICs registriert. Der Endkunde tritt aber meist nicht direkt in Kontakt mit den NICs, sondern beauftragt einen Provider wie Strato oder 1 & 1 mit der Registrierung.

Der Besitzer der Domain entscheidet dann zusammen mit seinem Provider darüber, ob und wenn ja, welche weiteren Domainlevels er einrichten möchte. In der Werbung werden Third Level Domains auch oft als *Subdomain* bezeichnet.

Die meisten Domain Namen folgen dem Schema *www.irgendwas.de* und dieses Schema hat einen gewissen Wiedererkennungswert, allerdings gibt es viele andere Kombinationsmöglichkeiten. Hier einige etwas ungewöhnlichere Beispiele für gültige Domain Namen:

- *www* als Second-Level-Domain: *www.tv*
- *www* als Fourth-Level-Domain: *www.lesen.zdf.de*
- Im United Kingdom ist die Second-Level-Domain fest vergeben (co für commercial) und erst die Third-Level-Domain frei wählbar: *bbc.co.uk*

- Die Teile des Domain Names ergeben ein gesprochenes Wort: *del.icio.us*.

Viele Webserver haben wie erwähnt als Third Level Domain die drei Buchstaben *www*. Oft kann man das *www* am Anfang eines Domain Namens aber auch einfach weglassen. Ob das funktioniert oder nicht, liegt an den Einstellungen des zuständigen Domain Name Servers.

Hinweis

Wie Sie eine eigene Domain bekommen

Wie Sie einen eigenen Domain Namen bekommen, erfahren Sie im Zusammenhang mit der Beschaffung von Webspace ab Seite 141.

2.2 Der Aufbau einer Webadresse (URL)

Das Web besteht aus Webseiten, die eine einzigartige Adresse haben, per Hyperlinks miteinander verknüpft und in einem Browser dargestellt werden.

Die Adressen der Webseiten werden oft als *URL* bezeichnet, kurz für *Uniform Resource Locator* (auf deutsch etwa »Vereinheitlichter Quellenlokalisierer«). Da die nahe liegende Aussprache »uhrrl« schwer von der Zunge geht und viele deutschsprachige Surfer eher an Wutzens »Urrmellii« aus der Augsburger Puppenkiste erinnert denn an eine Webadresse, haben sich zwei gebräuchliche Aussprachevarianten eingebürgert:

- U-R-L, also alle Buchstaben einzeln.
- *örl*, wie in »Örl Grey« oder »Örlkönig«.

URLs sind nicht in erster Linie für Anwender, sondern für den Browser entstanden, was den geringen Merkwert und den etwas kryptisch anmutenden Aufbau erklärt. Hier ein Beispiel:

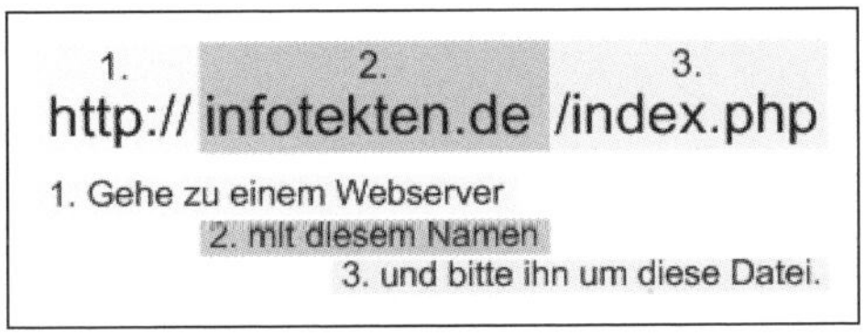

Abbildung 2.2: Der Aufbau einer URL

Die abgebildete URL besteht aus den folgenden drei Teilen:

1. Das **Protokoll**. Es bedeutet vereinfacht gesagt »Gehe zu einem Webserver.«

   Hier steht im Web fast immer *http* (»Hypertext Transfer Protokoll«, frei übersetzt »Regeln zum Übertragen von Hypertext«) oder *https* (verschlüsseltes HTTP). Doppelpunkt und Doppelslash dienen nur dazu, den ersten vom zweiten Teil der URL zu trennen.

2. Der **Domain Name** des Webservers.

   Teil 2 ist der Name des Webservers. Er beginnt nach dem doppelten Schrägstrich und geht bis zum ersten einfachen Schrägstrich. Im Beispiel ist der zweite Teil der URL *infotekten.de*.

3. Die **Wegbeschreibung** zur gewünschten Datei.

   Beginnt mit dem ersten einfachen Schrägstrich und beschreibt, wo auf dem Webservercomputer die gewünschte Webseite gespeichert ist. Im Beispiel ist das die Datei *index.php* im Hauptordner des Webservers. Ein einfacher Schrägstrich *am Ende* der Adresse bedeutet »Bitte die Startseite aus diesem Ordner«.

Der dritte Teil einer URL kann übrigens ziemlich lang sein und nach einem Fragezeichen kryptische Zeichenketten wie z. B. *index.php?itemid=309&catid=26* enthalten, aber es geht fast immer darum, dem Webserver mitzuteilen, was genau der Browser gerne hätte.

Zwei Besonderheiten sollten noch erwähnt werden:

- Falls Sie im Browser nur einen Domain Namen wie *infotekten.de* eingeben, setzt der Browser von alleine *http://* davor und einen einfachen Slash dahinter, weil die Adresse sonst nicht vollständig wäre. Achten Sie mal darauf.

- Grafiken und andere Objekte, die auf einer Webseite dargestellt werden, haben eine eigene URL, die im Quelltext der Webseite eingebunden wird, quasi als Wegbeschreibung für den Browser.

Eines der ungeschriebenen Grundgesetze im Web ist es, dass eine URL immer nur für eine Webseite bzw. ein Objekt steht.

Tipp

Groß- und Kleinschreibung in URLs

Im ersten und zweiten Teil der URL spielt die Groß- und Kleinschreibung keine Rolle. Ab Teil 3 der URL *kann* sie wichtig sein, und zwar wenn der Webserver unter einem UNIX-Betriebssystem läuft, weil UNIX in Dateinamen zwischen Groß- und Kleinschreibung unterscheidet.

2.3 Eine Webseite besteht aus Quelltext

Das Web besteht aus Webseiten und Webseiten bestehen aus Quelltext, auch wenn Sie das Wort noch nie gehört und Quelltext noch nie gesehen haben.

Der Quelltext ist der Bauplan der Webseite

Der Quelltext ist der Bauplan der Webseite und der Webserver liefert dem Browser nicht die fertige Webseite, so wie Sie sie im Browserfenster sehen, sondern nur den Quelltext. Die Aufgabe des Browsers ist es, diesen Bauplan in eine benutzbare Webseite umzuwandeln. Die folgende Abbildung zeigt den Quelltext einer Übungsseite aus »Little Boxes – Teil 1«:

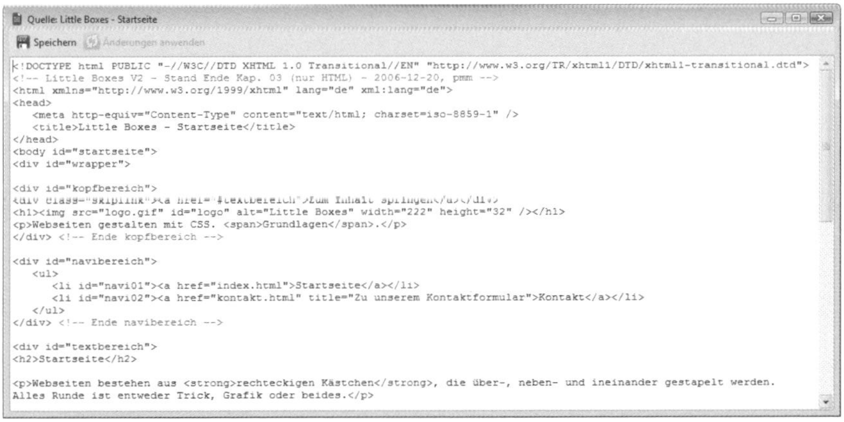


```
<!DOCTYPE html PUBLIC "-//W3C//DTD XHTML 1.0 Transitional//EN" "http://www.w3.org/TR/xhtml1/DTD/xhtml1-transitional.dtd">
<!-- Little Boxes V2 - Stand Ende Kap. 03 (nur HTML) - 2006-12-20, pmm -->
<html xmlns="http://www.w3.org/1999/xhtml" lang="de" xml:lang="de">
<head>
   <meta http-equiv="Content-Type" content="text/html; charset=iso-8859-1" />
   <title>Little Boxes - Startseite</title>
</head>
<body id="startseite">
<div id="wrapper">

<div id="kopfbereich">
<div class="skiplink"><a href="#textbereich">Zum Inhalt springen</a></div>
<h1><img src="logo.gif" id="logo" alt="Little Boxes" width="222" height="32" /></h1>
<p>Webseiten gestalten mit CSS. <span>Grundlagen</span>.</p>
</div> <!-- Ende kopfbereich -->

<div id="navibereich">
   <ul>
      <li id="navi01"><a href="index.html">Startseite</a></li>
      <li id="navi02"><a href="kontakt.html" title="Zu unserem Kontaktformular">Kontakt</a></li>
   </ul>
</div> <!-- Ende navibereich -->

<div id="textbereich">
<h2>Startseite</h2>

<p>Webseiten bestehen aus <strong>rechteckigen Kästchen</strong>, die über-, neben- und ineinander gestapelt werden.
Alles Runde ist entweder Trick, Grafik oder beides.</p>
```

Abbildung 2.3: Der Quelltext ist der Bauplan der Webseite.

Was Sie im Browserfenster als fertige Webseite sehen, ist nur die Umsetzung dieses Bauplans. Eine Webseite sieht zwangsläufig bei jedem Betrachter etwas anders aus, weil der Browser den Quelltext in unterschiedlichen Hard- und Softwareumgebungen etwas anders umsetzen muss.

Verstehen müssen Sie Quelltext nur, wenn Sie ihn selbst schreiben wollen, aber Sie müssen wissen, dass es ihn gibt, denn das unterscheidet eine Webseite ganz wesentlich von einer Papierseite.

Hinweis

Quelltext im Browser betrachten

In jedem Browser gibt es einen Befehl, um sich den Quelltext der gerade dargestellten Webseite anzeigen zu lassen. Meistens finden Sie ihn im Menü ANSICHT unter der Bezeichnung QUELLTEXT oder SEITENQUELLTEXT.

Der Browser bekommt den Quelltext von einem Webserver

Webseiten werden auf über die ganze Welt verteilten Computern gespeichert. Auf diesen Rechnern läuft ein Programm, das auf Anfrage eines Browsers Webseiten serviert und das deshalb »Webserver« genannt wird.

Wenn Ihnen das Wort »Server« zu abstrakt ist, ersetzen Sie es einfach durch »Servierer«: Ein »Webserver« ist schlicht und einfach ein »Webseiten-Servierer«. Im Alltag ist damit übrigens sowohl die Software (also das Servierprogramm selbst) gemeint als auch die Hardware (also der Computer, auf dem dieses Programm läuft).

Die folgende Abbildung zeigt, was passiert, wenn ein Benutzer im Browser eine Adresse eingibt oder auf einen Hyperlink klickt:

Abbildung 2.4: Der Browser und der Webserver

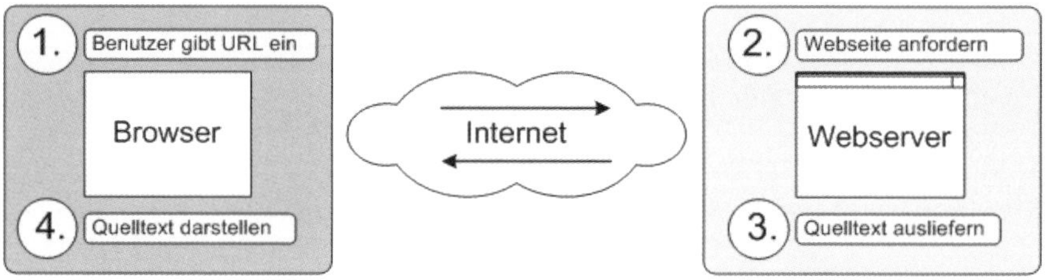

Und hier die vier Schritte im Detail:

1. Benutzer gibt URL ein (oder klickt auf Hyperlink)

Zunächst einmal klickt der Benutzer auf einen Hyperlink oder gibt im Browser eine Adresse wie zum Beispiel *http://infotekten.de* ein und drückt dann [↵].

Durch das *http* am Anfang der Adresse weiß der Browser, dass er zu einem Webserver gehen soll. Der Name des Webservers beginnt nach dem doppelten Schrägstrich und geht bis zum Ende der Adresse oder bis zum ersten einfachen Schrägstrich, je nachdem, was eher kommt. Im Beispiel heißt der Webserver *infotekten.de* (siehe Seite 51).

2. Webseite anfordern

Findet der Browser den Webserver, bittet er ihn um die Webseite, die Sie nach dem ersten einfachen Schrägstrich angegeben haben.

Da im Beispiel keine bestimmte Seite angefordert wurde, hat der Browser einen einfachen Schrägstrich ergänzt.

3. Quelltext ausliefern

Nachdem der Browser gesagt hat, welche Webseite er möchte, antwortet der Server. Lauschen Sie im Folgenden einer derart typischen Unterhaltung:

Browser: »Hallo! Ist da der Webserver *infotekten.de*? Mein Benutzer hat mich gebeten, ihm Ihre Startseite zu bringen.«

Server: »Aber sicher, lieber Browser. Ich suche Ihnen gleich mal den Quelltext raus. Den müssen Sie zu Hause nur zusammenbauen, aber das wissen Sie ja selbst. Beehren Sie uns bald wieder. Wir sind immer für Sie da.«

Browser: »Vielen Dank für den Quelltext und tschüss.«

Wichtig ist, dass der Browser keine fertige Webseite erhält, sondern nur den *Quelltext*.

4. Quelltext durchsuchen und Webseite darstellen

Der Browser nimmt den Quelltext mit auf Ihren Rechner, durchsucht ihn nach in spitzen Klammern stehenden `<html>`-Tags und versucht, daraus eine benutzbare Webseite zu bauen. Bei der Analyse des Quelltextes findet der Browser oft Anweisungen wie zum Beispiel die folgende:

```
<img src="logo.gif" ... />
```

Diese Anweisung bedeutet für den Browser, dass er ein Bild (englisch *Image*) namens *logo.gif* darstellen soll.

Das ist leichter gesagt als getan, denn bis jetzt hat der Browser nur den Quelltext erhalten. Also macht er sich wieder auf den Weg zum Webserver:

Browser: »Hi! Ich bin's. Hier steht, ich soll ein Bild darstellen, aber ich habe keins. Das Ding heißt *logo.gif* und liegt im selben Ordner wie die Webseite, die ich gerade bekommen habe.«

Server: »Ja. Immer dasselbe. Für jedes Bild kommen sie wieder angerannt. Okay. Hier also das Bild. Viel Spaß dabei.«

Browser: »Und tschüss.«

Wieder zu Hause, baut der Browser das Bild in seinen Text ein. Webseite und Bilder bleiben also – anders als auf einer Papierseite – getrennte Dateien und werden nur im Browserfenster zusammen dargestellt.

Für jede Grafik muss der Browser übrigens wieder zum Server. Bei einer Webseite mit vier Grafiken muss der Browser fünfmal zum Webserver: einmal für den Quelltext und dann für jedes Bild einzeln. Besonders mit einer langsamen Internetverbindung kann man diesen Vorgang wunderbar verfolgen. Zuerst kommt der Text und dann ein Bild nach dem anderen ...

Grafiken ausstellen im Browser

Sie können die Option zum Holen der Grafiken im Browser auch ausstellen:

- Im Mozilla Firefox müssen Sie im Menü EXTRAS – EINSTELLUNGEN im Register INHALT das Häkchen vor GRAFIKEN LADEN entfernen.
- Im Internet Explorer 7 finden Sie die Option in EXTRAS – INTERNET-OPTIONEN – MULTIMEDIA – BILDER ANZEIGEN.

Probieren Sie es ruhig einmal aus. Statt der Grafiken sehen Sie einen Platzhalter mit ein bisschen Text, aber eine gut gebaute Webseite sollte auch ohne Grafiken funktionieren. Das Surftempo erhöht sich ohne Grafiken enorm und ein Großteil der Grafiken ist sowieso Werbung. Bei Bedarf können Sie die Grafiken über das Kontextmenü (Klick mit rechter Maustaste) nachladen.

Übrigens: Wenn Sie auf den Webseiten trotzdem noch bunte Bilder sehen, sind das meist Flash-Filmchen. Die werden nicht vom Browser selbst, sondern von einem Zusatzprogramm namens Flash-Player dargestellt, das in den Browser integriert ist.

2.4 Quelltext: HTML, CSS und eventuell JavaScript

In diesem Abschnitt lernen Sie HTML, CSS und JavaScript kennen, drei Computersprachen, die zusammen den Quelltext für den Browser bilden.

Sie müssen diese Sprachen nicht sprechen oder schreiben können, aber ihre Bedeutung kennen gelernt zu haben, ist bei vielen Entscheidungen rund um Ihre Website durchaus hilfreich, denn Webseiten sind etwas völlig total komplett anderes als Papierseiten.

Der Browser übersetzt HTML, CSS und JavaScript

Der Quelltext einer Webseite setzt sich aus bis zu drei verschiedenen Sprachen zusammen, die einander perfekt ergänzen:

- HTML ist der Kern einer Webseite und dient zum Ordnen des Inhalts.
- CSS gestaltet die HTML-Elemente, sorgt für das Styling der Webseite.
- JavaScript kann HTML und CSS manipulieren und damit das Verhalten und das Aussehen der Webseite beeinflussen.

Grafisch dargestellt sieht dieser Sachverhalt so aus:

Abbildung 2.5: Quelltext besteht aus drei Sprachen.

Als Einsteiger ist es nicht einfach, sich diesen Sachverhalt auch nur vorzustellen, aber trotzdem möchte ich im folgenden Abschnitt versuchen, Ihnen diese Sprachen kurz vorzustellen, indem ich zeige, was sie auf einer Webseite *machen*.

Die Ordnung: HTML ist nicht hübsch, aber flexibel

Webseiten bestehen aus HTML-Elementen, mit denen der Inhalt einer Webseite strukturiert wird. Typisch für die »Hypertext Markup Language« sind die Tags im Quelltext, die von spitzen Klammen umgeben sind, wie z. B. `<body>`, `<div>`, `<p>`, `<strong>`.

HTML-Elemente ordnen den Inhalt einer Webseite und unterteilen ihn z. B. in Überschriften, Fließtextabsätze, Listen, Bilder und Hyperlinks und so weiter.

Falls Sie den folgenden Abschnitt nicht nur lesen, sondern selbst ausprobieren möchten, benötigen Sie den Mozilla Firefox und sollten dort eine Einstellung ändern:

- Rufen Sie im Menü ANSICHT das Untermenü WEBSEITEN-STIL auf.
- Aktivieren Sie dort die Option KEIN STIL.

Erschrecken Sie nicht, falls die Webseiten im Browserfenster danach etwas anders aussehen, denn jetzt werden alle Webseiten im Browserfenster ohne CSS dargestellt.

Ähnlich wie Promis in Hochglanzmagazinen, sind die meisten Webseiten gestylt. Wenn man sie von allem Styling befreit, sieht man quasi den natürlichen Zustand. Für eine Webseite bedeutet das reines, ungeschminktes HTML, und genau in diesem Zustand befindet sich die in der folgenden Abbildung gezeigte Webseite:

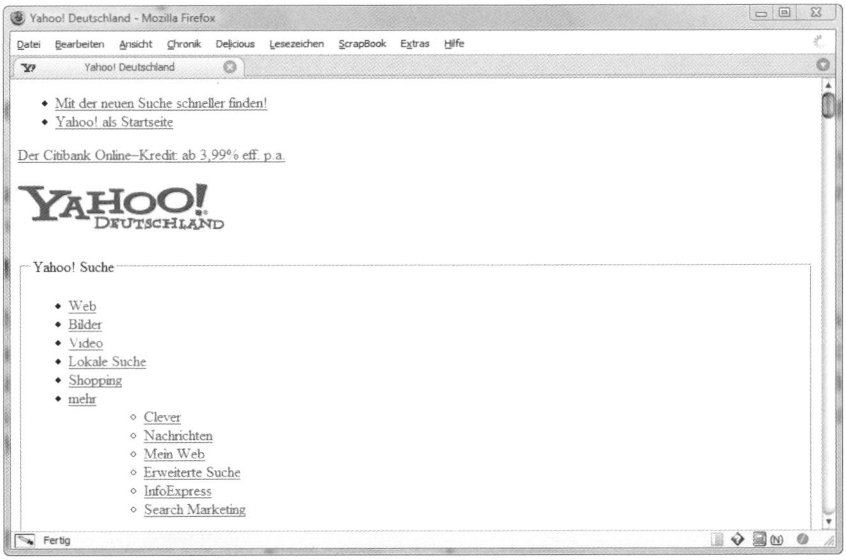

Abbildung 2.6: Die Startseite von Yahoo! nur mit HTML, ohne CSS

Die Seite ist voll funktionsfähig. Probieren Sie es ruhig einmal aus:

- Scrollen Sie nach unten. Die Texte sind noch da, die Bilder sind noch da, die Links funktionieren und es ist alles zu lesen.
- Verkleinern und vergrößern Sie das Browserfenster und beobachten Sie, wie die Seite sich anpasst.
- Verändern Sie die Schriftgröße (z. B. mit Strg + Scrollrad).

Der Inhalt einer nicht gestylten Webseite fließt linear von oben nach unten und bleibt *zugänglich*, egal unter welchen Umständen sie dargestellt wird. Diese Seite ist vielleicht nicht hübsch, aber man könnte sie sich auch vorlesen oder auf einem kleinen Handy-Bildschirm darstellen lassen.

HTML-Elemente ordnen die Inhalte einer Webseite in unsichtbaren rechteckigen Kästchen an, was letztlich der Grund für den Titel dieser Buchreihe ist, denn eine Webseite besteht aus nichts anderem als rechteckigen Kästchen, die über-, neben- und ineinander gestapelt werden. Lauter »Little Boxes«.

In der folgenden Abbildung sind einige dieser rechteckigen Kästchen sichtbar gemacht worden:

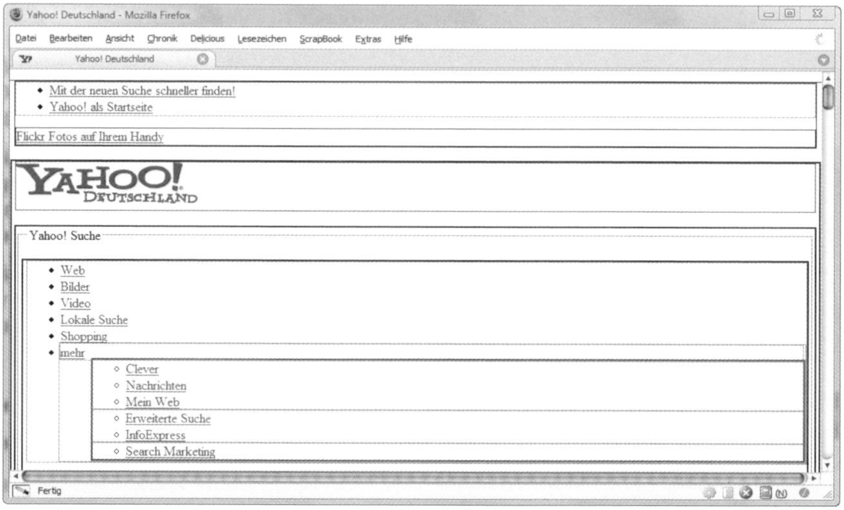

Abbildung 2.7: Webseiten bestehen aus rechteckigen Kästchen.

Diese rechteckigen Kästchen sind sehr flexibel. Ohne Styling werden Sie nicht breiter als das Browserfenster und nicht kleiner als der Inhalt, der darin aufbewahrt wird.

Das Styling: CSS gestaltet die HTML-Elemente

Die Sprache CSS (»Cascading Style Sheets«) ist eine Ergänzungssprache zu HTML und speziell dazu erfunden worden, die von Haus aus flexiblen, aber nicht sonderlich hübschen HTML-Elemente zu gestalten. CSS ist der Stylist für das HTML.

Statt der in spitzen Klammern stehenden HTML-Tags, finden Sie in CSS übrigens geschweifte Klammern und Semikola: Die CSS-Regel `body {background-color:yellow;}` weist der gesamten Webseite die Hintergrundfarbe Gelb zu.

Um zu begreifen, was CSS macht, schauen Sie sich den Unterschied am besten selbst an:

- Laden Sie die »nackte« Yahoo-Startseite aus dem vorherigen Abschnitt im Firefox.
- Aktivieren Sie im Menü Ansicht – Webseiten-Stil die Option Standard-Stil.

Jetzt werden alle Webseiten im Browserfenster wieder *mit* CSS dargestellt. Die folgende Abbildung zeigt wieder die Yahoo-Startseite:

Abbildung 2.8: Die Yahoo!-Startseite mit Styling per CSS

Auch wenn Sie sie auf den ersten Blick vielleicht nicht gleich wieder erkennen, es ist dieselbe Webseite wie in Abbildung 2.6, nur dieses Mal *mit* CSS.

Versuchen Sie einmal, bestimmte Elemente auf der Seite wiederzufinden, wie zum Beispiel die folgende Liste ziemlich am Anfang der Seite:

Abbildung 2.9: Die Liste auf der Yahoo-Startseite nur mit HTML ...

Sie hat sich durch das CSS ziemlich verändert:

Abbildung 2.10: ... und mit Styling per CSS

Die Listenpunkte stehen nebeneinander, statt der Aufzählungspunkte stehen senkrechte Trennstriche zwischen den Worten. Außerdem sind die Unterpunkte zu *mehr* ausgeblendet und werden erst nach einem Klick auf einen kleinen Pfeil daneben sichtbar.

Hinweis

Falls eine Webseite sich ohne CSS kaum verändert

Wenn eine Webseite sich nach dem Ausstellen von CSS im Browser kaum verändert, liegt das eventuell daran, dass diese Seite mit HTML-Tabellen gestaltet wurde. Im Quelltext einer Webseite wimmelt es wahrscheinlich von Elementen wie `<table>`, `<tr>` und `<td>`. Dadurch wird die im folgenden Abschnitt beschriebene Trennung von Inhalt und Gestaltung verhindert. Mehr zu diesem Thema finden Sie im ersten Kapitel von »Little Boxes« Teil 1, ab Seite 31.

HTML und CSS: Die Trennung von Inhalt und Gestaltung

Dieses kleine Experiment zeigt, dass auf Webseiten der Inhalt und die Gestaltung voneinander getrennt werden. Der Vorteil dieser Vorgehensweise ist die enorme Flexibilität von Webseiten:

- Der Inhalt wird durch HTML geordnet. Das ist der unkaputtbare Kern einer Webseite, den jeder Benutzer zu sehen oder zu hören bekommt.
- Durch die Trennung von Inhalt und Gestaltung kann dieser Kern für verschiedene Ausgabemedien getrennt gestaltet werden. So kann jeweils ein anderes CSS serviert werden, wenn ...
  - ... der Inhalt auf einem großen Bildschirm (*screen*) dargestellt wird.
  - ... der Inhalt ausgedruckt wird (*print*).
  - ... der Inhalt auf einem kleinen Bildschirm (*handheld*) dargestellt wird.
  - ... der Inhalt vorgelesen wird (*aural*).

Im Englischen nennt man dieses Prinzip »single input, multiple output«. Der Inhalt wird einmal gespeichert und kann auf verschiedene Weise ausgegeben werden, ohne dass er geändert werden muss.

Hinweis

Mehr zu HTML und CSS?

Falls Sie mehr über HTML und CSS erfahren möchten: In »Little Boxes« Teil 1 und 2 wird die Gestaltung von Webseiten mit HTML und CSS ausführlich erklärt.

JavaScript beeinflusst das Verhalten der Webseite

Die dritte Sprache im Bunde ist *JavaScript*. JavaScript ist optional, wird also nicht auf jeder Webseite eingesetzt, und im Gegensatz zu HTML und CSS eine richtige Programmiersprache. Mit JavaScript kann der Autor der Webseite das Verhalten der HTML-Elemente beeinflussen, *nachdem* der Quelltext an den Browser ausgeliefert wurde.

Um zu verstehen, was mit »Verhalten der Webseite« gemeint ist, machen Sie am besten wieder ein kleines Experiment:

- Rufen Sie die Startseite von Yahoo! im Firefox auf.
- Fahren Sie mit dem Mauszeiger über den Link »Lokale Suche«.
- Wenn Sie einen kleinen Moment verweilen, klappt ein kleines Suchfeld heraus, und zwar ohne Mausklick.

Abbildung 2.11: JavaScript öffnet ein Suchformular – ohne Klick.

Stellen Sie jetzt JavaScript aus. Im Firefox geht das wie folgt:

- Klicken Sie im Menü EXTRAS auf den Befehl EINSTELLUNGEN.
- Wählen Sie oben das Register INHALT und de-aktivieren Sie JAVASCRIPT (*nicht* die Option *Java* direkt darunter).

Wenn Sie jetzt die Startseite von Yahoo! im Browser neu laden und mit dem Mauszeiger auf »Lokale Suche« fahren, passiert nichts mehr. Wenn Sie auf den Link klicken, öffnet sich eine neue Seite mit der lokalen Suche.

Was immer JavaScript genau sein mag, es hat offensichtlich bewirkt, dass ein Suchfeld aufklappt, wenn der Mauszeiger sich an einer bestimmten Stelle befindet. Fazit: Mit JavaScript verhält sich die Seite etwas benutzerfreundlicher, ohne JavaScript bleiben alle Funktionen zugänglich.

Schön und gut, aber warum sollte jemand freiwillig JavaScript ausstellen? In erster Linie aus Sicherheitsgründen, denn viele Sicherheitsprobleme auf Webseiten basieren auf dem Missbrauch der eigentlich sehr nützlichen Sprache JavaScript.

Hinweis

Surfen ohne CSS und JavaScript

Surfen Sie doch einfach mal ein bisschen mit ausgestelltem CSS und JavaScript. Sie werden sehen, dass die Auswirkungen sehr unterschiedlich sind. Einige Seiten werden sich kaum ändern, andere nicht einmal mehr funktionieren. Moderne und handwerklich gut gebaute Webseiten zeichnen sich durch zwei Eigenschaften aus:

- Ohne CSS wird der Inhalt linear dargestellt. In einer Spalte untereinander weg.
- Der Inhalt bleibt auch ohne CSS und JavaScript zugänglich. Sogar ohne Grafiken.

2.5 Auf einen Blick

Hier noch einmal die wichtigsten Punkte dieses Kapitels im Überblick:

- Computer benötigen zur Kommunikation im Internet die nur aus Zahlen bestehenden *IP-Adressen*.
- Menschen können sich Namen besser merken und haben das *Domain Name System* erfunden, das Domain Namen in IP-Adressen umwandelt.
- Webseiten bestehen aus Quelltext.
- Quelltext besteht aus HTML, CSS und eventuell JavaScript:
  - HTML ist der Kern einer Webseite und ordnet den Inhalt.
  - CSS gestaltet die HTML-Elemente und sorgt für das Styling.
  - JavaScript kann das Verhalten der Webseite nach dem Laden im Browser beeinflussen.

Kapitel 3

Die Entwicklung des Webpublishing

Worin es darum geht, was Webspace ist, und dass Webpublishing zunächst nur aus statischen Webseiten bestand, die sich bald um Webanwendungen zur Interaktion mit den Besuchern erweiterten. Webanwendungen wurden bald zum Motor einer Site und ersetzen heute oft auf dem eigenen PC installierte Programme.

Die Themen im Überblick

- Webpublishing war ursprünglich statisch, Seite 68
- Statisches Webpublishing wird interaktiv, Seite 70
- Webanwendungen als Motor für die Website, Seite 74
- Webanwendungen erobern den Alltag, Seite 80
- Auf einen Blick, Seite 84

Sie können dieses Kapitel komplett offline lesen. Zum Besuchen der erwähnten Links benötigen Sie einen Browser und einen Internetzugang.

3.1 Webpublishing war ursprünglich statisch

Webpublishing ist ein Oberbegriff für alle Maßnahmen rund um das Veröffentlichen von Inhalten im World Wide Web. Diese Inhalte werden allesamt auf Webseiten gespeichert und sind der Grund, warum wir so viel im Web unterwegs sind. Eine wesentliche Voraussetzung für die rasante Verbreitung des Web in den letzten Jahren war, dass das Erstellen und Veröffentlichen von Webseiten keine Geheimwissenschaft, sondern auch für Laien relativ leicht zu lernen ist.

Webspace: Speicherplatz zum Veröffentlichen im Web

Zur Veröffentlichung von Webseiten benötigt man *Webspace* (wörtlich »Platz im Web«). Laut Wikipedia handelt es sich dabei um »einen Speicherplatz für Dateien auf einem Server, auf den über das Internet dauerhaft zugegriffen werden kann«.

Die minimale Webspace-Ausstattung sind ein paar Megabyte Speicherplatz und Anschluss an einen Webserver, der die dort gespeicherten Webseiten serviert:

Abbildung 3.1: Webspace – Speicherplatz mit Webserveranschluss

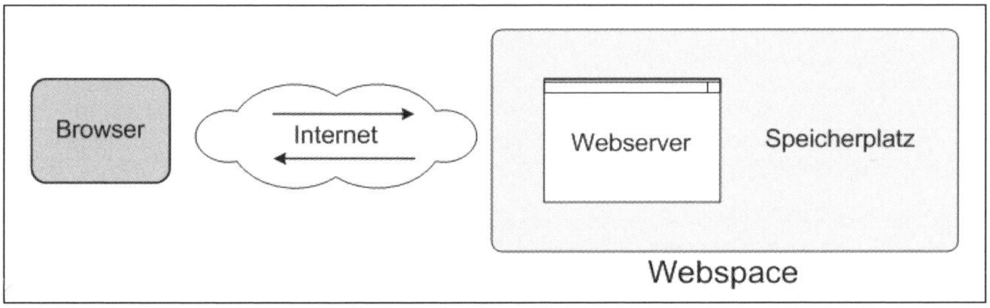

Hinweis

> **Wie Sie den richtigen Webspace bekommen**
>
> Die Auswahl des richtigen Webspace kann ziemlich verwirrend sein, weil Ihnen dabei jede Menge Fachbegriffe um die Ohren fliegen. Mehr dazu erfahren Sie ab Seite 141.

So funktioniert statisches Webpublishing

Auf dem Webspace werden Webseiten gespeichert. In ihrer einfachsten Form sind Webseiten Textdateien mit der Endung **.htm* oder **.html*, die auf dem eigenen Computer erstellt und anschließend mit einem FTP-Programm auf den Webspace kopiert werden:

1. Der Quelltext der Webseiten wird mit einem Editor auf dem eigenen Computer erstellt. Die Abbildung zeigt die Startseite *index.html* der Beispieldateien aus »Little Boxes Teil 1« in einem Quelltext-Editor:

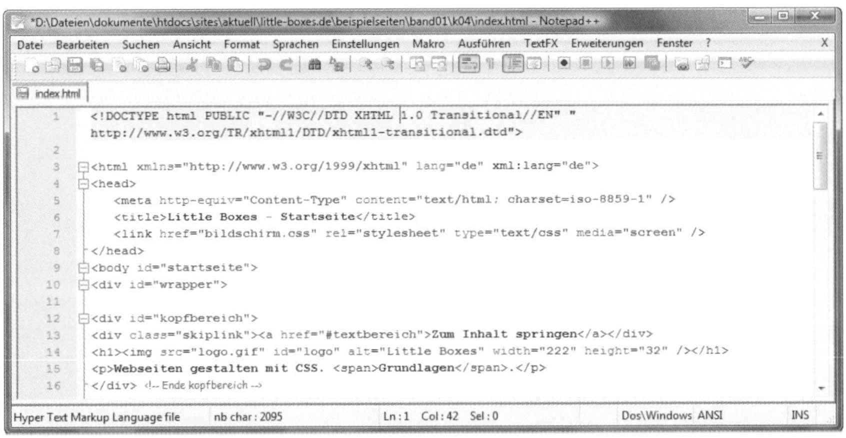

Abbildung 3.2: Eine Webseite in einem Editor

2. Zur Veröffentlichung werden die fertigen Webseiten vom eigenen Computer auf den Webspace kopiert (hochgeladen). Dazu benutzt man ein FTP-Programm wie FileZilla:

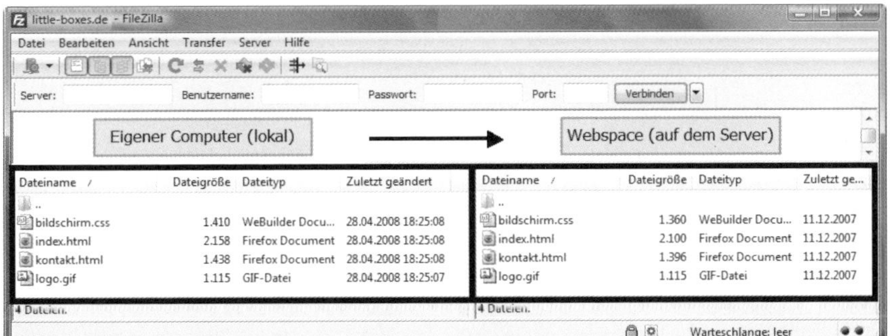

Abbildung 3.3: Fertige Webseiten (links) auf den Webspace kopieren (rechts)

Danach sind die Webseiten auf dem Webspace und werden, wenn sie von einem Besucher angefordert werden, vom Webserver ausgeliefert (wie ab Seite 54 beschrieben):

Abbildung 3.4: Webspace mit hochgeladenen Webseiten

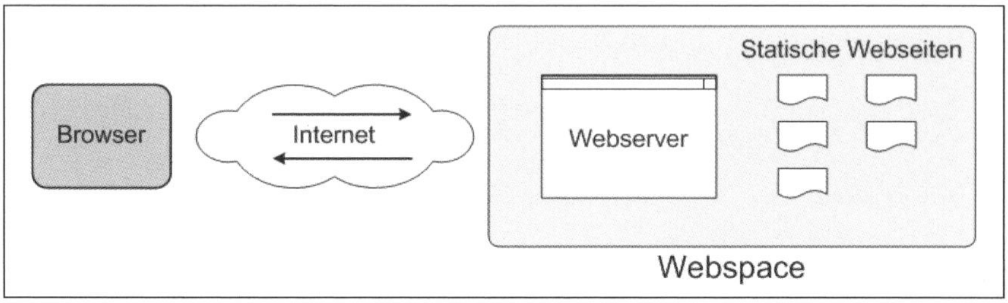

Wichtig ist dabei die Tatsache, dass die Webseiten auf dem Webspace durch den Besuch in keinster Art und Weise verändert werden, weshalb diese Art des Webpublishing auch als *statisches Webpublishing* bezeichnet wird.

Statische Webseiten sind umständlich zu pflegen

Mitte der 90er Jahre waren statische Webseiten der Normalfall und es gibt sie auch heute noch, besonders bei privaten Homepages. Der größte Nachteil von statischen Webseiten ist, dass die Aktualisierung der Inhalte relativ aufwändig ist.

Um statische Webseiten zu ändern, sind immer dieselben Schritte nötig:

1. Kopie der Webseite auf Ihrem Computer im Editor öffnen.
2. Webseite wie gewünscht ändern und speichern.
3. Geänderte Webseite per FTP auf den Webserver hochladen.

Zum Ändern von Webseiten muss man also mindestens einen Editor zum Bearbeiten von Webseiten und ein FTP-Programm bedienen und eventuell sogar konfigurieren können. Außerdem besteht ständig die Gefahr, dass ein ungeübter Bearbeiter das Layout der Webseite versehentlich ändert oder zerstört.

3.2 Statisches Webpublishing wird interaktiv

Statische Webseiten wurden schon bald durch Programme erweitert, die eine Interaktion zwischen Besucher und Webseite ermöglichten.

Diese Programme laufen jenseits des Webservers auf dem Webspace und werden daher auch als *serverseitige Skripte* oder *Webanwendungen* bezeichnet.

Früher wurden viele dieser Programme in der Programmiersprache *Perl* programmiert, heute ist *PHP* sehr weit verbreitet.

Das Web ist ein interaktives Medium

Das Web ist im Gegensatz zum traditionellen Rundfunk (»Broadcast«) keine Einbahnstraße, sondern ein interaktives Medium. Wichtig zu wissen ist dabei, dass *jede* Interaktion mit dem Besucher einer Webseite auf zwei Dingen basiert:

1. einem HTML-Formular im Browser, in das der Besucher Daten eingibt;
2. einem serverseitigen Programm, das die vom Besucher eingegebenen Formulardaten empfängt und verarbeitet.

Jede Interaktion im Web, also jede Suche, jede Anmeldung, jedes Kontaktformular, jede Bestellung und jede Webmail basiert auf diesem Grundprinzip: ein Formular zur Eingabe der Daten und ein Programm zur Verarbeitung derselben.

Auf Seite 41 haben Sie am Beispiel einer Google-Suche bereits gesehen, wie so etwas funktioniert, und tatsächlich war die erste von einer breiten Öffentlichkeit genutzte Webanwendung eine Suchfunktion: Mitte der 90er schrieben zwei Studenten ein Programm zum Durchsuchen ihrer umfangreichen Lesezeichensammlung und veröffentlichten dies unter dem Namen *Yahoo*.

Heutzutage sind eine Suchfunktion zum Durchsuchen der Webseiten oder ein Kontaktformular zur einfachen Kontaktaufnahme völlig selbstverständliche Elemente einer Website.

Ein Beispiel zur Interaktion: Ein Kontaktformular

Als Beispiel für eine Webanwendung zur Interaktion mit den Besuchern möchte ich Ihnen zeigen, wie ein einfaches Kontaktformular funktioniert. Hier zunächst einmal das bereits ausgefüllte Formular:

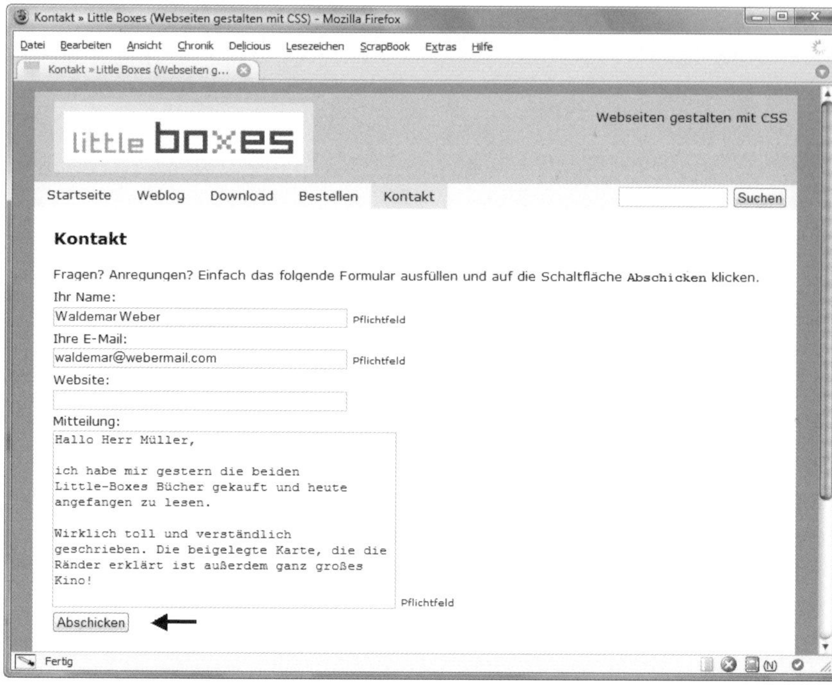

Abbildung 3.5: Ein einfaches Kontaktformular

Nach einem Klick auf »Abschicken« bekommt der Besucher eine Antwortseite, die ihm das erfolgreiche Verschicken seiner Nachricht bestätigt:

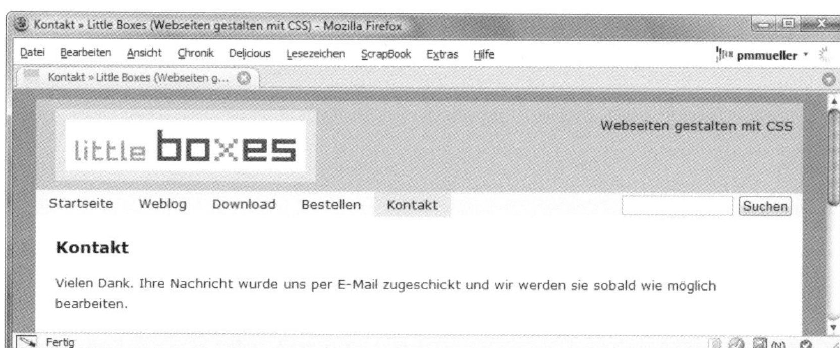

Abbildung 3.6: Die Antwortseite nach dem Ausfüllen des Formulars

Die folgende Abbildung zeigt die verschickte E-Mail:

Abbildung 3.7: Die E-Mail mit den Formulardaten des Besuchers

Bleibt nur noch die Frage, woher die Antwortseite kommt und wer die E-Mail mit den Formulardaten geschrieben hat.

Formulardaten werden immer von einer Webanwendung verarbeitet

Sowohl die Antwortseite für den Besucher als auch die E-Mail mit den Formulardaten werden nicht von den statischen Webseiten, sondern von einem Programm generiert, das jenseits des Webservers auf dem Webspace läuft und *Webanwendung* genannt wird:

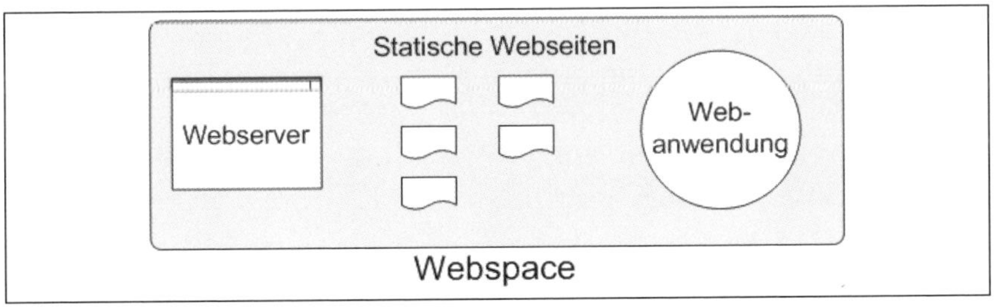

Abbildung 3.8: Eine Webanwendung verarbeitet die Formulardaten.

Wie gesagt, beruht jede Interaktion mit dem Besucher einer Webseite auf einem HTML-Formular im Browser des Besuchers und einer Webanwendung, die die vom Besucher eingegebenen Formulardaten verarbeitet.

Für Sie als angehender Websitebetreiber bedeutet das, dass alle Interaktionen mit dem Besucher immer mit einem größeren Aufwand verbunden sind als rein statische Webseiten, weil irgendwie und irgendwo eine Webanwendung mitspielen muss.

Sie müssen diese Webanwendungen aber nicht unbedingt selbst installieren, denn Sie können zum Beispiel *Webanwendungen* einsetzen, die von Drittanbietern *gehostet* werden (siehe auch Seite 137).

3.3 Webanwendungen als Motor für die Website

Einfache Programme wie das im vorherigen Abschnitt gezeigte Kontaktformular erweitern statische Seiten um interaktive Funktionen, aber die Anforderungen an Webseiten stiegen stetig und so nahmen auch die Webanwendungen ab etwa Anfang dieses Jahrtausends eine zentralere Rolle ein.

Webanwendungen erweiterten in dieser Phase nicht mehr nur die statischen Webseiten, sondern begannen, den Quelltext der Webseiten dynamisch zu erstellen. Gleichzeitig wurden immer mehr Webanwendungen in der Programmiersprache PHP geschrieben, die oft eng mit einer Datenbank namens MySQL zusammenarbeitet.

99 Luftballons: Grenzen des statischen Webpublishing

Auch nach der Freischaltung einer Website muss der Inhalt oft wieder verändert werden. Bei einer privaten Homepage, bei der der Ersteller der Webseiten diese auch pflegt, ist das kein Problem, aber in anderen Situationen sehr wohl:

- Stellen Sie sich vor, Sie haben einen kleinen Laden für Party-Artikel. Sie surfen ab und zu im Web und hätten auch gerne eine eigene »Homepage«, aber von HTML und solchen Dingen haben Sie keine Ahnung.
- Sie lassen sich von einem Bekannten eine Website bauen, auf der unter anderem einige besonders beliebte Artikel mitsamt Preis-

angabe präsentiert werden, wie zum Beispiel die roten Luftballons im 99er Pack.

- Stellen Sie sich nun vor, der Großhändler hat bei der letzten Lieferung die Preise erhöht und die roten Ballons werden ab sofort teurer oder mit Verlust verkauft. Im Laden ist die Änderung der Preise kein Problem, aber auf der Website? Oops.

Sie rufen Ihren Bekannten an, bitten ihn die Preise auf der Webseite zu ändern und dabei beschleicht Sie ein ungutes Gefühl, denn Sie ahnen, dass Sie ihn für jede noch so kleine Änderung an Ihren Webseiten werden anrufen müssen.

Irgendwann ist selbst bei dem besten Bekannten der anfangs unendlich scheinende Vorrat an Enthusiasmus aufgebraucht, denn er hat inzwischen weitere Websites für andere Bekannte gebaut, und die rufen jetzt auch immer alle an.

Das Ergebnis dieser Entwicklung ist häufig, dass die Website ein Schattendasein fristet und für Sie als Besitzer ein Fremdkörper bleibt, der mit Ihrem Laden in keiner Verbindung steht. Eher ein Klotz am Bein, denn ein Quell der Freude.

Dynamisches Webpublishing: Immer aktuelle Preise

Bei einer dynamisch erstellten Website werden die Preise für die roten Ballons nicht statisch in den HTML-Quelltext geschrieben, sondern in einer Datenbank auf dem Webspace gespeichert. Die Webseite mit den Ballonpreisen wird erst auf Anforderung zusammengebaut, also dynamisch erstellt. Dabei wird jedes Mal in der Datenbank nach den aktuellen Preisen geschaut.

Das hat den Vorteil, dass die Preise stets aktuell und Preisänderungen auf den Webseiten viel einfacher sind:

1. Wenn sich ein Preis ändert, starten Sie einen Browser. Egal, ob Sie gerade zu Hause, im Laden oder in einem Internetcafé auf Gomera sind. Sie brauchen nur einen Internetzugang und einen Browser.
2. Im Browser geben Sie die Adresse des passwortgeschützten Verwaltungsbereichs Ihrer Webseite ein.
3. Auf dieser Webseite wählen Sie den zu ändernden Artikel, z. B. die roten Ballons.

4. Kurz darauf erscheint die Webseite mit den roten Ballons in einem Formular, direkt aus der Datenbank auf dem Webserver.
5. In diesem Formular aktualisieren Sie den Preis und speichern die Änderungen mit einem Klick auf die Schaltfläche SPEICHERN in der Datenbank.

Wenn die Webseite mit den roten Ballons jetzt irgendwo auf der Welt in einem Browser aufgerufen wird, erscheint automatisch der neue Preis, weil sie erst auf Anforderung erstellt und dabei jedes Mal die aktuellste Version aus der Datenbank geholt wird.

Da Sie als Betreiber selbst die Aktualisierung Ihrer Website übernehmen, haben Sie zu einer dynamisch erstellten Site eine ganz andere Beziehung als zu einer traditionellen, statischen Präsentation. Die Site ist kein Fremdkörper mehr, sondern Teil Ihres Unternehmens.

Hinweis

Inhalte verwalten auf einer Website: Content Management

Das ist ein Sammelbegriff für alle möglichen Arten und Weisen, um Inhalte auf Webseiten möglichst effektiv zu verwalten.

Beispiel: Content Management in Aktion

Im Folgenden möchte ich Ihnen zeigen, wie leicht man auf einer dynamisch erstellten Webseite Inhalte ändern oder hinzufügen kann. Da Bilder bekanntlich mehr sagen als tausend Worte, möchte ich Ihnen das dynamische Webpublishing anhand eines einfachen Content Management Systems namens *WordPress* einmal in Aktion zeigen.

Abbildung 3.9 zeigt zunächst die normale Webseite, so wie der Besucher sie sieht (also sozusagen die Vorderseite, daher auch *Frontend* genannt). Vor dem hervorgehobenen Bereich wird auf den nächsten Seiten ein neuer Artikel erscheinen.

Um einen vorhandenen Beitrag zu ändern oder einen neuen zu schreiben, gibt man im Browser die Adresse des passwortgeschützten Verwaltungsbereichs ein, um sich bei WordPress anzumelden (sozusagen die Rückseite von WordPress und daher *Backend* genannt). Nach erfolgter Anmeldung klicken Sie auf einen Link zum Erstellen eines neuen Artikels und beginnen zu schreiben (Abbildung 3.10).

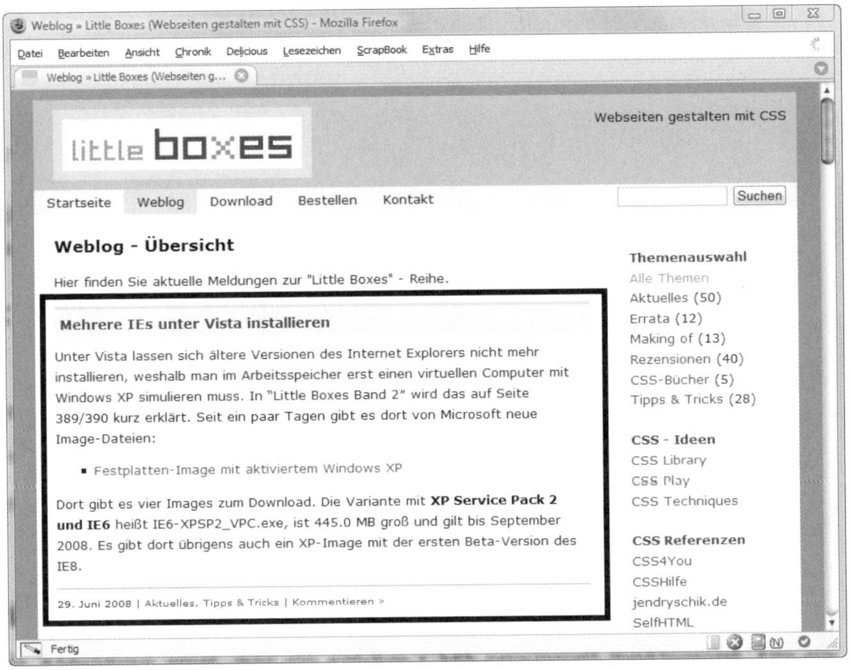

Abbildung 3.9: Der Weblog auf little-boxes.de vor der Änderung

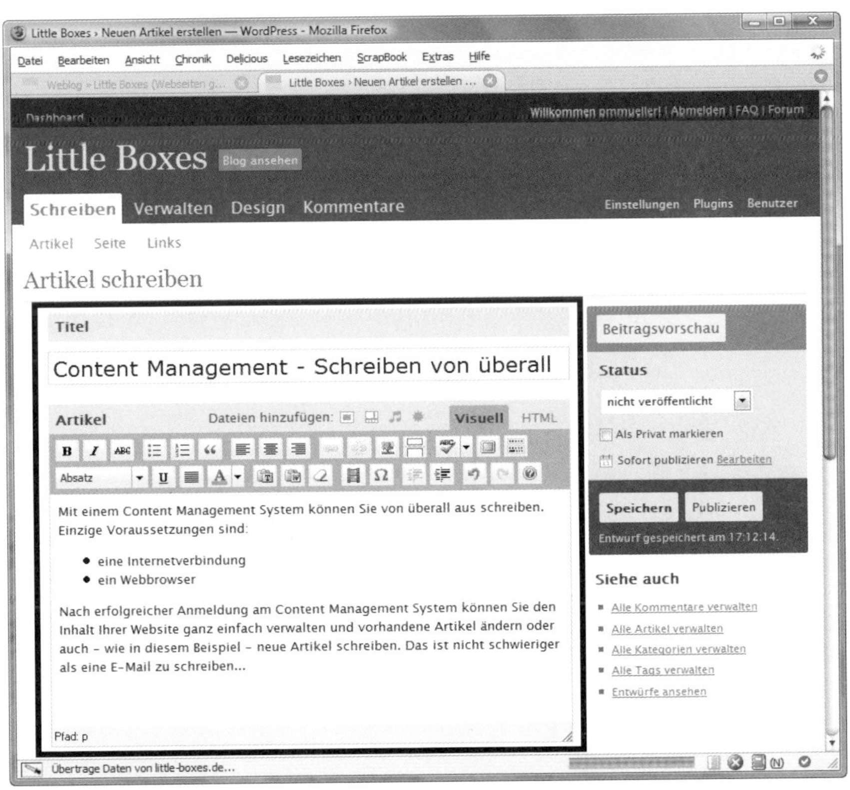

Abbildung 3.10: Schreiben des neuen Artikels im WordPress-Backend

Der neue Artikel trägt den schönen Titel »Content Management – Schreiben von überall«. Nach dem Schreiben erscheint der Artikel durch einen Klick auf die Schaltfläche »Publizieren« auf der Webseite, wobei der vorherige Artikel etwas nach unten rutscht:

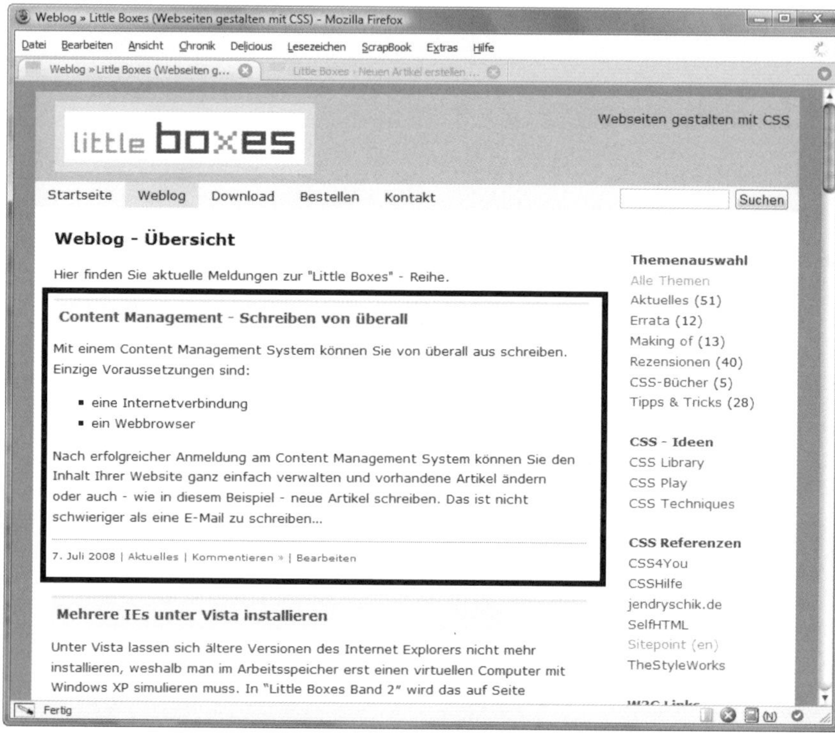

Abbildung 3.11: Der neue Artikel im Browser

Das Schreiben eines neuen Artikels für Ihre Website ist auf diese Weise so einfach wie das Schreiben einer E-Mail.

So funktioniert ein Content Management System (CMS)

Der wichtigste Unterschied zwischen dynamischem und statischem Webpublishing ist, dass die Webseiten nicht fix und fertig auf dem Webserver liegen, sondern erst kurz vor der Auslieferung zusammengebaut werden:

- Auf dem Webserver wird statt der statischen Webseiten eine Vorlage oder Schablone mit zahlreichen Platzhaltern gespeichert.

- Diese Platzhalter werden vor der Auslieferung an den Besucher von der Webanwendung durch Inhalte ersetzt, die in einer Datenbank gespeichert werden.

Die folgende Abbildung zeigt, wie ein Content Management System prinzipiell funktioniert:

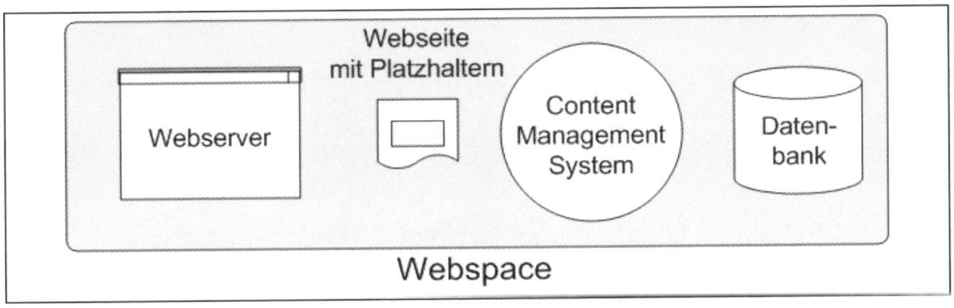

Abbildung 3.12: Die Funktionsweise eines Content Management Systems (CMS)

- Der Webserver weiß, dass die angeforderte Seite Platzhalter enthält, die vor der Auslieferung noch mit Inhalt gefüllt werden müssen, und sagt dem CMS Bescheid.
- Das CMS holt die gewünschten Inhalte für die Platzhalter direkt aus der Datenbank.
- Das CMS baut die Inhalte aus der Datenbank in die Platzhalter ein und reicht den fertigen Quelltext an den Webserver weiter.

Der Besucher und sein Browser merken von alledem übrigens nichts. Für sie ist es kein Unterschied, ob der Quelltext schon fertig auf dem Webserver lag oder erst auf Anforderung zusammengebaut wurde. Die Platzhalter sind vom CMS durch Inhalte ausgetauscht worden und der ausgelieferte Quelltext unterscheidet sich für den Browser nicht von einem statisch erstellten.

Hinweis

Beispiele für Content Management Systeme

Weil fast jede Website so ein CMS gebrauchen kann, gibt es buchstäblich Tausende davon, aber ein paar bekannte Beispiele sind *WordPress*, *Joomla!*, *Drupal* und *TYPO3* (von einfach nach komplex). Viele weitere Beispiele finden Sie in der Wikipedia:

- *http://de.wikipedia.org/wiki/Kategorie:Web-Content-Management-System*

Viele dieser Systeme wurden in der Programmiersprache PHP geschrieben und benutzen eine MySQL-Datenbank zur Aufbewahrung der Daten, was bei der Auswahl des Webspace von Bedeutung ist (siehe Seite 152).

3.4 Webanwendungen erobern den Alltag

Während des Internet-Booms um die Jahrtausendwende erlebten Webanwendungen einen großen Schub und das Geschäftsmodell vieler Firmen basierte auf einer einzigen Webanwendung. Auch wenn Anfang des Jahrtausends viele dieser Modelle wie Seifenblasen zerplatzten, gehören Anwendungen wie Google, Amazon oder eBay heute zum Alltag.

Webmail: Das Web integriert andere Dienste wie E-Mail

Eigentlich muss man für jeden Internetdienst ein spezielles Programm installieren, konfigurieren und lernen:

- Ein E-Mail-Programm wie Outlook zum Senden oder Empfangen von E-Mail
- Ein FTP-Programm wie FileZilla zum Kopieren von Dateien zwischen Computern

In den letzten Jahren werden Dienste wie E-Mail immer häufiger in das Web integriert. So benötigen Sie zum Senden und Empfangen von E-Mail z. B. nicht mehr unbedingt ein spezielles E-Mail-Programm, denn Dienste wie GMX oder Google Mail ermöglichen E-Mail mit dem Webbrowser.

Diese Art zu mailen wird auch als »Webmail« bezeichnet, weil man dabei E-Mail mit dem Browser, also über das Web, schreibt und empfängt. Das E-Mail-Programm läuft dabei als Webanwendung auf den Servern des Dienstanbieters, der Benutzer benötigt nur einen Browser.

Ebenso gibt es die Möglichkeit, Dateien per FTP zu übertragen, ohne ein FTP-Programm installiert zu haben, was manchmal sehr hilfreich sein kann. Dazu benutzt man ein WebFTP-Programm, zum Beispiel auf *http://www2ftp.de/* (da fehlt übrigens kein Punkt nach dem *www*), oder eines, das vom Webhoster gestellt wird (siehe Seite 156).

Die folgende Abbildung zeigt, wie sich diese Integration für den Benutzer darstellt:

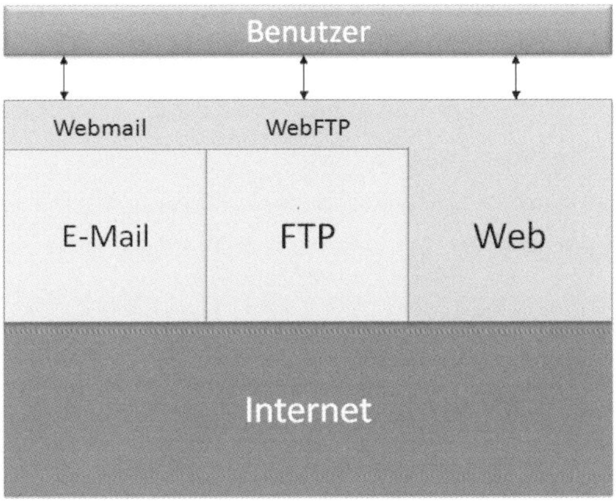

Abbildung 3.13: Das Web integriert andere Dienste.

Für die Benutzer bedeutet diese Integration, dass sie nicht mehr für jeden Dienst unbedingt ein neues Programm lernen müssen. Power-Mailer und Viel-FTP-Benutzer werden auch weiterhin spezielle Programme bevorzugen, aber man kann auch alles mit dem Browser erledigen.

Web 2.0: Webanwendungen zur Zusammenarbeit im Web

Websites wie Amazon und eBay sind auch für Online-Neulinge leicht zu verstehen, denn sie haben eine Entsprechung im Alltag: Amazon ist ein Kaufhaus und eBay ein Auktionshaus.

In den letzten Jahren hat sich das Wesen von Webanwendungen aber so sehr geändert, dass man häufig von einem »Web 2.0« spricht. Ein Schwerpunkt dieser Anwendungen liegt auf der sozialen Komponente, neudeutsch auch »Community« genannt. Einige bekannte Beispiele sind Sites zum Social Networking wie *xing.com* (siehe auch Seite 124), Social Bookmarking Dienste wie *del.icio.us* oder *mister-wong.de* oder bekannte Sites wie *flickr.com* oder *youtube.com*.

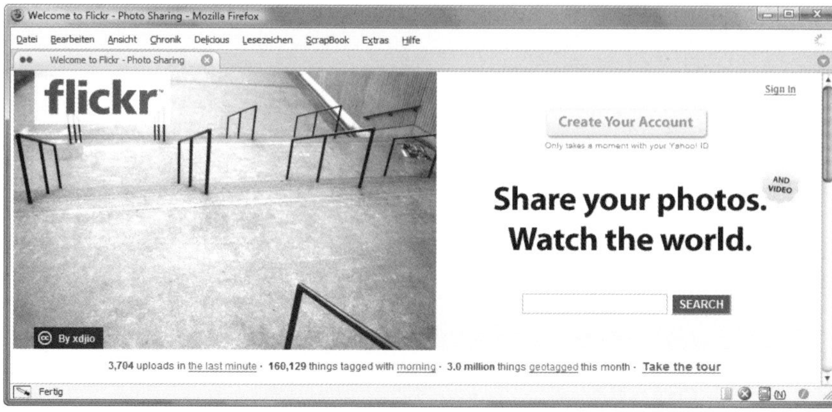

Abbildung 3.14: Flickr – eine sehr beliebte Webanwendung zum Veröffentlichen, Teilen und Verwalten von Fotos

Die Faszination (und der Nutzen) vieler dieser Dienste lässt sich Weblaien und Gelegenheitssurfern ungleich schwerer erklären als zum Beispiel Amazon oder eBay, denn im analogen Alltag gibt es kein Äquivalent zum gemeinsamen Sammeln von Lesezeichen. Man muss diese Dienste *benutzen*, um die Faszination zu begreifen, und das tut man nur, wenn das Web bereits ein Teil des persönlichen Alltags geworden ist.

Webanwendungen als Ersatz für installierte Programme

Auch jenseits von E-Mail und FTP ersetzen Webanwendungen Programme, die traditionell auf dem Computer des Benutzers installiert waren und deshalb auch als Desktop-Programme bezeichnet werden:

- *Google Docs* zum Erstellen von Texten, Tabellen und Präsentationen: *http://docs.google.com/*
- *Picnik* zum Bearbeiten von Bildern und Fotos: *http://picnik.com/*
- *Mindmeister* zum Erstellen von Mindmaps: *http://mindmeister.com/*

Abgesehen von der orts- und computerunabhängigen Nutzung dieser Programme, ist es mit diesen Webanwendungen sehr einfach, mit anderen Leuten zusammen an demselben Dokument zu arbeiten, auch wenn diese sich gerade in einer völlig anderen Ecke auf diesem Planeten aufhalten. Hauptsache sie haben einen Browser und einen Internetzugang.

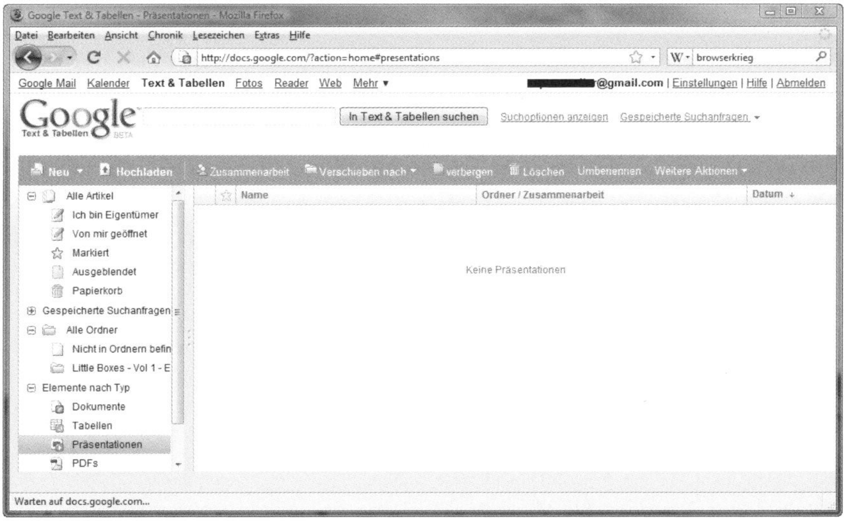

Abbildung 3.15: Google Docs – Webanwendung statt Word, Excel und Powerpoint

Ein Nachteil von Webanwendungen ist es, dass sie online über den Browser bedient werden und man für flüssiges Arbeiten eine ziemlich schnelle Internetanbindung benötigt. Ohne Internet haben Sie keinen Zugriff auf Ihre Daten, aber mit Lösungen wie »Gears« (*http://gears.google.com/*) können Sie eine Webanwendung auch offline benutzen. Die Daten werden nach dem Herstellen einer Internetverarbeitung automatisch abgeglichen.

Ein weiterer Nachteil ist natürlich der Datenschutz. Die Daten werden auf den Servern des Dienstanbieters gespeichert. Die mit Google Docs geschriebenen Dokumente liegen allesamt auf den Servern von Google. Was für private Notizen oder E-Mails vielleicht noch okay ist, sieht für sensible Firmendaten schon ganz anders aus.

Hinweis

Cloud Computing: Das Netzwerk ist der Computer

Vor dem Hintergrund dieser Veränderungen hört man manchmal den Satz »Das Netzwerk ist der Computer«, und weil in Diagrammen das Symbol für ein Netzwerk traditionell eine Wolke ist, wird dieser Trend im englischen Sprachraum als »Cloud Computing« bezeichnet. Anwendungen und Daten befinden sich nicht mehr auf dem eigenen Rechner, sondern – bildlich gesprochen – »in the cloud«, in der virtuellen Wolke.

3.5 Auf einen Blick

Hier noch einmal das Wichtigste im Überblick:

- Zum Veröffentlichen im Web benötigen Sie *Webspace*.
- *Webpublishing* ist ein Überbegriff für das Veröffentlichen von Inhalten im Web.
- Webpublishing hat sich im Laufe der Jahre wie folgt entwickelt:
  1. *Statisches Webpublishing*: Dateien mit der Endung **.htm* oder **.html*, die auf dem Webspace nicht verändert wurden.
  2. *Interaktion mit Besuchern*: Basiert auf HTML-Formularen. Statische Webseiten werden durch serverseitige Programme erweitert, die Formulardaten verarbeiten. Beispiel: Kontaktformular oder Suchfunktion.
  3. *Dynamisches Webpublishing*: Serverseitige Programme erzeugen den Quelltext der Webseiten dynamisch, auf Anforderung. Beispiel: Content Management Systeme.
  4. *Webanwendungen* erobern den Alltag und übernehmen Funktionen von installierten Programmen. Beispiel: Webmail oder Google Docs.

Kapitel 4

Gute Seiten, schlechte Seiten

Worin Sie sehen, dass eine Webseite zu Gast beim Surfer ist. Außerdem lernen Sie sieben Kriterien zur Beurteilung von Webseiten kennen und erfahren dann, dass die richtige Mischung das Wichtigste ist.

Die Themen im Überblick

- Die Webseite ist zu Gast beim Surfer, Seite 86
- Überblick: Sieben Qualitätskriterien, Seite 86
- Die Mischung macht's: Bibliothek und Galerie, Seite 94
- Auf einen Blick, Seite 98

Bevor Sie sich näher mit der Konzeption Ihrer eigenen Website befassen, sollten Sie sich ein bisschen Zeit nehmen und ein paar ausgedehnte Spaziergänge im Web unternehmen. Überlegen Sie dabei, welche Seiten Ihnen gefallen und warum Sie sich auf einigen wohler fühlen als auf anderen.

4.1 Die Webseite ist zu Gast beim Surfer

Man spricht oft davon, dass eine Webseite Besucher hat, aber genau genommen ist das umgekehrt. Der Surfer fordert die Seite durch einen Klick oder durch das Eintippen der URL an und daraufhin wird der Quelltext in seinem Browser bei ihm zu Hause dargestellt. Die Webseite ist also zu Gast beim Surfer, und sie sollte sich eigentlich auch wie ein Gast verhalten.

Das tun leider nicht alle. Einige sind sogar ziemlich unhöflich. Vielleicht kommt Ihnen folgende Situation ja ein bisschen bekannt vor:

- Sie haben eine Webseite eingeladen, die Ihnen bei der Planung des Kreta-Urlaubs behilflich sein soll. Es klingelt und Sie öffnen die metaphorische Haustür.
- Draußen steht jemand mit einem voll aufgedrehten Ghettoblaster auf der Schulter, aus dem laut plärrende Bouzoukis den sanft aus Ihrer Stereoanlage säuselnden Frühling von Vivaldi übertönen.
- In der anderen Hand hält er ein flackerndes Stroboskop, sodass Sie ihn vor lauter Blitzen und Blinken kaum noch erkennen können.
- Der Gast drängelt sich ohne zu fragen an Ihnen vorbei und noch nicht mal richtig drin protestiert er schon, dass das Wohnzimmer zu klein sei und er sich in Zimmern unter 20 m^2 generell nur unter Protest und mit Scrollbalken niederlasse.
- Und er ist süchtig. Nach JavaScript. Ohne JavaScript redet er nicht mal mit Ihnen.

Wie gesagt. Eine Webseite ist zu Gast beim Surfer und sollte sich auch so benehmen. Obiges Beispiel geht eher in Richtung Hausfriedensbruch.

4.2 Überblick: Sieben Qualitätskriterien

Damit Sie sich bei der Beurteilung von Sites und Seiten nicht nur auf Ihr Bauchgefühl verlassen müssen, möchte ich Ihnen sieben Kriterien vorstellen, mit deren Hilfe Sie die Qualität einer Webseite besser einschätzen und die Sie bei der Planung Ihrer eigenen Site berücksichtigen können:

① **Inhalt**: Was gibt es hier?

② **Gestaltung**: Wie sieht es aus?

③ **Navigation**: Wie findet man sich zurecht?

④ **Performance**: Wie schnell wird die Seite geladen?

⑤ **Zugänglichkeit**: Kann Ihr Browser die Seite darstellen?

⑥ **Quelltext**: Entspricht der Quelltext modernen Standards?

⑦ **Interaktion**: Wird die Möglichkeit zur Interaktion adäquat umgesetzt?

Das Geheimnis liegt in der richtigen Mischung, aber eine Website, die in allen sieben Fächern eine gute Note bekommt, ist fast zwangsläufig auch eine benutzerfreundliche Website. Und Webseiten werden für die Benutzer gebaut.

① Der Inhalt: Darum kommen die Besucher

Der Inhalt einer Website, neudeutsch auch oft *Content* genannt, ist vereinfacht gesagt der Grund, warum jemand eine bestimmte Website besucht.

Für viele Sitebetreiber ist der Inhalt bei der Erstellung der eigenen Webseiten das größte Problem und die Antwort auf die Frage »Was soll ich auf die Seiten tun?« eine der schwierigsten. Bei privaten Homepages resultiert das oft in einem »Willkommen auf meiner Homepage« und einigen Katzenfotos, auf gewerblichen Websites in einer digitalen Kopie der Firmenbroschüre, die es vorher bereits offline gab.

Das Web ist multimedial und Inhalt kann in folgenden Varianten vorliegen:

- Text
- Bilder
- Audio
- Video

Für eine Informationswebsite sind lesenswerte Beiträge der wichtigste Inhalt, für Amazon hingegen günstige Angebote. Für Flickr sind es sehenswerte Fotos, für YouTube interessante Videos.

Guten Content für eine Website zu erstellen kostet viel Zeit oder Geld. Oder beides. Aber ohne guten Inhalt brauchen Sie sich um die anderen Kriterien in diesem Kapitel eigentlich keine Sorgen zu machen. Ohne guten Inhalt kommen wahrscheinlich sowieso keine Besucher, und wenn, dann gehen sie gleich wieder weiter. Und dann ist es auch egal, ob die Site gut aussieht oder die Navigation übersichtlich ist.

Hinweis

Wenn die Benutzer den Inhalt selbst schreiben

Im Web gibt es viele Sites, bei denen die Besucher den Inhalt selber erstellen, wie z. B. bei einem Forum wie *spotlight.de* oder anderen Communitys wie *flickr.com* oder *youtube.com*. Das nennt man neudeutsch *user generated content* (wörtlich »von den Benutzern erzeugter Inhalt«). Der Betreiber der Website sorgt in dem Fall für das Funktionieren der Webanwendung, der Inhalt kommt von den Besuchern.

② Die Gestaltung: So sieht's aus

Die grafische Gestaltung bestimmt das Aussehen Ihrer Site und besteht aus verschiedenen Komponenten. Unter anderem sind dies:

- Layout der Seiten
- Farbschema
- grafische Elemente
- Typographie

Viele angehende Websitebetreiber kümmern sich anfangs fast nur um die Gestaltung und vernachlässigen dabei Dinge wie Inhalt, Navigation oder Zugänglichkeit. Die grafische Gestaltung ist nicht unwichtig und bestimmt den ersten Eindruck, aber die Ästhetik wird bei Webseiten oft überschätzt. Gestaltung ist kein Selbstzweck, denn ...

- Webseiten sind keine Gemälde. Sie werden nicht betrachtet, sondern *benutzt*.

Weder mit Google noch mit Amazon oder eBay würden Sie einen gestalterischen Blumentopf gewinnen, und doch gehören diese drei Sites zu den wahrscheinlich erfolgreichsten überhaupt. Sie haben guten Inhalt und die Gestaltung dient dazu, diesen möglichst effektiv zugänglich zu machen.

Achten Sie bei Ihren Surftouren also darauf, was Ihnen optisch gefällt, aber denken Sie daran, dass hübsch auszusehen nicht alles ist.

③ Die Navigation: Orientierung geben

In gewisser Weise ist eine Website wie ein öffentliches Gebäude. Bei beiden müssen Sie mit Besuchern rechnen, also wortwörtlich mit Menschen, die etwas *suchen*. Und sowohl bei öffentlichen Gebäuden als auch bei Websites sollte dafür gesorgt sein, dass die Besucher sich schon beim ersten Besuch gut zurechtfinden.

Bei Ihren Besuchen in öffentlichen Gebäuden (und auf Websites) werden Sie wahrscheinlich festgestellt haben, dass diese Orientierung manchmal problemlos gelingt und manchmal eher nicht. In Gebäuden ist die Verteilung der Zimmernummern dann oft ähnlich undurchsichtig wie die Sitzplatznummerierung der Deutschen Bahn und auf Websites suchen Sie vergeblich nach einem »Kontakt«.

Navigation heißt, den Besucher schnell und sicher an sein Ziel zu bringen. In einem öffentlichen Gebäude zum richtigen Zimmer, auf der Website zur richtigen Webseite. Das Problem an der Sache ist natürlich, dass Sie im Voraus nicht wissen, was Ihre Besucher eigentlich suchen.

Eine gute Navigation ...

1. **... ist konsistent und intuitiv.**

   Eine gute Navigation erklärt sich selbst und muss nicht erlernt werden. Sie ist für den Besucher der Fixstern durch das Labyrinth der Webseiten. Position und Struktur sollten sich nicht ändern.

2. **... verwendet aussagekräftige Beschriftungen.**

   Je eindeutiger die Beschriftung ist, desto leichter findet sich der Besucher zurecht. Klassiker sind *Startseite*, *Kontakt* oder auch *Über uns*. Aber was verbirgt sich hinter *Service*?

3. **... zeigt dem Besucher, wo er gerade ist.**

   Ähnlich wie ein in der Stadt aufgestellter Stadtplan eine »Sie sind hier« Markierung hat, sollte die Navigation dem Besucher signalisieren, wo er sich innerhalb der Site gerade befindet.

4. **... beachtet allgemeine Konventionen.**

   Stellen Sie sich vor, Sie warten vor einer Ampel, und die springt plötzlich auf Blau. Blaue Ampeln verwirren. In unserem Kulturkreis wird von links nach rechts gelesen und die Hauptnavigation sitzt meist links oder oben. Eine gute Navigation vermeidet blaue Ampeln.

5. **... bietet dem Besucher Alternativen.**

   In jedem Baumarkt können Sie beobachten, wie einige Besucher auf der Suche nach einem bestimmten Artikel stundenlang durch die Gänge irren, während andere direkt zum nächsten Mitarbeiter laufen und fragen. Erstere werden sich auf unbekannten Websites eher durchklicken, letztere gehen direkt zur Suchfunktion.

Es gibt bestimmt noch mehr Empfehlungen für eine gute Navigation, aber für den Anfang soll das erst einmal reichen.

④ Die Performance: »Boah, is dat langsaam«

Ein weiterer Faktor bei der Beurteilung einer Webseite ist die Performance, also die Schnelligkeit, mit der die Webseite geladen wird.

Auch im Zeitalter von DSL ist die Ladezeit einer Webseite ein Thema:

- Ich habe auch mit einer schnellen DSL-Anbindung beim Laden einer Webseite *schon oft* gedacht »Boah, ist dat laaaangsaaam!«.
- Hingegen hatte ich eigentlich *noch nie* das Gefühl »Nee, das war jetzt zu schnell«.

Die goldene Regel lautet, dass die Seite geladen sein muss, bevor der Besucher auf den Button ABBRECHEN in seinem Browser geklickt hat. Wie lange ein Besucher wartet, hängt allerdings von vielen Faktoren ab. Spiegel-Leser warten auf die Startseite von Spiegel Online länger als Otto Normalsurfer auf irgendeine unbekannte Seite, die er über eine Suchmaschine gefunden und vorher noch nie gesehen hat.

Fazit: Achten Sie beim Surfen darauf, welche Seiten Sie als schnell empfinden und, noch wichtiger, welche als langsam.

⑤ Die Zugänglichkeit: »Wie Sie sehen, sehen Sie nichts«

Webseiten werden in sehr vielen unterschiedlichen Umgebungen dargestellt und Zugänglichkeit bedeutet nichts anderes, als das der Inhalt der Webseiten für möglichst jeden Besucher *zugänglich* bleiben sollte. Im Englischen heißt der Fachbegriff dafür *Accessibility*, im Deutschen hat sich der Begriff *Barrierefreiheit* eingebürgert.

Zugänglichkeit ist wichtig

Die Zugänglichkeit von Webseiten wird oft ignoriert, weil es etwas Vergleichbares für Papierseiten nicht gibt, aber sie ist wichtig. In Kapitel 2.3 haben Sie ab Seite 53 gelesen, dass Webseiten aus Quelltext bestehen und dass dieser Quelltext vom Browser in den unterschiedlichsten Umgebungen in eine Webseite umgewandelt wird.

Versuchen Sie beim Surfen einmal, solche Umgebungen zu simulieren. Sie haben zum Beispiel gesehen, wie Sie ...

- ... im Browser Grafiken deaktivieren (Seite 56),
- ... CSS und JavaScript ausstellen (ab Seite 58).

Auch ohne Grafiken, CSS oder JavaScript sollte der Inhalt der Webseite zugänglich bleiben. Machen Sie beim Surfen einfach einmal das Browserfenster kleiner, vergrößern Sie die Schrift (Strg + *Scrollrad*) oder versuchen Sie, die Webseiten nur mit der Tastatur zu navigieren (mit ⇥, ⇧+⇥ und ↵). Zugängliche Webseiten passen sich möglichst flexibel an ihre Umgebung an.

Zugänglichkeit ist auch gut für Suchmaschinen

Falls Sie Zugänglichkeit für Firlefanz halten, so nach dem Motto »Was glauben Sie denn, wie viel Autos wir mehr verkaufen, wenn unsere Website auch für Blinde zugänglich ist«, dann halten Sie sich vor Augen, dass der behinderteste Besucher, den Ihre Website jemals bekommen wird, der Suchmaschinenrobot von Google & Co ist: Er kann nicht lesen, nicht hören, nicht denken und nicht klicken. Er klappert nur URLs ab und sammelt Buchstaben und Grafiken.

Eine zugängliche Website ist nicht automatisch auch eine suchmaschinenfreundliche, aber guter Inhalt und dessen Zugänglichkeit sind eine gute Voraussetzung für eine erfolgreiche Positionierung in den Ergebnislisten der Suchmaschinen.

Fazit: Achten Sie beim Surfen darauf, ob Sie bestimmte Inhalte nicht sehen können und versuchen Sie ruhig einmal, eine Site in verschiedenen Umgebungen zu betrachten.

Hinweis

Zugänglichkeit von Webseiten

Ausführlichere Informationen zur Barrierefreiheit finden Sie zum Beispiel auf *www.einfach-fuer-alle.de* oder in der *Infothek* der Site *bik-online.de* (*b*arrierefrei *i*nformieren und *k*ommunizieren): *http://bik-online.info/info/*.

⑥ Der Quelltext: Verborgene Qualitäten

Moderner Quelltext beruht auf der auf Seite 62 beschriebenen Trennung von Inhalt und Gestaltung, die mit Webstandards wie (X)HTML und CSS umgesetzt wird. Für Laien ist diese Tatsache etwas schwieriger zu überprüfen, da man beim Betrachten einer Webseite im Browser nicht erkennen kann, *wie* diese gebaut wurde. Das ist wie bei einem Haus: Obwohl es von außen vielleicht noch gut aussieht, kann die Bausubstanz schon ziemlich hin sein.

Die Qualität des Quelltextes ist nur mit einem Blick unter die Motorhaube zu erkennen, aber Indizien für einen nicht wirklich zeitgemäßen Quelltext sind zum Beispiel:

- Veraltete HTML-Elemente wie `<font>` zur Schriftgestaltung.
- HTML-Tabellen (`<table>`, `<tr>`, `<td>` etc.) zum Layouten der Seite.

In beiden Fällen wird HTML zum Gestalten benutzt und dadurch die Trennung zwischen Inhalt und Gestaltung aufgehoben. HTML dient zum Ordnen, zum Gestalten von Webseiten gibt es CSS.

Mit einem Validator können Sie das HTML im Quelltext einer Webseite auf Grammatikfehler überprüfen. Einen solchen Validator finden Sie zum Beispiel beim World Wide Web Consortium, das die Standards rund um das Web definiert:

- *http://validator.w3.org/*

Dort geben Sie einfach die URL der zu prüfenden Seite ein und klicken auf CHECK.

So ein Validator ist ziemlich pingelig und nicht jeder angezeigte Fehler ist wichtig. Die wenigsten Seiten validieren mit null Fehlern und im Alltagsbetrieb einer Site gibt es manchmal gute Gründe für bestimmte Fehler, die sich auch nur schwer abstellen lassen. Aber wenn nach dem Validator-Check im Browserfenster ein grüner Balken erscheint, dann ist das auf jeden Fall ein dickes Kompliment und ein Indiz dafür, dass der Quelltext mit großer Sorgfalt erstellt wurde:

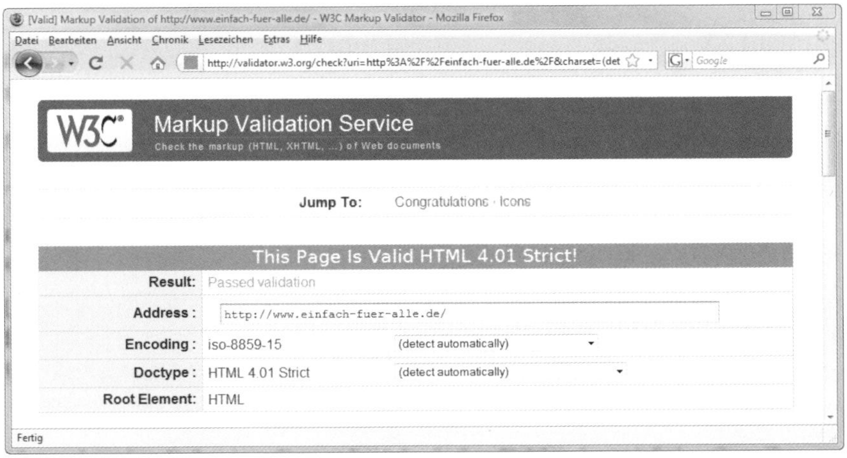

Abbildung 4.1: Der HTML-Validator. Null Fehler. Eins. Setzen.

Hinweis

Der Qualidator

Während die Validatoren nur wie ein Buchhalter die Einhaltung der Grammatikregeln überprüfen, versucht der Qualidator einen etwas umfassenderen Ansatz und berücksichtigt auch andere Kriterien wie z. B. Zugänglichkeit:

- *http://www.qualidator.com/*

⑦ Die Interaktion: Mit den Besuchern kommunizieren

Ab Seite 70 haben Sie gelesen, dass das Web ein interaktives Medium ist und dass sich das Webpublishing in den letzten Jahren verändert hat. Achten Sie beim Surfen darauf, wie Webseiten diese Möglichkeiten integriert haben. Suchfunktion und Kontaktformular gehören heute eigentlich zum Pflichtprogramm für eine mediengerechte Website. Andere Möglichkeiten wären Gästebuch, Forum, Kommentarmöglichkeiten und vieles mehr.

Zwei potenzielle Nachteile für Sie als zukünftiger Websitebetreiber möchte ich dabei aber nicht verschweigen:

- Interaktion beruht auf Programmierung, denn wie ab Seite 70 beschrieben müssen die vom Besucher eingegebenen Daten von einer Webanwendung verarbeitet werden, was für Sie bei der Erstellung der Site eventuell einen größeren Aufwand bedeutet.
- Nach der Inbetriebnahme einer Webanwendung verarbeitet diese die Daten zwar, aber Sie (oder jemand anders) müssen anschließend aktiv werden: Beantworten von Anfragen, Pflege der Daten, Wartung der Webanwendung usw.

Achten Sie beim Surfen darauf, welche interaktiven Features Ihnen gefallen und welche für Ihre geplante Site eventuell von Belang sind.

4.3 Die Mischung macht's: Bibliothek und Galerie

Wenn eine Site in allen Bereichen eine gute Figur macht, hat sie gute Chancen als benutzerfreundlich zu gelten, aber die sieben Kriterien alleine reichen zur Bewertung einer Site noch nicht aus, denn die Mischung macht's.

Die Websites, die Ihnen auf Ihren Surftouren begegnen, liegen alle irgendwo zwischen den beiden folgenden Extremen:

- **Bibliothek**

  Unmengen von Informationen systematisiert, geordnet, aber knochentrocken und trotz Kunst am Bau nicht unbedingt eine Augenweide. Form follows function.

- **Galerie**

  Leere Räume mit viel Platz und einigen, überwiegend grafischen Objekten. Informationen? Nur zu den ausgestellten Objekten. Function? What function?

Besucher von Bibliotheken und Besucher von Galerien haben sehr unterschiedliche Prioritäten. Schauen Sie sich aber zunächst die beiden Pole etwas genauer an.

Hinweis

Über den Begriff »Galerie«

In diesem Abschnitt wird der Begriff »Galerie« als Bezeichnung für den Gegenpol zu einer stark informationsorientierten Webseite gebraucht und hat nichts mit einer Bilder- oder Fotogalerie zu tun, die Sie auf einer Webseite finden. Eine Webseite kann also durchaus eine Bildergalerie haben und trotzdem keine »Galerie« sein.

Die Bibliothek: form follows function

In einer Bibliothek steht die *Funktionalität* im Vordergrund: Viele Benutzer suchen nur eine bestimmte Information und wollen diese möglichst ohne Umwege erhalten. Danach verlassen sie die Bibliothek und gehen ihrer Wege. Für eine Website bedeutet das: kurze Ladezeiten, schnörkelloser Aufbau, Übersichtlichkeit und auf allen Systemen darstellbar.

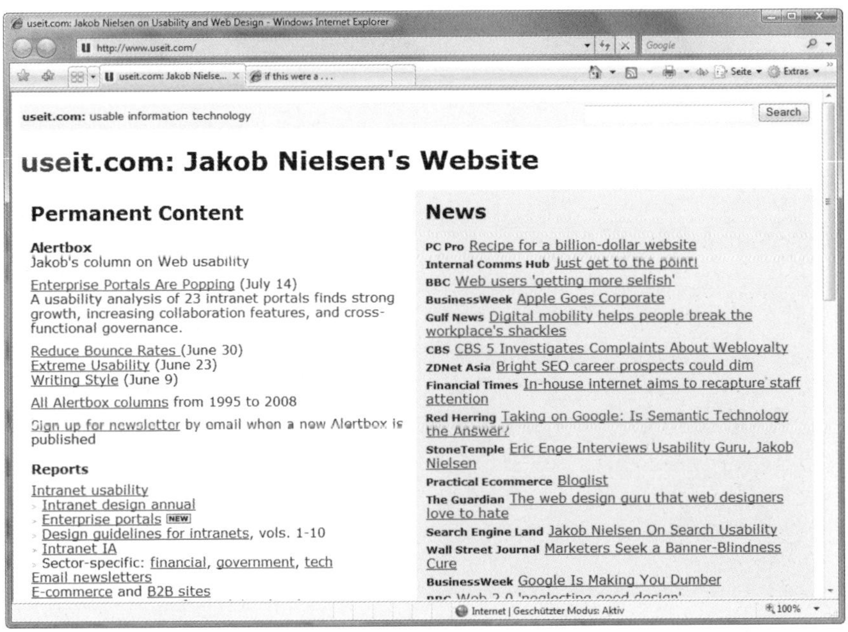

Abbildung 4.2: Eine typische Bibliothek – useit.com von Jakob Nielsen

Lesenswerter Inhalt, die Seite wird schnell geladen, ist leicht zu navigieren und man kann sie in jedem Browser ohne Probleme betrachten Der Schwerpunkt liegt in der schnellen Verfügbarkeit bestimmter

Informationen, und die Gestaltung hat sich diesem Ziel völlig untergeordnet: *form follows function*.

Die Galerie: form without function

In eine Galerie gehen Besucher aus anderen Gründen als in eine Bibliothek. In einer Galerie wollen die Besucher anspruchsvoll unterhalten werden und sind dafür eher bereit, auch mal Schlange zu stehen oder – übertragen auf das World Wide Web – etwas länger auf eine Seite zu warten. Im Gegenzug muss sich das Warten aber auch lohnen, ansonsten wird die Ausstellung ein Flop und die Galerie nicht wieder besucht.

Die Macher von *derbauer.de* zum Beispiel versuchen, die audiovisuellen Möglichkeiten von Flash auszuloten und haben überhaupt nicht den Anspruch, auf jedem System gut auszusehen. Schwerpunkt dieser Site ist die Gestaltung. Schnelligkeit, Navigation und Zugänglichkeit sind nebensächlich. Sie müssen einen modernen Browser und ein bisschen Zeit mitbringen sowie das neueste Flash-Plugin installieren, bevor Sie die Site genießen können. Kein Flash? Keine Site!

Abbildung 4.3: Eine typische Galerie – derbauer.de (am besten mit Sound)

Bibliotheken und Galerien haben unterschiedliche Prioritäten

Eine Bibliothek liefert Informationen. Kriterien wie Zugänglichkeit, Schnelligkeit und Navigation sind wichtig. Struktur ist das Zauberwort. Bei einer Galerie hingegen zählt fast nur die Gestaltung. Navigation, Schnelligkeit und Zugänglichkeit ordnen sich dem unter:

- Alles, was in einer Bibliothek wichtig ist, verliert in einer Galerie an Bedeutung.
- Alles, was in einer Galerie wichtig ist, ist in einer Bibliothek unwichtig.

Grafisch dargestellt sieht das so aus:

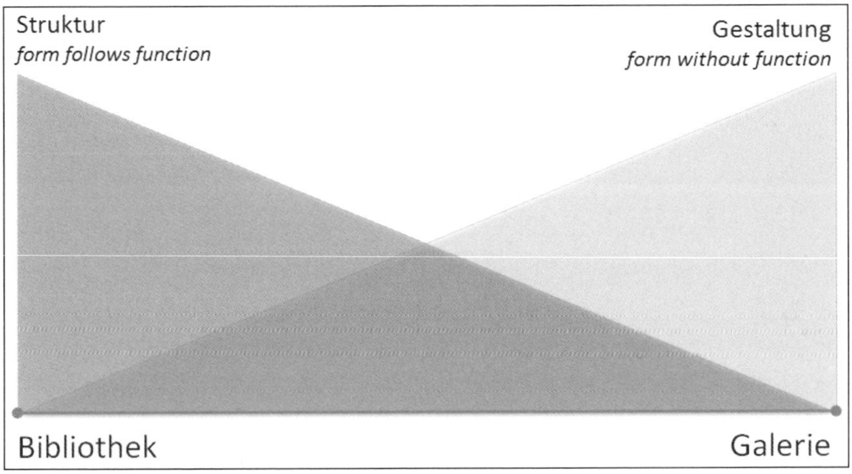

Abbildung 4.4: Unterschiedliche Prioritäten bei Bibliotheken und Galerien

Irgendwo zwischen diesen beiden Extremen liegt Ihre Website und bei der Erstellung ist die Einordnung auf dieser Skala sehr wichtig, denn eine eher bei den Bibliotheken angesiedelte Site hat bei der Gewichtung der Kriterien für die Qualität einer Website wie gesehen andere Schwerpunkte als eine Galerie.

Wenn Sie keine reine Galerie bauen, sollten Sie also auf die richtige Mischung der einzelnen Kriterien achten. Lassen Sie zum Beispiel eine ansprechende Gestaltung nicht zulasten der Navigation oder der Zugänglichkeit gehen. Umgekehrt muss ein Schwerpunkt auf Zugänglichkeit nicht bedeuten, dass eine Site aussieht wie Aschenputtel *vor* dem Fest.

4.4 Auf einen Blick

Hier noch einmal die wichtigsten Themen im Überblick:

- Webseiten sind zu Gast beim Surfer und sollten sich auch so verhalten.
- Die Qualität von Webseiten kann man anhand von sieben Kriterien beurteilen:
  1. Inhalt
  2. Gestaltung
  3. Navigation
  4. Performance
  5. Zugänglichkeit
  6. Quelltext
  7. Interaktion
- Je nach Zielsetzung der Website (Bibliothek vs. Galerie) werden diese sieben Kriterien unterschiedlich stark gewichtet.

Teil II

Vorbereitung

Kapitel 5

Fünf Schritte bis zur fertigen Site

Worin Sie einen roten Faden kennen lernen, der Sie durch das Labyrinth der Erstellung einer Website führt. Dieser rote Faden besteht aus fünf Schritten, die ausführlich vorgestellt werden. Nach der Freischaltung muss eine Site evaluiert und ggfs. geändert werden.

Die Themen im Überblick

- Fünf Schritte: Der rote Faden durch das Labyrinth, Seite 102
- Schritt 1: Rahmenbedingungen festlegen, Seite 104
- Schritt 2: Sammeln, Seite 107
- Schritt 3: Sortieren, Seite 110
- Schritt 4: Skizzieren, Seite 112
- Schritt 5: Umsetzen, Seite 115
- Altogether now: Die fünf Schritte im Überblick, Seite 119
- Nach der Freischaltung: Die Website im Alltag, Seite 120
- Auf einen Blick, Seite 122

5.1 Fünf Schritte: Der rote Faden durch das Labyrinth

Eine Website hat viel Ähnlichkeit mit einem Haus oder genau genommen mit einem öffentlichen Gebäude, denn wie ein öffentliches Gebäude wird eine Website gebaut, um Besucher zu empfangen, und beide erfordern vor dem Bau ein bisschen Planung.

Da das Wort »Planung« bei vielen Leuten aber zu einer fast intuitiven Abwehrreaktion führt, erzähle ich Ihnen lieber erst mal eine kurze Geschichte:

> *Theseus hatte sich vorgenommen, den gefährlichen Stier des kretischen Königs Minos zu erlegen. Dieser »Minotaurus« war im Labyrinth des Daedalus gefangen, aus dem niemand wieder herausfand. Theseus betörte zunächst des Königs Tochter Ariadne, sodass diese sich in ihn verliebte und ihm ein magisches Schwert und ein Wollknäuel schenkte. Beide Geschenke erwiesen sich als ausgesprochen praktisch: Mit dem Schwert erschlug er den Minotaurus, mit dem abgerollten Knäuel fand er wieder aus dem Labyrinth heraus.*

Die Erstellung Ihrer Website wird Ihnen wahrscheinlich mehr als einmal wie das Labyrinth des Daedalus vorkommen, aber es gibt diesbezüglich zwei gute Nachrichten:

1. Es ist kein Minotaurus drin. Echt nicht. Sie brauchen also schon mal kein magisches Schwert.
2. Ich bin zwar nicht Ariadne, möchte Ihnen aber trotzdem einen (roten) Faden mitgeben, der Sie durch das Labyrinth und wieder heraus führt.

Abbildung 5.1: Der rote Faden als Schema

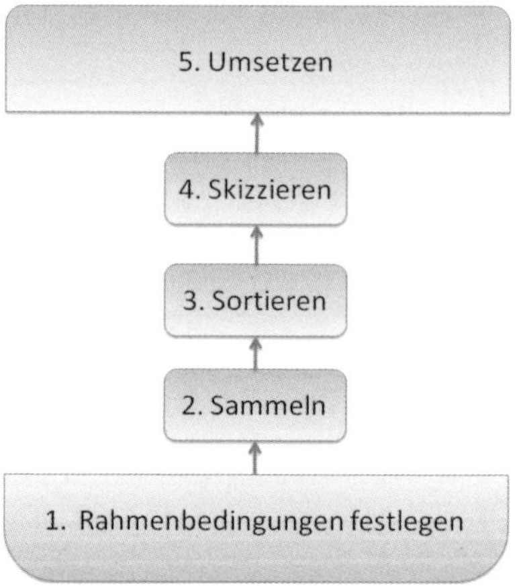

Der rote Faden zur Erstellung einer Website besteht aus fünf Schritten und ist in Abbildung 5.1 schematisch dargestellt.

Fünf Schritte? Klingt einfach und ist es auch, aber bevor es mit Schritt 1 los geht, noch eine kleine Bedienungsanleitung:

- **Sie können die fünf Schritte beliebig oft durchlaufen.**

  Versuchen Sie gar nicht, gleich im ersten Durchlauf alles perfekt zu planen. Klappt sowieso nicht. Beginnen Sie mit einem Grobkonzept, bei dem alle fünf Schritte gefühlt nicht länger als eine halbe Stunde dauern und verfeinern Sie dieses Grobkonzept Schritt für Schritt bei weiteren Durchläufen.

- **Rückwärts darf gesprungen werden, vorwärts nicht.**

  Wenn Sie z. B. in Schritt 4 beim Skizzieren merken, dass Sie in Schritt 2 beim Sammeln etwas vergessen haben, springen Sie zurück und ergänzen den zweiten Schritt. Bevor Sie bei der Skizze in Schritt 4 weitermachen, sollten Sie aber kurz prüfen, ob die Änderung Konsequenzen in Schritt 3 hat.

- **Planung immer schriftlich.**

  Es muss nicht perfekt ausformuliert sein. Notizen reichen, egal ob in der Textverarbeitung oder auf Papier. In diesem Planungsdokument sollten Sie für jeden Schritt eine neue Seite beginnen, dann ist genügend Platz für Änderungen.

Noch eine Anmerkung: Planen nervt. Basteln macht viel mehr Spaß, aber ein bisschen Planung hilft. Die Intensität hängt natürlich von der Größe des zu bauenden Gebäudes ab: Wenn Sie ein kleines, vierseitiges Ferienhaus bauen, können Sie die Sache etwas lockerer angehen als bei der Verwaltungszentrale eines multinationalen Konzerns. Aber egal, wie groß das Haus wird, bevor man Handwerker und Steine bestellt, sollte man ungefähr wissen, was man vorhat.

Einen Plan können Sie jederzeit über den Haufen werfen, aber *ohne* Plan haben Sie nichts zum über den Haufen werfen.

Hinweis

Die Beispielsite: little-boxes.de

Als im Mai 2006 die allererste Version von »Little Boxes« als Buch veröffentlicht wurde, gab es unter der Adresse *little-boxes.de* eine kleine Website zum Buch. Die Entstehung dieser kleinen Website dient im Folgenden als Beispiel für die einzelnen Schritte des roten Fadens.

Den Code für diese Website können Sie sich übrigens auf *little-boxes.de* herunterladen.

5.2 Schritt 1: Rahmenbedingungen festlegen

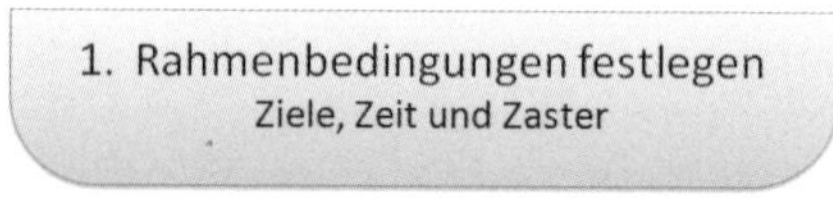

Abbildung 5.2: Der erste Schritt des roten Fadens

Im ersten Schritt überlegen Sie sich die Rahmenbedingungen für die Erstellung Ihrer Website. Bei einem kleinen Projekt kann das in wenigen Minuten erledigt sein, aber nichtsdestotrotz sollten alle Kriterien kurz schriftlich festgehalten werden.

Rahmenbedingungen sind nicht unabänderlich in Stein gehauen und können jederzeit geändert werden, aber durch das schriftliche Festhalten passiert das nicht mal so nebenbei, sondern wird ein bewusster Prozess.

Die Festlegung der Rahmenbedingungen für das Projekt »Website erstellen« dreht sich im Wesentlichen um drei Faktoren:

- **Ziele**. Was wollen Sie mit der Erstellung der Site erreichen?
- **Zeit**. Die Projektdauer. Wann soll es fertig sein?
- **Zaster**. Das Budget. Wie viel Geld darf dieses Projekt kosten?

Grafisch dargestellt könnte das so aussehen:

Abbildung 5.3: Rahmenbedingungen – Ziele, Zeit und Zaster

Ziele, Zeit und »Zaster«. Das sind die Stellschrauben an denen Sie drehen können:

- Wenn z. B. das Datum der Freischaltung Ihrer Site feststeht und sie kein Geld kosten soll, dann müssen Sie die *Ziele* anpassen und sich ggfs. etwas weniger vornehmen. Die Kombination »muss morgen fertig sein« und »darf nichts kosten« resultiert meist in »wenig Ziele«.
- Wenn die Ziele oberste Priorität haben und möglichst wenig Geld ausgegeben werden soll, dann können Sie nur mehr *Zeit* zur Verfügung stellen.
- Wenn Ziele und Enddatum des Projektes feststehen, müssen Sie bei Problemen mehr *»Zaster«* in das Projekt stecken, zum Beispiel in Form von Dienstleistungen Dritter.

Im Folgenden werden diese drei Kriterien etwas näher erläutert.

Ziele: Was wollen Sie mit der Site erreichen?

Zuerst sollten Sie sich ein paar Gedanken über die Ziele Ihrer Website machen, indem Sie die Antworten auf einige wichtige Fragen finden:

- Ihre Ziele: Was wollen Sie mit der Site erreichen?
- Zielgruppen: Für wen wird die Site gebaut?
- Ziele der Besucher: Was wollen die Besucher mit der Site erreichen?

Sie haben immer irgendwelche Ziele mit der Erstellung einer Site, auch wenn Ihnen diese vielleicht nicht bewusst sind. Machen Sie sich einfach ein paar Notizen dazu. Oft ist es übrigens noch wichtiger zu notieren, was man *nicht* möchte!

Falls Ihnen bereits ein konkreter Domain Name für Ihre Website vorschwebt, können Sie diesen auch bereits notieren und die Verfügbarkeit sowie eventuelle Alternativen checken. Im Kapitel »Webhosting: Domain und Webspace« ab Seite 141 finden Sie Details dazu.

Beispiel

Ziele für little-boxes.de festlegen

Bei der Planung der Begleitsite zum Buch sah Schritt 1 ungefähr so aus:

> *Ziel der Site ist es, das Buch bekannt zu machen und Begleitmaterial zur Verfügung zu stellen. Zielgruppen sind Käufer und potenzielle Leser, die die Beispieldateien downloaden oder sich über das Buch informieren möchten.*

Der Domain Name *little-boxes.de* war noch frei. Ein gutes Omen ;-).

Zeit: Deadline setzen und Pflege abschätzen

Webpublishing macht erstens Spaß und kostet zweitens jede Menge Zeit, und der Faktor Zeit spielt bei der Planung gleich zweimal eine Rolle:

- Sie sollten sich ein Datum setzen, wann die Site online sein soll. Eine Deadline. Wie sagte Autor Douglas Adams so schön: »I like deadlines. I like the whooshing sound they make when they go by«. Sie können die Deadline verschieben, aber wenn Sie gar keine setzen, werden Sie wahrscheinlich nie fertig ...
- Setzen Sie sich ein Limit, wie viel Zeit die Pflege der Site nach der Freischaltung maximal in Anspruch nehmen sollte. Am besten pro Tag oder Woche.

Letzteres hängt natürlich nicht zuletzt davon ab, ob Sie die Site rein privat als Hobby oder professionell betreiben möchten.

Beispiel

Zeitrahmen für little-boxes.de festlegen

Der Zeitrahmen wurde durch das Erscheinen des Buches vorgegeben:

> *Die Site muss spätestens online sein, wenn das Buch erscheint (ungefähr vier Wochen Zeit) und soll danach möglichst wenig Wartungszeit kosten.*

»Zaster«: Kostenrahmen festlegen

Last not least sollten Sie sich überlegen, was das Projekt kosten darf. Auch hier sollten Sie zwischen einmaligen und ständigen Kosten unterscheiden:

- Einmalige Kosten sind zum Beispiel die Anschaffung von Software, die Erstellung eines Logos durch einen Grafikdesigner oder der Lohn für einen Webdesigner, der Ihnen die Site teilweise oder ganz erstellt.
- Ständige Kosten sind der monatliche Betrag für Webspace oder – falls Sie es nicht selbst übernehmen – die Pflege des Inhalts und eventueller Webanwendungen.

Setzen Sie sich hier eine Obergrenze, die nicht weh tut, auch wenn das Projekt kein Erfolg wird.

Hinweis

Kostenrahmen für little-boxes.de

Der Kostenrahmen für die Begleitsite zum ersten Buch war schnell bestimmt:

> *Da die Produktion des Buches bei Books on Demand bereits einige Hundert Euro gekostet hat, soll die Begleitsite möglichst kostengünstig sein.*

5.3 Schritt 2: Sammeln

Nach der Festlegung der Rahmenbedingungen geht es weiter mit der Sammlung von Inhalten und Funktionen:

- Inhalte: Was soll alles auf der Website veröffentlicht werden?
- Funktionen: Welche Webanwendungen werden benötigt?

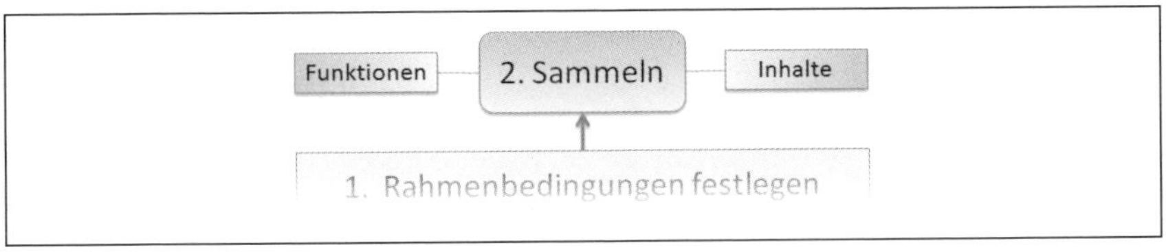

Abbildung 5.4: In Schritt 2 werden alle Inhalte und Funktionen gesammelt.

Die Antworten auf diese Fragen bekommen Sie am besten mit einem Brainstorming. Wenn Sie alleine sind, reicht ein ganz normales Blatt Papier, ein neues Dokument in Ihrer Textverarbeitung oder ein Mindmapping-Programm im Brainstorming-Modus. In einer Gruppe bieten sich eine Metaplanwand oder Moderationstafel und kleine Karteikarten an: Ein Gruppenmitglied schreibt die genannten Stichworte auf und pinnt sie mit Magneten oder Stecknadeln unsortiert an die Tafel oder Wand.

Das Stichwort »unsortiert« ist wichtig. Versuchen Sie, die Schere im Kopf auszuschalten und im wahrsten Sinne des Wortes wirklich alles aus sich bzw. der Gruppe rauszuholen. Alle Kommentare sollten zunächst unsortiert, unbewertet, unzensiert und unkommentiert bleiben.

Auch in diesem Schritt sollten Sie nicht sofort Vollständigkeit anstreben. Sie können später jederzeit wieder zurückkommen und die Liste ergänzen.

Als Vorbereitung für die Sammlung von Inhalten und Funktionen bieten sich einige ausgedehnte Surftouren an, bei denen Sie potenzielle Konkurrenten genauer unter die Lupe nehmen und bewerten, zum Beispiel unter Zuhilfenahme der sieben Kriterien von Seite 87.

Hinweis

Inhalte und Funktionen beeinflussen sich gegenseitig

Inhalte und Funktionen werden zwar getrennt gesammelt, sind aber nicht unabhängig voneinander. Wenn Sie beim Sammeln der Inhalte feststellen, dass von verschiedenen Personen regelmäßig neue Inhalte veröffentlicht werden sollen, dann sollte in der Sammlung der Funktionen ein entsprechendes Content Management System nicht fehlen.

Sammeln der zu veröffentlichenden Inhalte

Der Inhalt wurde auf Seite 87 als »Grund für den Besuch Ihrer Website« umschrieben, und die zentrale Frage in diesem Abschnitt lautet:

- Welche Inhalte sollen auf der Site veröffentlicht werden?

Genau wie in Schritt 1 bei der Festlegung der Ziele lohnt es sich eventuell auch aufzuschreiben, was man definitiv *nicht* veröffentlichen möchte. Schreiben Sie alles auf, was Ihnen einfällt. Ohne Wertung. Wegschmeißen und streichen können Sie später immer noch.

Hinweis

Inhalte sammeln für little-boxes.de

Für die Beispielsite little-boxes.de war dieser Schritt schnell erledigt:

Autor vorstellen, Titel, ISBN, Seitenzahl, Preis. Zielgruppe des Buches, Errata, Rezensionen zum Buch, einige Tipps & Tricks zu CSS-Techniken, Beispieldateien als ZIP, Box-Modell als PDF, Impressum.

Webanwendungen: Sammeln der Funktionen

Die interaktiven Bestandteile Ihrer Site werden als »Funktionen« bezeichnet. Dazu benötigen Sie immer eine Webanwendung und daher sind Funktionen oft technisch aufwändiger zu erstellen als normaler Inhalt.

Man kann zwei Arten von Funktionen unterscheiden:

- Funktionen, mit denen Ihre Besucher interagieren (z. B. eine Suchfunktion)
- Funktionen, die Sie zur Verwaltung der Site benötigen (z. B. ein Content Management System).

Schreiben Sie in diesem Schritt wie bei den Inhalten alles auf, was Ihnen in den Kopf kommt. Um Ihnen ein paar Ideen zu geben, was alles möglich ist, hier eine unvollständige Liste zur Anregung:

- Kontaktformular
- Suchfunktion
- Bestellformular per E-Mail
- Gästebuch, Wiki oder Forum
- Passwortgeschützter Bereich
- Umfrage
- Foto- oder Bildergalerie
- Partnerprogramme
- Shop
- Kommentare zu Beiträgen
- Weblog oder Podcast

- Content Management System
- Statistik der Besucher

Je nach Art Ihrer Site können hier noch zahlreiche andere Funktionen auftauchen.

Beispiel

Funktionen sammeln für little-boxes.de

Für *little-boxes.de* umfasste die Sammlung der Funktionen folgende Punkte:

> *Kontaktformular, Suchfunktion, Bestellmöglichkeit, Blog oder einfaches Content Management System.*

5.4 Schritt 3: Sortieren

Nach dem Sammeln kommt das Sortieren. Falls Sie in diesem Schritt merken, dass Sie beim Sammeln etwas vergessen haben, springen Sie wieder zurück zu Schritt 2, ergänzen den Punkt bei der Sammlung und kommen dann wieder hierher zurück zum Sortieren.

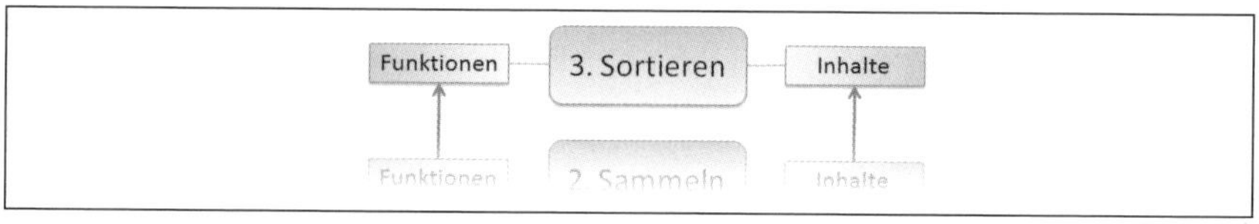

Abbildung 5.5: Im dritten Schritt werden gesammelte Inhalte und Funktionen sortiert.

Inhalte sortieren: Kategorien und Hierarchien

Die Sammlung der Inhalte aus dem vorherigen Abschnitt wird in diesem Schritt sortiert. Dazu wird versucht, die Inhalte in Kategorien zu gruppieren und als Teil einer Hierarchie darzustellen.

Zwei kurze Anmerkungen:

- Versuchen Sie beim Sortieren, jeweils Gruppen mit zwischen mindestens 3 und maximal 7 Punkten zu erreichen, denn später auf der Site kann das menschliche Auge solche Gruppen am besten erfassen.
- Außerdem sollten Sie versuchen, möglichst nicht mehr als zwei oder maximal drei Hierarchieebenen zu erstellen. Je mehr Ebenen Sie haben, desto aufwändiger wird die Umsetzung der Navigation.

Je mehr Inhalt Sie veröffentlichen, desto schwieriger und zeitraubender ist dieser Prozess, aber das Ergebnis dieser Sortierung dient im Idealfall als Grundlage für die Skizze der Navigation im nächsten Schritt.

Um Ihnen eine Vorstellung zu geben, wie so etwas aussehen könnte, zeigt die folgende Abbildung die Sortierung des Inhalts für die ab Seite 198 vorgestellte Site *groningen-info.de*:

Startseite	Anreise	Einkaufen	Events	Ausgehen	Übernachten	Dit en dat
	Vorbereitung	Allgemeines	Allgemeines	Kinos	Hotel buchen	Sehenswertes
	Auto	Markt	Kunst & Kultur	Kneipen	Pensionen	Fotos
	Bus	Innenstadt-Nord	Musik & Theater	Essen gehen	Camping	Umland
	Bahn	Innenstadt-Süd	Flohmärkte	Sonstiges	Sonstiges	Sonstiges
		IKEA & Co.	Sonstiges			

Zusätzlich: Kontakt und Impressum

Abbildung 5.6: Sortierter Inhalt für groningen-info.de

Neben der Sortierung der zu veröffentlichenden Inhalte gilt es in dieser Phase noch ein paar weitere Fragen zu beantworten:

- Bestehen die Inhalte aus Text, Fotos, Audio oder Video?
- Wie viele Fotos, Sounddateien oder Videos werden ungefähr auf der Site sein?
- Wie oft sollen neue Inhalte veröffentlicht werden?
- Woher kommen die Informationen und wer wird die Inhalte erstellen?

Beispiel

Inhalte sortieren für little-boxes.de

Bei *little-boxes.de* entsteht durch der Sortierung der Inhalte folgende Übersicht:

Startseite: Buchvorstellung, Für wen?, Von wem?
Download: Beispielseiten, Boxmodell als PDF
Kontaktformular
Impressum

Der Inhalt besteht aus Text, Grafiken und einigen PDF-Dateien. Kein Audio, kein Video. Wird alles von mir erstellt.

Themen wie *Rezensionen, Errata, Tipps & Tricks* sind zur Freischaltung der Site nicht unbedingt erforderlich, da es noch keine gibt ...

Funktionen sortieren

Die in Schritt 2 gesammelten Funktionen werden in diesem Schritt genauer definiert und anschließend mit ABC-Prioritäten versehen. Die Prioritäten im Überblick:

- A bedeutet »muss«. Ohne diese Funktion kann die Site nicht online gehen.
- B steht für »kann«. Diese Funktionen sind zwar wichtig, aber die Site kann auch ohne erst einmal freigeschaltet werden.
- C ist »irgendwann vielleicht«. C-Funktionen stehen zwar auf der Wunschliste, sind aber nicht wirklich wichtig.

In diesem Schritt können Sie auch schon einmal ein bisschen recherchieren, welche Möglichkeiten der Umsetzung es gibt, aber die Funktionen werden bei der Umsetzung in Schritt 5 noch einmal detailliert behandelt.

Beispiel

Funktionen sortieren für little-boxes.de

Bei *little-boxes.de* wurden nur das Kontaktformular und eine Bestellmöglichkeit als wirklich wichtig und demzufolge als A eingestuft. Alles andere war B oder C und somit nicht zur Freischaltung der Site erforderlich.

5.5 Schritt 4: Skizzieren

In Schritt 4 werden die gesammelten und sortierten Inhalte und Funktionen das erste Mal zusammengeführt und visualisiert.

Abbildung 5.7: In Schritt 4 werden Skizzen der wichtigsten Seiten angefertigt.

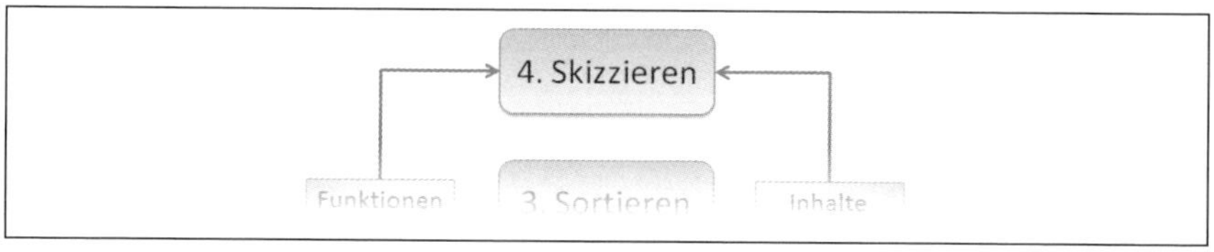

Grundlegende Gedanken zur Skizze

Eine typische Webseite besteht aus Kopfbereich und Logo, Navigationsbereich, Inhaltsbereich und Fußbereich. In diesem Abschnitt geht es in erster Linie um die Aufteilung dieser und ggfs. anderer Bereiche auf der Webseite. Einige wichtige Gedanken dazu sind:

- Welche inhaltlichen und funktionalen Bereiche wird es auf der Webseite geben?
- Soll die Navigation horizontal oder vertikal laufen?
- Wie viele Spalten soll der Bereich zwischen Kopf- und Fußbereich haben?

Die Positionierung dieser Bereiche wird in der Skizze festgelegt. Außerdem sollten die Aufrufe der Funktionen berücksichtigt werden, also zum Beispiel ein Link zum Kontaktformular oder das Suchfeld für die Suchfunktion. Die Skizzen für die Funktionsseiten selbst können Sie auch bei der Umsetzung in Schritt 5 erstellen.

Und noch zwei kurze Tipps für Einsteiger:

- Eine horizontale Navigation ist wesentlich leichter umzusetzen als eine vertikale, denn eine vertikale Navigation bedeutet automatisch ein mehrspaltiges Layout.
- Falls Sie sich für ein mehrspaltiges Layout entscheiden, ist bei der Aufteilung der Fläche eine Drittelung der zur Verfügung stehenden Fläche eine gute Grundlage, um die Seite wohlproportioniert erscheinen zu lassen.

Sie sollten für jede wichtige Inhaltsseite eine eigene Skizze erstellen, da insbesondere die Startseite oft ein etwas anderes Layout hat als die übrigen Seiten.

Hinweis

Prototyp: Klickmodell statt Skizze

Wenn Sie bereits Erfahrung mit dem Erstellen von Webseiten haben, können Sie statt der Skizzen auch gleich ein Klickmodell aus realen Webseiten erstellen. Dafür eignen sich unter Umständen auch die im nächsten Kapitel ab Seite 128 vorgestellten Baukästen für Websites.

Werkzeuge zum Erstellen der Skizzen

Welches Werkzeug Sie zum Erstellen der Skizzen benutzen, ist im Prinzip nicht wichtig, aber Sie sollten eines nehmen, das Sie beherrschen. Zur Auswahl stehen unter anderem:

- Blätter Papier im Querformat und Blei- oder Buntstifte
- Präsentationsprogramme wie z. B. Powerpoint
- Zeichenprogramme wie z. B. Visio
- Bildbearbeitungsprogramm wie z. B. Photoshop

Wenn Sie Photoshop regelmäßig nutzen, können Sie natürlich auch die Skizzen damit erstellen. Wenn Sie Photoshop nicht regelmäßig nutzen, sollten Sie das lieber nicht tun. Papier und Bleistift reichen für den ersten Entwurf vollkommen.

Da die Begleitsite zum Buch sich an den im Buch vorgestellten Beispieldateien orientieren soll, war es für *little-boxes.de* recht einfach eine Skizze zu erstellen, in diesem Falle ganz einfach mit Powerpoint:

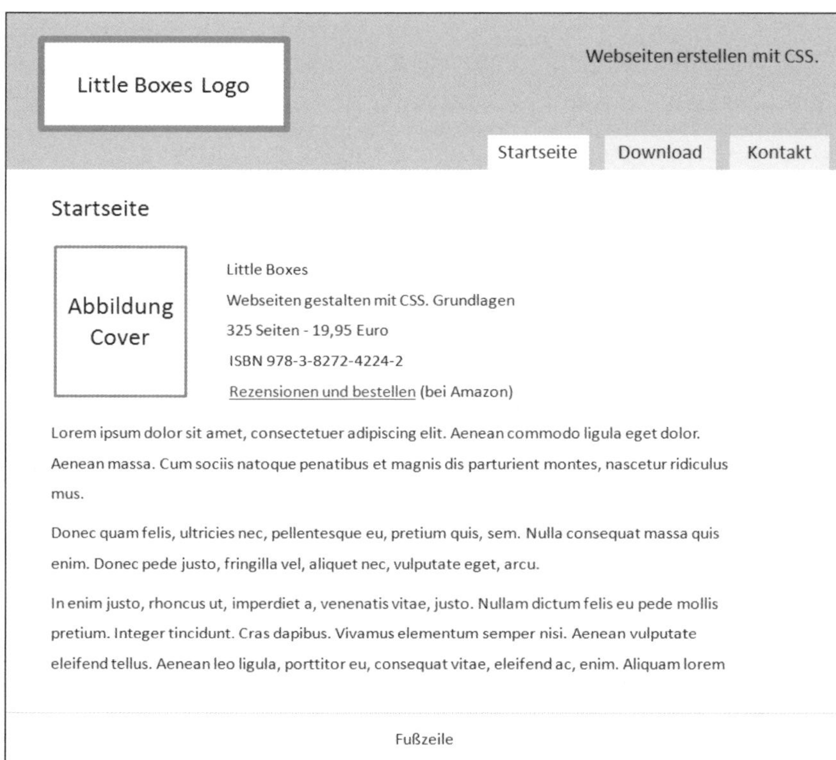

Abbildung 5.8: Eine erste Skizze für little-boxes.de

5.6 Schritt 5: Umsetzen

Abbildung 5.9: Im letzten Schritt erfolgt die Umsetzung von Schritt 1 bis 4.

In Schritt 5 geht es um die Umsetzung der Planung aus Schritt 1 bis 4. Konkret müssen das Layout, die Inhalte sowie die Funktionen erstellt werden. Dabei müssen Sie für jeden Teilbereich entscheiden, ob Sie ihn selber bauen, bauen lassen oder einen Baukasten bzw. Fertigbauteile benutzen möchten.

Methoden: Selber bauen, Bauen lassen, Baukasten benutzen

Sowohl für die gesamte Site als auch für die einzelnen Teile haben Sie drei Möglichkeiten zur Umsetzung:

1. **Selber bauen**. Eine echte Herausforderung. Sie sind quasi Bauherr, Architekt und Handwerker in einem und das kann viel Zeit (und Nerven) kosten. Außerdem müssen Sie sich in diesem Fall selbst um den Baugrund alias Webspace kümmern (Details ab Seite 148). In »Little Boxes, Teil 1 und 2« wird ausführlich erklärt, wie man auf moderne Weise statische Webseiten erstellt.
2. **Bauen lassen** hat eigentlich nur zwei Nachteile, die sich in einem Satz zusammenfassen lassen: Sie müssen erstens einen kompetenten Bauträger finden und diesen zweitens bezahlen.
3. **Baukasten benutzen**. Im folgenden Kapitel (ab Seite 123) zeige ich Ihnen einige Baukästen und Fertigbauteile, mit denen Sie eine Site schnell erstellen oder erweitern können. Je mehr individuelle Wünsche Sie haben, desto schneller werden Sie bei einem Baukasten an dessen Grenzen stoßen, aber dafür ist es eben schnell fertig.

Sie können natürlich für jeden Teilbereich der Site eine unterschiedliche Methode wählen. Zum Beispiel so:

- Sie erstellen ein einfaches Layout, wie in »Little Boxes, Teil 1« beschrieben, selbst.
- Ein ansprechendes Logo lassen Sie sich von einem Grafiker erstellen.
- Für das Kontaktformular leihen Sie sich eine gehostete Webanwendung.

Der Phantasie sind dabei kaum Grenzen gesetzt.

Beispiel

Vorgehensweise bei little-boxes.de

little-boxes.de wurde tatsächlich so erstellt wie eben beschrieben:

- Grundlage des Layouts sind die Beispieldateien von »Little Boxes, Teil 1«.
- Das Logo stammt von einem befreundeten Grafiker (*net-z-kreis.de*)
- Das Kontaktformular wurde wirklich mit *Formular-Chef.de* betrieben.

Layout erstellen

»Layout erstellen« klingt eigentlich ganz einfach, aber seien Sie gewarnt, denn dieser Punkt hat es wirklich in sich. Grundlage für diesen Abschnitt sind die Skizzen aus Schritt 4. Ein Layout umfasst zum Beispiel folgende Elemente:

- Struktur: Kopfbereich, Navigationsbereich, Inhaltsbereich und Fußbereich
- Farbschema
- Kopfbereich mit Logo
- diverse grafische Elemente zur Verzierung
- Schriftformatierung für den Inhaltsbereich

Falls Sie sich für den Eigenbau entscheiden, benötigen Sie zur Erstellung von statischen Webseiten solide Kenntnisse in HTML, CSS und Bildbearbeitung. Nehmen Sie sich für die ersten Versuche nicht zu viel vor. Als Grundregel gilt: Je mehr Spalten, desto schwieriger.

Beim Einsatz eines Content Management Systems wie WordPress, Joomla! oder Drupal müssen Sie zusätzlich zu HTML und CSS noch das Layout-System des CMS verstehen lernen, das je nach System Themes, Templates, Skins genannt wird und potenziell ein vollständig eigenes Forschungsgebiet darstellt.

Beispiel

Das Layout für die Beispielsite

Für die Beispielsite *little-boxes.de* habe ich das einspaltige Layout der Beispielseiten aus »Little Boxes, Teil 1« übernommen. Die in »Little Boxes« Teil 1 und 2 beschriebenen Beispiele sind übrigens alle so angelegt, dass sie für eigene Zwecke gut anzupassen sind.

Inhalte erstellen

Zur Umsetzung der Site gehört auch die Erstellung der Inhalte, die zur Freischaltung der Website benötigt werden, und die gerne mal vergessen werden:

- Texte schreiben (ab Seite 165, Kapitel 8 und 9)
- Grafiken und Fotos erstellen und bearbeiten (siehe Kapitel 10 ab Seite 205)
- PDF, ZIP und andere Dateien erstellen

Ggfs. müssen Sie auch noch Audio Dateien und Videos webgerecht aufbereiten.

Bei komplexeren Inhalten wie z. B. einem längeren Artikel (oder einem aufwändigen Video) lohnt es sich unter Umständen, alle fünf Planungsschritte noch einmal zu durchlaufen. Die Leitfragen dabei lauten:

1. **Ziele festlegen**: Was will ich erreichen?
2. **Sammeln**: Was soll alles drin vorkommen?

3. **Sortieren**: Gliederung erstellen
4. **Skizzieren**: Entwürfe schreiben
5. **Umsetzen**: Fertigen Artikel schreiben

Die fünf Schritte des roten Fadens sind zur Planung aller möglichen (und unmöglichen) Dinge fast universell einsetzbar.

Beispiel

Inhalte erstellen für little-boxes.de

Bei *little-boxes.de* habe ich die Texte für die Startseite und die Downloadseite geschrieben und die Dateien für den Download erstellt: Eine ZIP-Datei mit den Beispieldateien und ein PDF mit einem Schema des CSS-Box-Modells.

Funktionen erstellen

Auch für jede Funktion, die auf Ihrer Site eingesetzt werden soll, können noch einmal alle fünf Schritte durchlaufen werden.

Am Beispiel des Kontaktformulars möchte ich Ihnen das kurz erklären:

1. **Ziele festlegen**: Was möchte ich mit dem Kontaktformular erreichen?

   Ein einfaches Kontaktformular soll dem Besucher ermöglichen, uns ohne E-Mail-Programm eine Nachricht zu senden. Es soll nichts kosten und möglichst sofort einsatzbereit sein.

2. **Sammeln**: Welche Informationen brauche ich von meinem Besucher?

   Name, E-Mail-Adresse und die Nachricht reichen. Bei einem Bestellformular hingegen wären das ggfs. eine Menge mehr Informationen, die zur Abwicklung der Bestellung nötig sind.

3. **Sortieren**: Wie können diese Informationen sortiert werden?

   In diesem Schritt wird zum Beispiel die Reihenfolge der Felder festgelegt.

4. **Skizzieren**: Wie soll das Formular für den Besucher aussehen?

   Eine Skizze zeigt, wie das Formular visuell aussehen soll: Größe der Felder, Beschriftung davor oder darüber, Platzierung des Abschicken-Button.

5. **Umsetzen**: Wie wollen Sie das Formular realisieren?

   Das Formular selbst wird mit HTML und CSS erstellt, aber wie sollen die Formulardaten verarbeitet werden? Programm auf dem eigenen Webspace? Gehostete Webanwendung? Eigenes Programm schreiben?

Bei einer etwas komplexeren Funktion wie z. B. einem Forum fällt auch die Planung entsprechend umfangreicher aus. Durch die Orientierung an den fünf Schritten behalten Sie aber leichter den Überblick und verlieren sich nicht so schnell in Details.

Beispiel

Beispiel: Funktionen für little-boxes.de erstellen

Das **Kontaktformular** für *little-boxes.de* lief wie erwähnt anfangs über den Formular-Chef von *nettz.de*. Das ist einfach, zuverlässig, bequem, und wird in »Little Boxes, Teil 1« ab Seite 187 beschrieben.

Die **Bestellfunktion** ist ein Partnerprogramm-Link zu Amazon. Damit übernimmt Amazon die komplette Logistik und ich muss weder Bücher verschicken noch Rechnungen schreiben und eintreiben. Im Rahmen des Partnerprogramms gibt es bei Bestellungen über den Link auf *little-boxes.de* eine Provision.

5.7 Altogether now: Die fünf Schritte im Überblick

Die Planung und auch die Erstellung einer Website ist kein linearer Prozess, den Sie bei Schritt 1 beginnen und bei Schritt 5 beenden. In der Realität springen Sie hin und her, durchlaufen die fünf Schritte mehrfach und verfeinern dabei das Konzept und die Umsetzung jedes Mal ein kleines Stück mehr.

Abbildung 5.10 zeigt alle fünf Schritte im kompletten Überblick.

Diese fünf Schritte sollen Ihnen helfen, sich in dem zu Beginn dieses Kapitels erwähnten Labyrinth des Daedalus nicht hoffnungslos zu verlaufen.

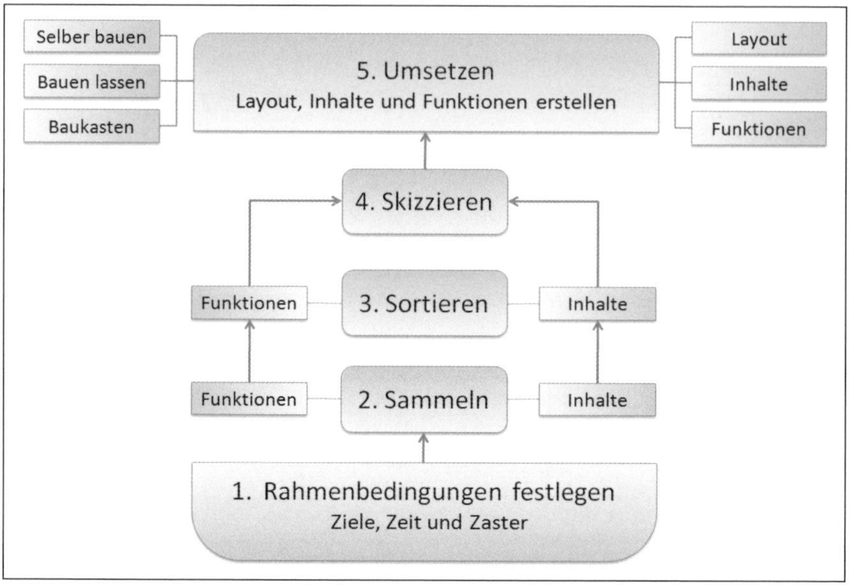

Abbildung 5.10: Alle fünf Schritte im Überblick

5.8 Nach der Freischaltung: Die Website im Alltag

Die Erstellung einer Website ist ein Projekt mit Anfangs- und Endedatum, aber nach der Freischaltung der Website hört die Arbeit nicht auf.

Eine Website ist ein Prozess

Der Betrieb einer Website ist ein andauernder Prozess, der nie aufhört. Die folgende Liste enthält ein paar typische Tätigkeiten:

- Je nach Projekt müssen Sie mehr oder weniger häufig neue Inhalte schreiben und veröffentlichen.
- Eingehende Anfragen und Kommentare müssen beantwortet werden.
- Ist z. B. eine Webanwendung wie WordPress auf Ihrem Webspace installiert, muss diese inklusive aller Erweiterungen (Plug-Ins, Module) gewartet werden.

- Einige Zeit nach der Freischaltung der Site sollten Sie checken, ob Ihre Site bei den wichtigen Suchbegriffen in den Suchmaschinen auftaucht.
- Zudem sollten Sie die Statistiken Ihrer Besucher auswerten. Die meisten Webhoster bieten dazu eine Lösung wie z. B. den weit verbreiteten Webalizer an. Kostenlos, sehr leistungsfähig und einfach integriert ist Google Analytics.

Wenn Sie sich entschließen, die Site bauen zu lassen, sollten Sie in jedem Fall eine Pflegeversicherung abschließen, denn früher oder später müssen Inhalte angepasst und Webanwendungen aktualisiert werden.

Wenn sich die Anforderungen ändern ...

Die fünf Schritte aus diesem Kapitel sind auch im Alltagsbetrieb nach der Freischaltung der Site hilfreich, um sie an sich ändernde Anforderungen anzupassen.

Als »Little Boxes« in den Monaten nach Erscheinen immer mehr Leser fand, änderten sich auch die Anforderungen an die Website:

- Rezensionen und Errata trudelten ein und mussten veröffentlicht werden.
- Leser fragten nach dem Hintergrund der Entstehungsgeschichte, die ich in einigen Artikeln erzählen wollte.

Ziemlich bald war deutlich, dass eine statische Website auf Dauer nicht ausreicht. Also bekam der Punkt *Blogsystem oder einfaches Content Management* aus der Sammlung der Funktionen eine höhere Priorität und wurde entsprechend umgesetzt.

Falls es Sie interessiert: Die Wahl fiel dabei auf die Blogsoftware *WordPress* als einfaches Content Management System. Die Umsetzung einer solchen Idee dauert in der Realität übrigens locker mal ein paar Tage bis Wochen, und das obwohl *WordPress* relativ leicht zu lernen ist. Bei einem komplexeren CMS wie *Joomla!*, *Drupal* oder gar *TYPO3* kann dieser Zeitraum vom Kennenlernen bis zum fertigen eigenen Layout auch schon mal in Monaten gemessen werden ...

5.9 Auf einen Blick

Hier noch einmal die wichtigsten Themen im Überblick:

- Fünf Schritte bilden den roten Faden bei der Konzeption und Umsetzung einer Site:
  1. Rahmenbedingungen festlegen
  2. Sammeln von Inhalten und Funktionen
  3. Sortieren von Inhalten und Funktionen
  4. Skizzieren der Inhaltsseiten
  5. Umsetzen
- Schritt 5 besteht aus mehreren Teilen
  - Layout, Inhalte und Funktionen erstellen
  - Entscheidung Selber bauen, Bauen lassen oder Baukasten
- Nach der Freischaltung der Site hört die Arbeit nicht auf ...

Kapitel 6

Baukästen und Fertigbauteile

Worin Sie verschiedene Wege kennen lernen, sich online zu präsentieren, ohne selbst Quelltext schreiben zu müssen. Von einer einfachen Profilseite bis hin zu Baukästen für Blogs oder komplette Websites und gehosteten Webanwendungen.

In diesem Kapitel stelle ich Ihnen ein paar Möglichkeiten vor, sich in kürzester Zeit online zu präsentieren oder eine vorhandene Site zu erweitern.

Die Themen im Überblick

- Im Web aktiv ohne eigene Site, Seite 124
- Blogger Dir einen: Bloganbieter, Seite 125
- »Instant Websites«: Baukästen für komplette Sites, Seite 128
- Google Maps und Flickr auf Ihrer Site, Seite 134
- Fertigbauteile: Gehostete Webanwendungen, Seite 137
- Auf einen Blick, Seite 139

Baukästen und Fertigbauteile sind natürlich nicht so flexibel wie selbst gebaute Seiten und Anwendungen, aber wenn Ihre Anforderungen sich damit ganz oder zum Teil erledigen lassen, erspart Ihnen das eine Menge Zeit, Geld und Nerven.

6.1 Im Web aktiv ohne eigene Site

Vor wenigen Jahren benötigte man, um im Web präsent zu sein, eine eigene Homepage. Heute hingegen gibt es vielfältige Möglichkeiten, aktiv im Web zu agieren, ohne sich erst eigenen Webspace besorgen zu müssen:

- Fotos speichern und teilen bei *flickr.com* oder *pixelio.de*
- Videos präsentieren bei *youtube.com* oder *sevenload.de*
- Lesezeichen speichern bei *del.icio.us* oder *mister-wong.de*
- Shops bei *eBay.de* oder *Amazon.de*

Die genannten Dienste sind dabei nur eine kleine Auswahl. Es gibt buchstäblich Hunderte davon, ob zum Verkaufen von Musik, Kleidung oder Kunsthandwerk bei *bigcartel.com* oder zum Anbieten von »All things handmade« bei *etsy.com*. Einfach ein bisschen googeln.

Sich selbst präsentieren Sie am besten in einem der zahlreichen Social Networking Dienste. Der Social Networking Boom begann ironischerweise bald nach dem Ende des Internet-Börsenbooms Anfang dieses Jahrtausends. Einige der bekanntesten Social Networks für (überwiegend) junge Leute sind *myspace.com*, *facebook.com*, *studiVZ.net* oder *wer-kennt-wen.de*.

Social Networking ist jedoch in keinster Art und Weise auf junge Leute beschränkt. Auch Businessleute nutzen das Web zur Pflege von Kontakten und zur gezielten Informationssuche:

- *XING.com* wurde 2003 unter dem Namen *openBC* (= Business Club) als rein deutsches Business-Netzwerk gegründet. Inzwischen ist XING weltweit tätig und hat über 5 Millionen Mitglieder.
- *LinkedIn.com* ist das englischsprachige Pendant zu XING und ebenfalls seit 2003 aktiv.

Die Akzeptanz dieser Dienste steigt auch bei Führungskräften im traditionell eher online-skeptischen Deutschland, sodass ein Profil bei einem seriösen Dienst durchaus als Ersatz für die eigene Bewerbungshomepage dienen kann.

So verlinken zum Beispiel die Geschäftsführer der bekannten Werbeagentur Sinner und Schrader (*sinnerschrader.de*) von der eigenen Firmenstartseite einfach auf ihr Profil bei XING bzw. LinkedIn:

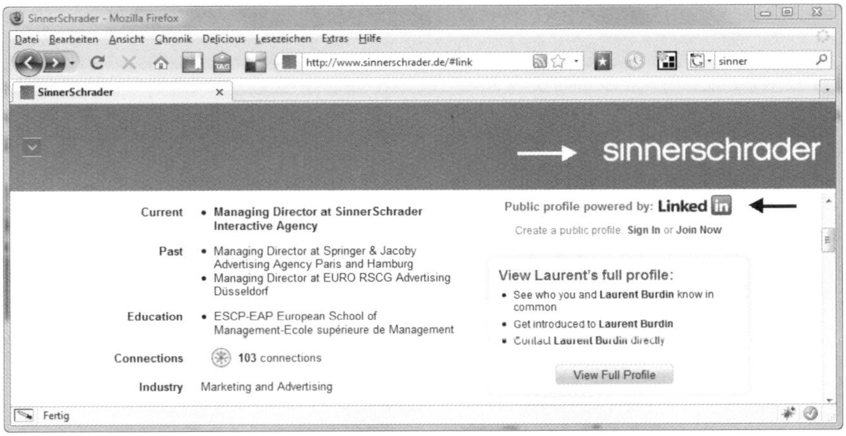

Abbildung 6.1: Oben die Firmensite, unten das Profil bei LinkedIn

6.2 Blogger Dir einen: Bloganbieter

Wenn Sie mehr möchten als ein Profil bei einem Social Networking Dienst und wenn Sie zwar etwas zu erzählen haben, aber keine komplette Site mit mehreren Seiten oder mehreren Navigationsebenen benötigen, dann sollten Sie überlegen, ob Sie einen Blog starten.

Blogs sind einfache Websites und leicht zu bedienen

Blog ist die Kurzform von »Weblog« was wiederum die Abkürzung von »Web Logbuch« ist. Vereinfacht gesagt sind Blogs ein im Web geführtes Journal.

Blogs gibt es ähnlich wie Journale zu allen möglichen Themen. Die Palette reicht von Teenie-Liebesherzschmerz (»*Claudia hat in der großen Pause Dieter geküsst. Es tut so weh ...*«) bis hin zu durchaus seriösen Themen und Firmendarstellungen (*frostablog.de*).

Einen guten Einstieg in die Welt des Bloggens bietet die Site *deutscheblogcharts.de*, die die hundert meistverlinkten deutschsprachigen Blogs auf einer Seite präsentiert:

Abbildung 6.2: deutscheblogcharts.de – die meist verlinkten deutschsprachigen Blogs

Technisch gesehen ist ein Blog ein einfaches CMS (siehe Seite 76), bei dem der Schwerpunkt auf unkomplizierter Bedienung und der Interaktion mit Besuchern und anderen Blogs liegt. Typisch für einen Blog sind die folgenden Features:

- *Umgekehrt chronologische Ausgabe* der Beiträge: Neue Beiträge stehen oben und rutschen langsam nach unten, bis sie im Archiv verschwinden.
- *Kommentarfunktion*, die Besuchern die Möglichkeit bietet, sofort auf einen Beitrag zu reagieren.
- *Abonnement* der Beiträge, die es dem Leser erleichtern, auf dem Laufenden zu bleiben (auch bekannt als »RSS-Feed«, siehe Seite 38).
- *Suchfunktion* und *Archiv*, die das Auffinden der Beiträge erleichtern.

Bemerkenswert ist die bei Blogs im Vergleich zu normalen Websites höhere Vernetzungsdichte untereinander, die zum einen manuell durch Links auf gern gelesene andere Blogs (»Blogroll«) und zum anderen automatisch durch automatische Benachrichtigungsfunktionen wie Ping und Trackback entsteht. Suchmaschinen wie Google, deren Lieblingsspeise Hyperlinks sind, mögen Blogs deshalb besonders gerne.

Überblick: Fertigblogs vom Bloganbieter

Sie können eine Blogsoftware wie *WordPress* auf Ihrem eigenen Webspace installieren, aber es gibt auch jede Menge Bloganbieter (*Bloghoster*), bei denen Sie kostenlos und in Minuten einen Blog einrichten und sofort loslegen können.

Wenn der Blog eingerichtet ist, wird das Veröffentlichen im Web so einfach wie das Schreiben einer Mail und für den Schnellstart und zum Ausprobieren sind Bloghoster ideal.

Die folgende Abbildung zeigt mit *blogger.de*, *wordpress.com* (im Gegensatz zu *wordpress.org*, wo man die Software zur Installation auf dem eigenen Webspace bekommt), *blog.de*, *twoday.net*, *blogger.com* und *kulando.de* eine kleine Auswahl von Bloganbietern:

Abbildung 6.3: Kleine Auswahl von Bloganbietern

Falls Sie also etwas zu erzählen haben und das gerne im Web tun würden, schauen Sie sich einige Bloganbieter an. Bei fast allen gibt es eine Tour oder eine Kurzvorstellung und anhand der Aufmachung und Ansprache kann man oft die Zielgruppe schon recht gut erkennen.

Die einzelnen Dienste unterscheiden sich im Detail durch die zur Verfügung stehenden Funktionalitäten, die Benutzungsfreundlichkeit und viele andere Dinge. Finanziert werden sie meist durch mehr oder weniger Werbeeinblendungen, aber auch das ist nicht bei allen der Fall. Probieren Sie einfach aus, welcher Dienst Ihnen am meisten zusagt.

Hinweis

Blogs mit Sounds und bewegten Bildern: Podcasts und Video-Blogs

Blogs mit Soundbeiträgen werden übrigens *Podcast* genannt, weil sie anfangs meist über Apples iPod abonniert und gehört wurden, während Blogs mit Videobeiträgen meist einfach *Video-Blog* heißen.

6.3 »Instant Websites«: Baukästen für komplette Sites

Noch vor wenigen Jahren waren zur Erstellung einer Site zwingend vielerlei Fertigkeiten nötig und die Ergebnisse von Baukastensystemen nicht der Rede wert. Inzwischen gibt es einige Online-Baukästen, bei denen selbst eingefleischte Quelltextfans wie unsereins aus dem Staunen nicht mehr herauskommen.

Fast alle Baukästen funktionieren nach dem gleichen Prinzip:

1. Designvorlage für die Site auswählen
2. Seitenstruktur erzeugen
3. Seiten mit Inhalt füllen
4. Seiten speichern bzw. veröffentlichen

Bei allen Baukasten-Systemen ist der Wechsel zu einem anderen Anbieter nicht möglich, da der Baukasten an den Anbieter gebunden ist.

Man spricht deutsch: *jimdo.com*

jimdo.com kommt aus Hamburg, spricht deutsch und hat auch in der kostenlosen Version sehenswerte Features:

Abbildung 6.4: jimdo.com – Pages to the People

Die Funktionsweise von Jimdo können Sie sich in einem Video oder der »Tour« ohne Anmeldung anschauen. Hier die wichtigsten Features:

- Unlimitierte Nutzung und Seitenzahl
- Navigation bis zu drei Ebenen wird automatisch generiert
- Bildergalerien kinderleicht erstellen (Flash oder HTML)
- In die Site integrierter Blog
- Viele vorgefertigte Layouts. Komplett eigene Layouts sind möglich.
- Einbindung von Fotos/Videos von Flickr, YouTube, MyVideo etc.
- Funktionierende Formulare (inkl. Verarbeitung der Daten) per Mausklick
- Passwortgeschützte Bereiche

Alle diese Features (und noch viele mehr) gibt es bereits in der kostenlosen Version *JimdoFree*, bei der auf der fertigen Seite ein bisschen Werbung (Textlinks) erscheint.

Bei JimdoPro bekommen Sie für 5 Euro im Monat (Stand August 2008) einen eigenen Domain Namen, fünf Gigabyte Speicher und ein E-Mail-Konto, auf das Sie per POP3, IMAP oder Webmail zugreifen können (Details zu den Begriffen siehe Seite 160). Sofern die im Bereich Mail etwas sparsamen Features von Jimdo ausreichen, benötigen Sie keinerlei zusätzlichen Webspace und haben eine komplette Website.

Hier zwei interessante Jimdo-Seiten als Beispiel für dessen Vielseitigkeit:

- *http://www.mettj.es/*
  Der Hamburger Student und angehende Illustrator Frederik Mettjes zeigt auf seiner JimdoPro-Page einige seiner eindrucksvollen Arbeiten. Neben Aquarellen und Medienillustrationen gibt es Buchprojekte zu finden.
- *http://adamsongallery.jimdo.com/*
  Die Adamson Gallery ist eine amerikanische Galerie, die auf ihrer Seite Arbeiten der Künstler zeigt, die aktuell oder in der Vergangenheit Ausstellungen gezeigt haben. Schon allein ein Blick auf die großartigen Fotografien u.v.a.m. lohnt sich!

Was mich beim Ausprobieren von Jimdo unter anderem begeistert hat, ist die für einen Baukasten ungewöhnliche Flexibilität:

- Mit entsprechenden HTML- und CSS-Kenntnissen können Sie bei Jimdo komplett eigene Layouts in den Baukasten integrieren, sind also nicht auf die vorgefertigten Varianten angewiesen.

Fazit: Jimdo können Sie kostenlos mit allen Features ausprobieren und diese Versuche bei Gefallen zu einer kompletten Website mit eigenem Domain Namen ausbauen.

Hinweis

NorthClick.de: Jimdo für Freiberufler, Firmen und Selbstständige

Die Zielgruppe von Jimdo sind Privatpersonen. Falls das Konzept und die Bedienung Ihnen gefallen, gibt es mit NorthClick auch eine Variante für Firmen und Freiberufler:

- NorthClick – Click & Change: *http://northclick.de/*

NorthClick ist ein bisschen teurer, bietet aber zum Beispiel bei Problemen einen festen Ansprechpartner, und jeder, der schon mal in einer Support-Warteschlange seine Runden gedreht hat, weiß, wie viel das wert sein kann.

Englischsprachige Baukästen für Websites

Falls Englisch für Sie kein Hindernis ist, gibt es noch einige andere Online-Baukästen, die vom Funktionsumfang her ähnlich wie das eben gesehene *jimdo.com* und zum Teil sogar komplett kostenlos sind:

- *webnode.com* kommt aus Tschechien und hat eine ähnliche Zielsetzung. Einfach zu bedienen, jede Menge Features. Eine mit Webnode erstellte Website ist zum Beispiel *www.cmoregroup.cc* aus Österreich.
- *synthasite.com* aus Kapstadt in Südafrika hat keinen Blog, aber dafür kann das Ergebnis der Baukastenbastelei bei Bedarf sogar gezippt und auf dem eigenen Webspace (mit PHP V5.2 oder höher) wieder entpackt werden. Funktioniert.
- *weebly.com* ist in San Francisco ansässig. Supereinfach zu bedienen und mit integriertem Blog.

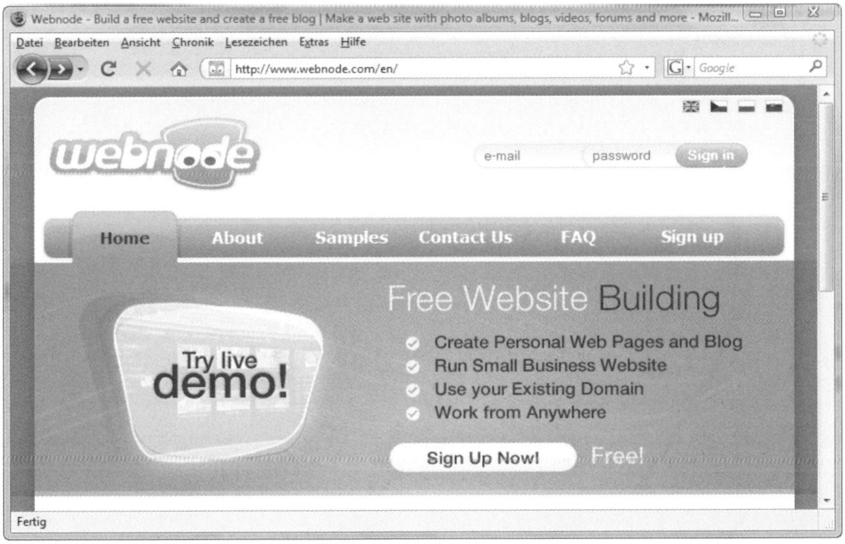

Abbildung 6.5: webnode.com – ein Baukasten aus Tschechien

Alle diese Website-Baukästen ähneln sich in gewisser Weise, unterscheiden sich aber im Detail. Der eine kann dies besser, der andere das. Features werden laufend ergänzt. Probieren Sie aus, ob Ihnen so etwas gefällt und wenn ja, welcher Baukasten Ihren Bedürfnissen am besten entspricht. Kann auch gut sein, dass der eine oder andere Dienst früher oder später auch auf Deutsch verfügbar ist. We'll see.

Webhoster mit Online-Baukasten: Strato und 1&1

Wenn Sie ein beliebiges Computermagazin kaufen, es am Heftrücken festhalten und ein bisschen schütteln, fallen ziemlich sicher Prospekte von Strato und 1&1 heraus.

Beide Anbieter sind sowohl Internetprovider als auch Webhoster und haben auch einen Homepage-Baukasten im Angebot, mit dem Sie ohne Quelltext-Berührung eine komplette Site erstellen können:

Abbildung 6.6: Die LivePages von Strato

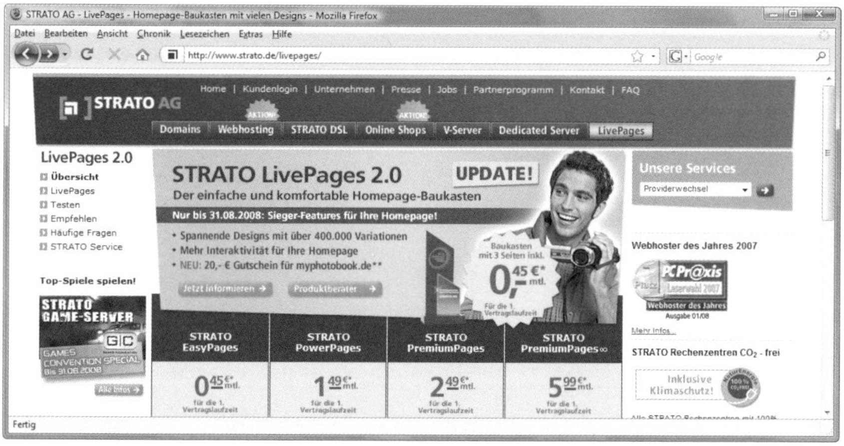

- Die »Live Pages« von Strato
  http://www.strato.de/livepages/
- Der »Homepage-Baukasten« von 1&1
  Hier gibt es keinen Direktlink, klicken Sie sich einfach durch den Bereich in »Hosting«

Im Unterschied zu den Baukästen wie Jimdo, SynthaSite oder North-Click, die in erster Linie einen Baukasten anbieten und den Webspace gleich mitliefern, sind Strato und 1&1 in erster Linie Internet- und Webspaceprovider, die auch einen Homepage-Baukasten anbieten. Beide Baukästen haben einiges gemeinsam:

- Beide sind bequem zu bedienen und bieten zahlreiche fertige Designs in noch viel mehr Variationen, die einen Start auch für talentierte Laien ermöglichen.
- Für beide Baukästen gilt das Prinzip »Je mehr Seiten, desto teurer«.

Das optische Erscheinungsbild der fertigen Seiten ist durchaus ansprechend, allerdings hält dieser erste Eindruck einer genaueren Untersuchung nicht stand. Der Strato-Baukasten bietet z. B. einerseits fragwürdige Features wie die Einbindung von Hintergrundmusik, erzeugt aber unter der Motorhaube antiquierten, tabellenverschachtelten Quelltext à la 1998 und gibt dem Sitebesitzer keinerlei Einfluss auf wichtige HTML-Elemente wie `<title>`. Auch die Einbindung von externen Diensten wie Google Maps ist nicht möglich (Stand August 2008).

Fertighaus per Offline-Baukasten (und eigenem Webspace)

Es gibt auch Baukastensysteme, mit denen Sie die Site offline auf Ihrem PC erstellen und dann auf Ihren eigenen Webspace hochladen. Zwei bekannte Vertreter sind:

- Web To Date von Data Becker (ca. 170 Euro)
  http://databecker.de/web_to_date_50.html
- Netobjects Fusion (ca. 200 Euro)
  http://www.netobjects.de/

Web To Date bietet zum Testen eine 10-Tage Demoversion, die Sie auf der Website herunterladen können. Wie Sie eine eigene Domain und passenden Webspace bekommen, erfahren Sie ab Seite 141.

6.4 Google Maps und Flickr auf Ihrer Site

Eine einfache Form der Erweiterung von statischen oder auch Baukastenseiten ist die Einbindung von externen Diensten wie Google Maps, Flickr oder YouTube in den Quelltext der eigenen Webseiten.

Google Maps ohne Programmierung integrieren

Unter der Adresse *maps.google.de* betreibt Google eine der nützlichsten Webanwendungen der letzten Jahre, und Sie können die Landkarten von Google auf Ihren Webseiten ganz einfach integrieren.

Abbildung 6.7: Die Einbindung von Google Maps ist ganz einfach.

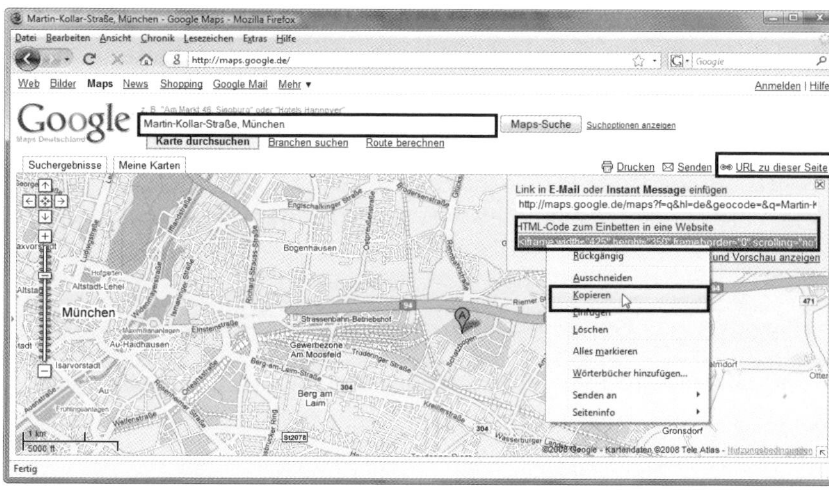

- Surfen Sie zu *maps.google.de*.
- Geben Sie die gewünschte Adresse in das Suchfeld ein.
- Klicken Sie rechts oben auf den Link URL zu dieser Seite.
- Kopieren Sie den HTML-Code zum Einbetten in die Webseite in die Zwischenablage: Markieren und [Strg] + [C] oder den Befehl Kopieren aus dem Kontextmenü auswählen.
- Fügen Sie den kopierten HTML-Code an der gewünschten Stelle auf Ihrer Webseite wieder ein.

Falls Ihnen diese Anleitung zu knapp ist: Ausführlich beschrieben wird die Einbindung von Google Maps in folgendem Artikel:

- »Google Maps ganz einfach in die eigene Website einbinden« (von Robert Chromow) *http://akademie.de/direkt?pid=46711&tid=13297*

Ebenfalls bei *akademie.de* hat Rechtsanwalt Max-Lion Keller die rechtlichen Aspekte der Sache erläutert:

- »Google Maps auf der Website – was ist erlaubt, was nicht?« *http://akademie.de/direkt?pid=50013&tid=11598*

Hinweis

YouTube geht ganz ähnlich

Bei YouTube ist die Vorgehensweise ganz ähnlich. Um ein Video auf einer eigenen Seite einzubetten:

- Klicken Sie rechts oben in das Feld EMBED.
- Kopieren Sie den markierten Quelltext.
- Fügen Sie den kopierten Quelltext im Quelltext Ihrer Webseite ein.

Fertig.

Fotos direkt von Flickr einbinden

Auch bei *flickr.com* gespeicherte Fotos können Sie auf Ihrer eigenen Site einbinden, und zwar entweder als HTML- oder als Flash-Diashow. Geben Sie im Browser einfach folgende Adresse ein:

- *http://flickr.com/badge.gne*

Innerhalb von fünf einfachen Schritten erhalten Sie den benötigten Quelltext:

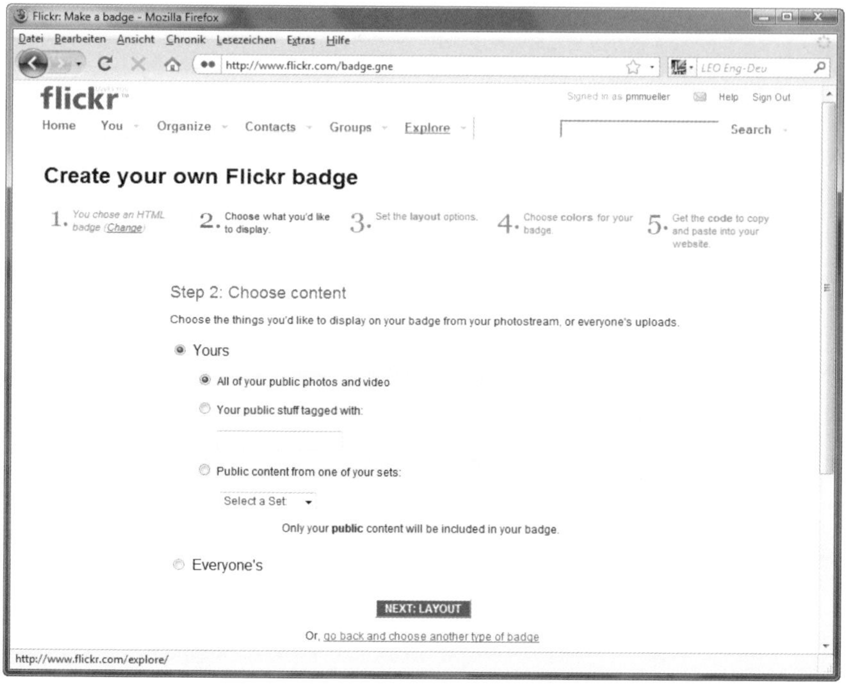

Abbildung 6.8: Flickr badge – Fotos von Flickr auf den eigenen Seiten

Die folgende Abbildung zeigt als Beispiel eine horizontale Leiste mit fünf Bildern aus einem Fotoset von Flickr:

Abbildung 6.9: Eine Flickr Badge – Fotos von Flickr auf anderen Sites einbinden

6.5 Fertigbauteile: Gehostete Webanwendungen

Wenn Sie statische Webseiten – egal ob von Hand oder per Baukasten erstellt – um eine komplette Webanwendung wie z. B. ein Forum erweitern möchten, gibt es eine recht einfache Lösung:

- Sie setzen auf Ihren Webseiten einfach einen Link auf eine bereits fix und fertig installierte Webanwendung, die bei einem anderen Anbieter läuft.

Eine solche Anwendung wird oft »gehostete Webanwendung« genannt, weil sie wie gesagt nicht auf Ihrem Webspace läuft, sondern auf dem eines freundlichen Dienstleisters, dem Host.

Den Formular-Chef, der auf diese Weise die Verarbeitung von allen möglichen per E-Mail verschickten Formularen ermöglicht, hatte ich bereits im vorigen Kapitel erwähnt. Mit gehosteten Webanwendungen können Sie aber nicht nur Kontaktformulare betreiben, sondern auch Gästebücher, Foren und sogar komplette Shops, und zwar ohne sich unter der Motorhaube Ihres eigenen Webspace ölverschmierte Hände zu holen.

Der Vorteil bei gehosteten Webanwendungen ist, dass sie weder mit der Installation noch mit der technischen Wartung irgendetwas zu tun haben. Nach der Einrichtung und der optischen Anpassung setzen Sie auf Ihrer Homepage einen Link und können sich dann ganz und gar den inhaltlichen Aspekten widmen. Ein Nachteil ist dementsprechend, dass Sie auf den Anbieter angewiesen sind. Ist er offline, haben Sie z. B. kein Forum mehr.

Beispiel: Ein Forum als gehostete Webanwendung

Im Folgenden möchte ich Ihnen ein Beispiel für den gelungenen Einsatz einer gehosteten Webanwendung zeigen:

- *uitmuntend.de* ist eine private, hervorragende Site zum Niederländisch lernen.
- Auf der Site gibt es neben einem Wörterbuch auch ein Forum mit der Möglichkeit, Fragen zu stellen und selbst auf Fragen anderer Benutzer zu antworten.

Achten Sie beim Forum auf die URL im Adressfeld des Browserfensters (Abbildung 6.10).

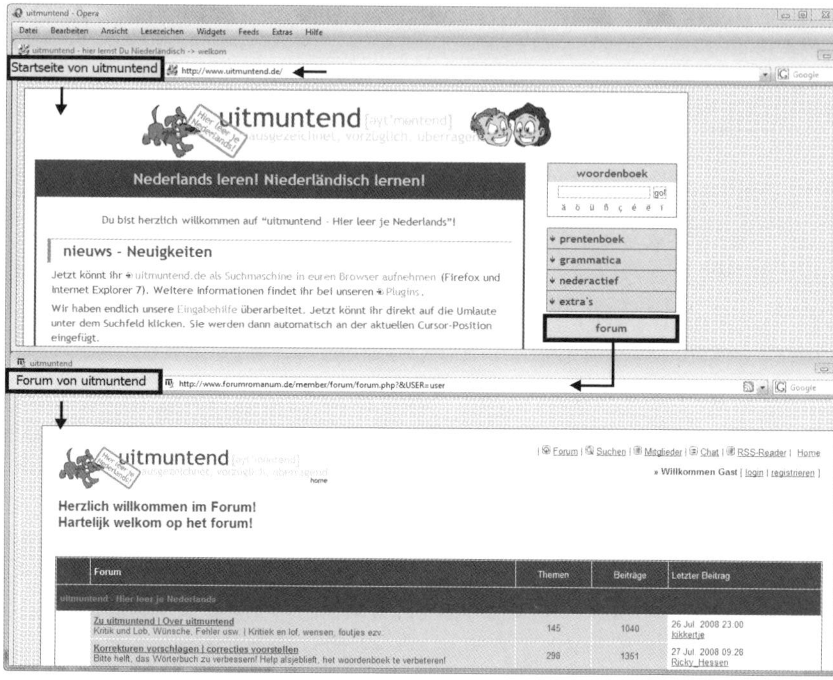

Abbildung 6.10: uitmuntend.de – das Forum kommt von einem anderen Webserver.

Auf den ersten Blick sieht das Forum optisch genauso aus wie die Website auf *uitmuntend.de* und vielen Besuchern wird der Adresswechsel nicht einmal auffallen, aber das Forum liegt auf einem anderen Webserver mit dem schönen Namen *forumromanum.de*.

So funktioniert eine gehostete Webanwendung

Als Skizze dargestellt sieht dieser Sachverhalt so aus:

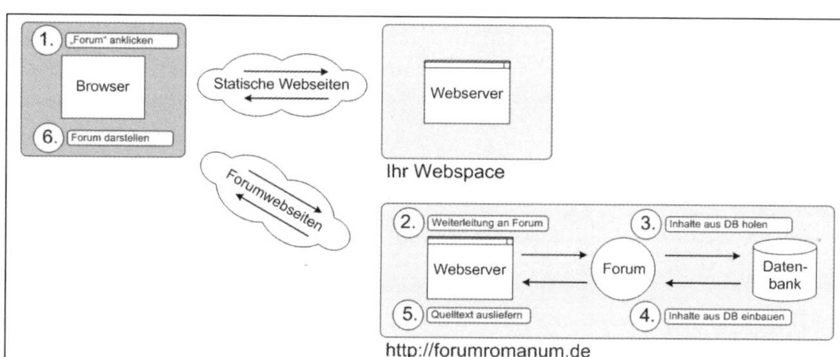

Abbildung 6.11: Funktionsweise einer gehosteten Webanwendung

Der entscheidende Vorteil einer gehosteten Webanwendung ist wie gesagt, dass Sie weder mit der Installation noch mit der technischen Wartung des Forums irgendetwas zu tun haben. Nach der optischen Anpassung können Sie sich ganz und gar den inhaltlichen Aspekten widmen.

Überblick: Gehostete Webanwendungen

Gehostete Webanwendungen sind in keinster Art und Weise auf Kontaktformular oder Forum beschränkt. Die folgende Tabelle zeigt ein paar Beispiele:

Tabelle 6.1: Übersicht über einige fertige Webanwendungen

Funktion	Anbieter zum Beispiel
Kontaktformular per E-Mail versenden	*formular-chef.de* (von nettz.de)
Suchfunktion (für statische Webseiten)	*atomz.com* oder *freefind.com*
Forum	*forumromanum.de*
Shop für T-Shirts, Caps & Co.	*spreadshirt.net*
Shops für eigene Produkte	*etsy.com* (handwerkliche Produkte) *bigcartel.com* (kleine Shops, günstig) *www.shopify.com* (Shophosting)
Wiki	*www.wikidot.com*

6.6 Auf einen Blick

Hier noch einmal die wichtigsten Punkte dieses Kapitels im Überblick:

- Man kann auch ohne Website im Web aktiv sein, zum Beispiel auf Social Networking Sites wie *xing.com*.
- Blogs sind ein im Web geführtes Journal. Technisch gesehen sind es einfache Content Management Systeme mit einigen typischen Features wie z. B. einer umgekehrt chronologischen Ausgabe der Beiträge.
- Bloghoster bieten fertige Blogs, die in wenigen Minuten startklar sind.

- Baukästen für komplette Websites kommen mit zahlreichen, integrierten Funktionen wie die Erstellung von Bildergalerien, automatische Formularerstellung oder passwortgeschützte Bereiche.
- Externe Dienste wie Google Maps, Flickr oder YouTube lassen sich ganz einfach auf Ihren Webseiten integrieren. Auch auf statischen.
- Gehostete Webanwendungen sind eine bequeme Möglichkeit, eine Website um bestimmte Funktionen zu erweitern.

Kapitel 7

Webhosting: Domain und Webspace

Worin Sie erfahren, wie Sie einen eigenen Domain Namen bekommen, was diese ganzen Begriffe auf den Webseiten der Webhoster bedeuten und wie Sie einen eigenen Webspace bekommen.

Wie das Domain Name System funktioniert, haben Sie bereits ab Seite 46 erfahren. In diesem Kapitel geht es darum, wie Sie einen eigenen Domain Namen bekommen und dann mit entsprechendem Webspace ausstatten.

Die Themen im Überblick

- Untermieter: Webspace ohne eigene Domain, Seite 142
- Die eigene Domain: mueller.de, Seite 142
- Wenn Ihr Wunschname vergeben ist, Seite 144
- Der eigene Webspace, Seite 148
- Know-how: Fachbegriffe rund ums Webhosting, Seite 154
- Auf einen Blick, Seite 161

7.1 Untermieter: Webspace ohne eigene Domain

Internetzugang und Webspace sind zwei völlig verschiedene Dinge:

- Den Zugang zum Internet bekommen Sie von einem *Internetprovider.*
- Den Webspace für Ihre Webseiten stellt Ihnen ein *Webhoster* zur Verfügung.

Im Alltag werden allerdings sowohl Internetprovider als auch Webhoster oft einfach nur als *Provider* bezeichnet, was manchmal zu nicht unerheblichen Verwirrungen führt. Zur Klarstellung: Es spricht überhaupt nichts dagegen, Internetzugang und Webspace von verschiedenen Firmen zu beziehen.

Im Preis für den Internetzugang sind als Bonbon vom Internetprovider oft ein paar Megabyte Speicherplatz für eine private Homepage enthalten. Bei diesem kostenlosen Webspace ist – ebenso wie bei vielen kostenlosen Baukastensystemen – die URL, also die Adresse unter der Ihre Homepage erreichbar ist, festgelegt. Beispiele dafür sind:

- *http://hometown.aol.com/benutzername/*
- *http://benutzername.jimdo.com/*

Sie sind also quasi Untermieter. Derartige URLs haben keinen besonders hohen Merkwert und klingen nicht sehr elegant. Selbst wenn Sie die eigene Homepage nur als Hobby betreiben, kostet die Erstellung und Pflege eine Menge Zeit und irgendwann empfinden viele Homepage-Besitzer eine solche Adresse nicht mehr als angemessen.

Genau diese Lücke nutzen die Webhoster. Sie haben ein Dienstleistungspaket geschnürt, mit dem sie die Registrierung eines eigenen Domain Namens wie z. B. *www.mein-name.de* erleichtern und Ihnen auch gleich passenden Webspace mitliefern.

7.2 Die eigene Domain: *mueller.de*

Wenn Sie sich zu einer eigenen Domain entschlossen haben, müssen Sie sich zunächst einmal einen Domain Namen ausdenken und dann herausfinden, ob er noch frei ist. Auch wenn Sie Webspace und Domain in der Regel im Paket erstehen werden, sollten Sie zunächst mit den Recherchen für Ihren Wunschnamen beginnen.

Machen wir einmal die Probe auf das vielleicht etwas optimistische Exempel und checken, ob die Domain *mueller.de* noch frei ist.

Als Schnelltest können Sie in der Adresszeile des Browsers einfach *http://mueller.de/* eingeben. Wenn eine Webseite erscheint, ist die Domain definitiv vergeben, aber wenn keine kommt, heißt das noch lange nicht, dass der Name noch frei ist.

Grund dafür ist, dass das Domain Name System nicht nur für das Web gilt, sondern für alle Internetdienste, also auch zum Beispiel für E-Mail. Es könnte also sein, dass die entsprechende Domain nur für E-Mail genutzt wird. Einige Webhoster haben entsprechende Nur-Mail-Pakete im Programm, sodass die Domain vergeben sein kann, obwohl keine Webseite erscheint.

Sie können die Verfügbarkeit eines Domain Names auch bei diversen Webhostern prüfen, aber für eine DE-Domain ist ein Test bei der DENIC selbst empfehlenswert, denn die DENIC ist verantwortlich für die DE-Domains und alle anderen Anbieter greifen nur auf die von ihr gelieferten Daten zurück.

Direkt auf der Startseite finden Sie rechts oben ein kleines Suchformular, in das Sie nur den gewünschten Second Level Domain Namen eingeben müssen:

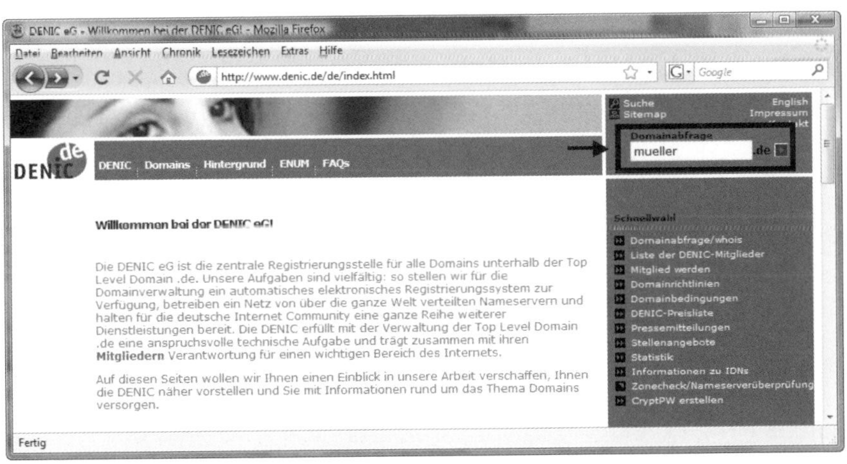

Abbildung 7.1: Die Startseite der DENIC mit Domainabfrage (rechts oben)

Tja. Und bald darauf kommt die nicht wirklich überraschende Mitteilung, dass *mueller.de* bereits vergeben ist und der Mueller Ltd. & Co. KG aus Ulm gehört.

Hinweis

DENIC nur zum Checken, nicht zum Registrieren

Bei der DENIC checken Sie nur, ob der gewünschte Domain Name noch frei ist. Die Registrierung erfolgt in der Regel zusammen mit dem Webspace bei einem Webhoster, was weiter unten in diesem Kapitel besprochen wird.

7.3 Wenn Ihr Wunschname vergeben ist

Wenn Ihr Wunschname vergeben ist, gibt es drei Möglichkeiten:

① **Andere Second Level Domain** unterhalb von *.de*, z. B. *pmueller.de*

② **Andere Top Level Domain**, z. B. *mueller.info*

③ **Domain abkaufen**

① Eine andere Second-Level-Domain

Wenn Sie sich entschließen, eine andere Second-Level-Domain zu probieren, sollten Sie Ihre Phantasie ruhig ein wenig spielen lassen. Namen wie Google, Yahoo oder Amazon hat man vorher auch nicht mit Suchmaschinen oder Online-Shops in Verbindung gebracht. Wichtig ist, dass der Domain Name gut zu merken und leicht zu schreiben ist. Sie können die Verfügbarkeit Ihres Wunschnamens direkt bei der DENIC überprüfen.

Die Top Level Domain *.de* hat in Deutschland immer noch den höchsten Reizwert und wenn Sie die Top Level Domain wechseln, verlieren Sie unter Umständen einen Teil der Werbewirkung, die ein Domain Name ausstrahlt. Wenn auf einem Plakat zum Beispiel ein Name wie *weg.de* steht, wissen die meisten Betrachter ohne weiteres sofort, dass es sich um eine Website handelt. Eine andere Top Level Domain wie *weg.info* hat diese Wirkung nicht unbedingt.

Wie in good old Germany üblich, ist die Vergabe von DE-Domains gut reglementiert. Die wichtigsten Regeln für Domain Namen unterhalb der Top Level Domain *.de* im Überblick:

- Ein gültiger Domain Name hat mindestens drei und höchstens 63 Buchstaben. Mehr als etwa 20 sind aber selten sinnvoll.

- Erlaubt sind Buchstaben, Ziffern und Bindestriche. Sonst nichts. Keine Unterstriche, keine Punkte und keine Leerstellen.
- Umlaute sind zwar theoretisch möglich, aber nicht sehr verbreitet. Der Internet Explorer 6 kann damit zum Beispiel nichts anfangen und Besucher aus dem Ausland können Umlaute auf Ihren Tastaturen nur sehr umständlich eingeben.
- Der Name muss mit einem Buchstaben oder einer Ziffer beginnen und enden. Außerdem muss er mindestens einen Buchstaben beinhalten.
- Deutsche KFZ-Kennzeichen sind als Domain Name nicht erlaubt.
- Groß- und Kleinschreibung wird bei Domain Namen nicht unterschieden.

Einige dieser Regeln, wie zum Beispiel die Beschränkung auf mindestens drei Buchstaben, gelten nur für DE-Domains. Aus diesem Grunde kann es für die irische Rockband U2 sehr wohl eine *u2.com* geben, aber keine *u2.de*, auch wenn es aus den Frühzeiten des Internet noch wenige Ausnahmen wie z. B. *db.de* (Deutsche Bahn) gibt.

Hinweis

Die Domainrichtlinien der DENIC

Falls Sie gerne einmal die kompletten Richtlinien für DE-Domains lesen möchten:

- *http://www.denic.de/de/richtlinien.html*

② International: Eine andere Top Level Domain

Beispiele für eine andere Top Level Domain mit demselben Second Level Domain Namen wären *mueller.info* oder *mueller.it*. Die Verfügbarkeit dieser Domains können Sie nicht bei der DENIC checken, sondern beim zuständigen NIC oder einem Domainspezialisten (siehe unten). Je exotischer die Top Level Domain, desto schwieriger bzw. teurer wird es übrigens, dafür einen Webhoster zu finden, der Webspace mit dieser Domain im Angebot hat.

Die klassischen Top Level Domains außerhalb von DE sind *com*, *net* und *org*. Ursprünglich waren sie für kommerzielle Firmen (*com* wie *commercial*), für Firmen, die mit dem Internet zu tun haben (*net*) und für nicht kommerzielle Organisationen (*org*) gedacht. Diese Unterscheidung wird aber schon seit Jahren nicht mehr gemacht und die drei Top Level Domains sind für alle Interessenten geöffnet.

Relativ neu sind Top Level Domains wie *.info* und *.biz*, aber es gibt auch ausgefallene Kombinationen mit den zweibuchstabigen Länderkürzeln. Um die Verfügbarkeit Ihres Wunschnamens mit möglichst vielen Top Level Domains zu testen, gehen Sie am besten zu einem Domainspezialisten wie *checkdomain.de* oder *united-domains.de.*

Die folgende Abbildung zeigt die Suche nach *mueller* und die Verfügbarkeit in verschiedenen Top Level Domains:

Abbildung 7.2: mueller als Domain Name in verschiedenen TLDs

Die Domain-Dienstleister bieten natürlich auch gleich die Möglichkeit einer Reservierung, aber die sollten Sie erst in Anspruch nehmen, wenn Sie den Rest des Kapitels gelesen haben und sich Ihrer Sache sicher sind. Die genannten Preise gelten pro Jahr und nur für die Reservierung des Namens, ohne Webspace.

Je ausgefallener die Top Level Domain, desto schwieriger wird es wie gesagt, einen Webhoster zu finden, der diese im Angebot hat.

Hinweis

In einigen Ländern ist die Second Level Domain nicht frei verfügbar

In einigen Ländern wie Großbritannien, Japan oder Taiwan ist die Second Level Domain übrigens nicht frei verfügbar. So finden Sie die englische BBC nicht unter *bbc.uk*, sondern unter *bbc.co.uk*. Das liegt daran, dass die Top Level Domain *uk* unterteilt ist in Bereiche wie *co* für *commercial*, *ac* für *academic* oder *ro* für *royal*. Jedes NIC bestimmt die Regeln für seine Top Level Domain selbst.

③ Domain kaufen: Der Handel mit Domain Namen

In Abbildung 7.2 können Sie erkennen, dass es mit der Verfügbarkeit von *mueller* als Second Level Domain nicht sonderlich gut aussieht, dass aber *mueller.info* »for sale« ist. Um einen Domain Namen zu kaufen, müssen Sie entweder selbst den Besitzer der Domain recherchieren und ihn kontakten oder einen Domainhändler wie *sedo.de*, *domain-handel.de* oder *afternic.com* beauftragen.

sedo.de ist eine Schwesterfirma von *united-domains.de* und hat sich auf den Handel mit Domain Namen spezialisiert. Die folgende Abbildung zeigt, dass *mueller.info* zum Zeitpunkt der Abfrage durchaus erschwinglich wäre:

Abbildung 7.3: Der Domainhändler sedo.de mit dem Angebot für mueller.info

Hinweis

Domain Namen und Recht

Auf der Website *domain-recht.de* können Sie sich über die wichtigsten rechtlichen Rahmenbedingungen rund um Domain Namen informieren:

- *http://domain-recht.de/recht/*

Dort finden Sie auch die sehr lesenswerten, sieben goldenen Domain-Regeln rund um die Vergabe von Domain Namen.

7.4 Der eigene Webspace

Websites und Prospekte der Webhoster enthalten eine Vielzahl von Angeboten, die oft eher Verwirrung stiften, als dass sie weiterhelfen. Die beiden Faktoren, die den monatlichen Grundpreis wesentlich mitbestimmen, sind Speicherplatz und Funktionalität. Je mehr Speicherplatz Sie mieten und je mehr Funktionalität Sie beanspruchen, desto höher sind die monatlichen Kosten.

Wie bei Werbung üblich, ist es auch bei Webspace-Angeboten manchmal wichtiger darauf zu achten, was *nicht* aufgeführt wird. Die aufgelisteten Features werden attraktiv genug sein, aber wenn zum Beispiel Virenschutz oder Spamfilter für eingehende E-Mails nicht genannt werden, gibt es sie meist entweder gar nicht oder nur »optional«, also gegen Aufpreis.

Und nicht vergessen: Je genauer Sie in der Planungsphase definiert haben, was Sie brauchen, desto leichter wird Ihnen die Entscheidung für oder gegen ein bestimmtes Angebot fallen.

Überblick über Webhoster: *webhostlist.de*

Eine der renommiertesten Sites zur Beurteilung von Webhostern ist *webhostlist.de*. Dort bekommen Sie einen unabhängigen Überblick über jede Menge Webhoster und können sich in aller Ruhe informieren und vergleichen, über Angebote, Kundenzufriedenheit, Zuverlässigkeit und vieles mehr:

- *http://webhostlist.de/*

Hier finden Sie z. B. auch eine aktuelle, monatlich von Lesern zusammengestellte Top 10 der besten Webhoster, die den Einstieg vielleicht ein wenig erleichtert:

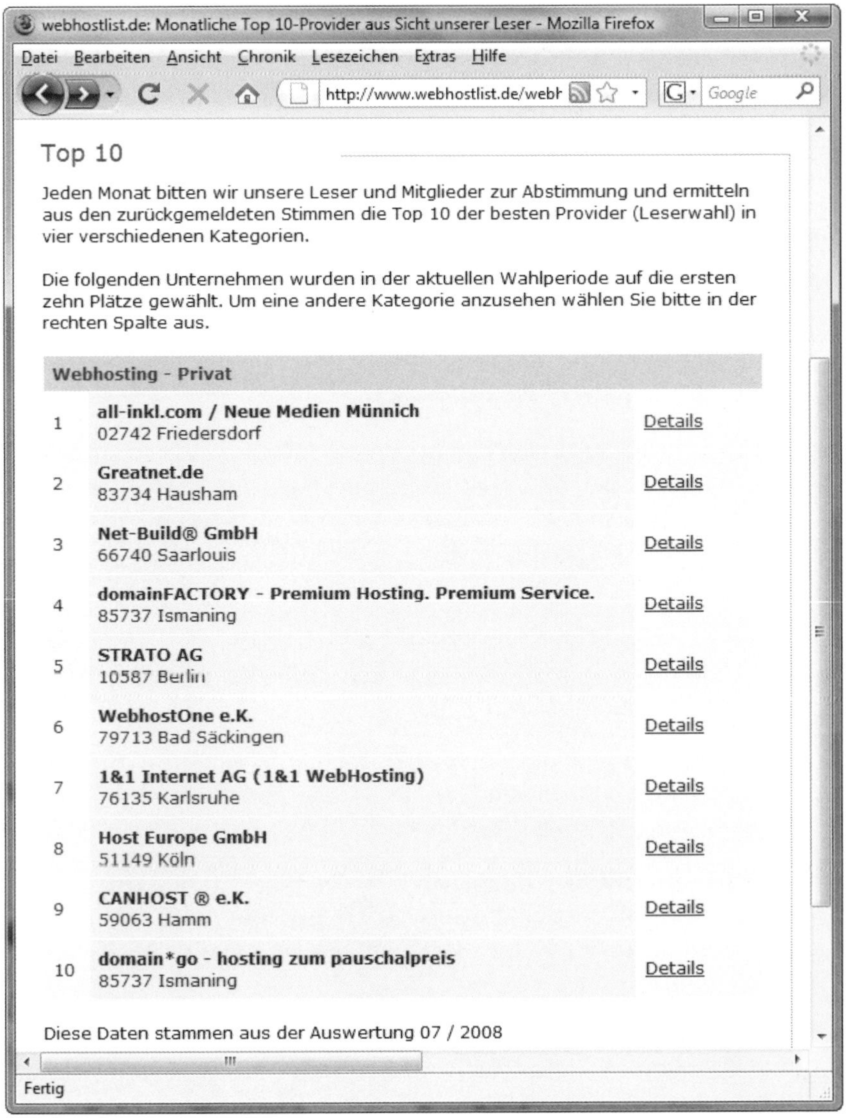

Abbildung 7.4: Die monatlich zusammengestellte Top 10 von webhostlist.de

In dieser Liste sind die großen Webhoster fast alle vertreten, aber damit ist natürlich nicht gesagt, dass eine kleine Firma schlechter ist.

Hinweis

Kostenloser Webspace

Falls Sie vor der Anschaffung von Webspace erst einmal ein bisschen probieren möchten, ob und wie das mit dem Seitenerstellen und Hochladen so alles funktioniert, können Sie sich am besten zunächst ein bisschen kostenlosen Webspace besorgen. Schauen Sie sich zum Beispiel *lima-city.de, ohost.de* oder *kilu.de* an. Oder suchen Sie einfach mit Ihrer Lieblingssuchmaschine nach den Begriffen »Kostenloser Webspace«.

Verwirrende Preise: Null Euro Sternchen

Wenn Sie bei einem Webhosting-Angebot irgendwo etwas von Null Euro lesen und ein kleines Sternchen in der Nähe ist, können Sie ziemlich sicher sein, dass Ihr Konto bei Vertragsabschluss trotzdem um mehr als Null Euro erleichtert wird.

Ein Webhoster ist kein wohltätiger Verein, sondern eine Firma, und die muss ein bisschen was verdienen, denn sonst geht sie pleite. There ain't no such thing as a free lunch. Es gibt kein kostenloses Mittagessen. Wenn das Essen umsonst ist, kostet die Cola, und ohne Cola gibt's kein Essen ...

Um die Preise etwas übersichtlicher und vor allem vergleichbarer zu machen, nehmen Sie sich ein bisschen Zeit und erstellen Sie eine kleine Kosten-Checkliste mit den folgenden Punkten:

- **Einmalige Einrichtungsgebühr**. Diese gibt es von gar nicht bis zu zweistelligen Euro-Beträgen. Es ist eine einmalige Gebühr, sollte aber mitgezählt werden.
- **Monatliche Gebühr**. Was kostet der Vertrag wirklich pro Monat? Nach Ablauf eventueller Sonderfristen. Rechnen Sie dabei *ohne* Sternchen und ziehen Sie eventuelle Rabatte erst danach von der Gesamtsumme ab.
- **Vertragslaufzeit**. 6 bis 12 Monate sind üblich. 24 Monate sind lang. Denken Sie dran: Nach Ablauf der Vertragslaufzeit wird der Vertrag meist automatisch um dieselbe Zeit verlängert, sofern Sie nicht vorher fristgerecht gekündigt haben. Wenn Sie das nicht getan haben, werden, schwupps, wieder 24 Monatsraten von Ihrem Konto abgezogen, und zwar ohne Sternchen.

- **Kündigungsfrist.** Vier Wochen zum Vertragsende sind üblich. Abweichende Kündigungsfristen sind erstens meist gut versteckt und zweitens zu lang.
- **Zahlungsweise.** Jährlich ist durchaus üblich. Dabei kommt trotz kleiner monatlicher Zahlen manchmal eine doch beträchtliche Summe zusammen.

Aus allen diesen Angaben errechnen Sie dann die Gesamtkosten, und zwar am besten einmal für das erste Jahr (inkl. Einrichtungsgebühr) und einmal für die folgenden Jahre. So ein Jahr ist schneller rum als man glaubt.

Hinweis

Fragen Sie dem Webhoster ein Loch in den Bauch

Wenn Ihnen an einem Angebot etwas nicht klar ist, dann sollten Sie Fragen stellen. Und zwar direkt an den Webhoster. Dabei machen Sie bereits die ersten Erfahrungen mit der Firma, und die kosten außer ein bisschen Zeit noch nichts:

- Wie schwierig ist es, auf der Site des Webhosters eine (kostenlose) Kontaktmöglichkeit zu finden?
- Wie schnell bekommen Sie eine Antwort und wie freundlich ist diese?

Wenn Ihre Fragen *vor* Vertragsabschluss schon nicht kompetent und zügig beantwortet werden, ist die Chance auf Besserung *nach* Vertragsabschluss meist eher gering.

Der Einstieg: Domain und Mail

Viele Webhoster haben günstige Einstiegsangebote, die abgesehen von einer einmaligen Einrichtungsgebühr pro Monat manchmal nur Cents kosten und häufig einen Begriff wie »Visitenkarte« im Produktnamen enthalten. Die Kriterien zum Vergleichen der Angebote sind in erster Linie Speicherplatz, Traffic, Anzahl E-Mail-Konten und Zugangsmöglichkeiten. Meist ist nur eine DE-Domain im Preis enthalten. Alle Preisangaben sind Stand August 2008.

- **»Domain«: Reservierung und Weiterleitung**

  In der einfachsten Form bieten diese Angebote überhaupt keinen Speicherplatz und dienen nur zur Reservierung des Domain Namens oder zur Weiterleitung auf anderen kostenlosen Webspace, den Sie zum Beispiel von Ihrem Internetprovider oder von einer Baukasten-Site bekommen haben. Solche Angebote heißen meist »Domain« oder »Visitenkarte« und kosten unter einem Euro pro Monat plus Einrichtungsgebühr.

- **»Mail«: Domain nur für E-Mail nutzen**

  Mail meint die Reservierung des Namens und die Nutzung für E-Mail. Diese Angebote konzentrieren sich mehr auf die E-Mail-Features, bieten also *Mailspace* anstelle von Webspace. Je nach Speicherplatz und Anzahl der E-Mail-Konten liegen die Angebote derzeit zwischen 1 und 2 Euro pro Monat plus Einrichtungsgebühr.

- **Webspace für statische Webseiten**

  Wenn Sie in einem Angebot keine Angaben zur Programmiersprache PHP oder der Datenbank MySQL finden, handelt es sich meist um Webspace, der sich nur für statische Webseiten eignet. Für die ersten Versuche reicht das völlig aus und zur Interaktion mit Ihren Besuchern können Sie auf gehostete Webanwendungen zurückgreifen (siehe Seite 137 ff.). Preise liegen im August 2008 ungefähr zwischen 2 und 3 Euro pro Monat plus Einrichtungsgebühr.

Die Mittelklasse: Webspace mit PHP und Datenbank

Wenn man seine Site aktiv betreibt und weiter entwickelt, benötigt man früher oder später PHP und MySQL auf seinem Webspace, da sehr viele Webanwendungen in PHP programmiert wurden und ihre Daten in einer MySQL-Datenbank aufbewahren.

Da viele Webhoster ihre Rechner mit dem Betriebssystem Linux und dem Webserver Apache ausstatten, hat sich LAMP als Kürzel für diese Kombination durchgesetzt: **L**inux, **A**pache, **M**ySQL und **P**HP. Entsprechend gibt es noch WAMP (unter Windows), MAMP (MAC OS X) und XAMP, wenn das Betriebssystem keine Rolle spielt.

Typisch für ein solches Mittelklasse-Angebot sind folgende Features:

- Speicherplatz für Webseiten und E-Mail ca. 10 Gb oder mehr
- Traffic inklusive (min. 100 Gb)
- 2–3 Domain Namen inklusive, möglichst nicht nur DE
- PHP-Unterstützung
- Mindestens 1 MySQL-Datenbank (besser 2–3)
- Postfächer per POP3 und IMAP abrufbar
- Virenschutz und Spamfilter

Soweit die wichtigsten Daten. Wenn in einem Paket mehrere Domain Namen enthalten sind, können Sie den Webspace auch unabhängig voneinander für mehrere Projekte benutzen.

Ein solches Angebot bietet für die meisten Bedürfnisse ein ordentliches Preis/Leistungsverhältnis und liegt ungefähr zwischen 1 und 10 Euro pro Monat plus Einrichtungsgebühr.

Die Oberklasse: Premiumpakete für Experten

Die Oberklasse hat zunächst einmal natürlich alle Leistungsmerkmale der Mittelklasse (mit größeren Zahlen dahinter) und noch ein paar mehr. Weniger Kunden pro Server, ein SSH-Zugang, Zugang per WebDAV, Überlastungsschutz und vieles mehr.

Nur der Vollständigkeit halber möchte ich erwähnen, dass wie auch bei anderen Produkten beim Webspace nach oben fast keine Grenzen gesetzt sind. Sowohl was das Geld als auch was die Funktionen angeht, lassen sich die Webhoster dabei einiges einfallen.

Hinweis

Der eigene Server

Bei fast allen Hostern können Sie auch entweder einen recht günstigen *virtuellen Server* (V-Server, existiert nur im Arbeitsspeicher des Servercomputers) oder einen *Dedicated Server* (ein eigenes Gerät) mieten, die es dann wiederum manchmal auch als *Managed Server* gibt (wird vom Webhoster verwaltet). Darauf werde ich aber nicht weiter eingehen, denn wenn Sie einen eigenen Server betreiben möchten, dann sollten Sie dieses Kapitel nicht mehr lesen müssen ...

7.5 Know-how: Fachbegriffe rund ums Webhosting

Die technischen Details zum Webspace stiften bei Einsteigern oft heillose Verwirrung. Manchmal hat man tatsächlich den Eindruck, dass der potenzielle Kunde durch wohlklingende Fachausdrücke so geblendet werden soll, dass er ein möglichst teures Angebot unterschreibt.

Dieser Abschnitt versucht ein wenig Licht in das Dunkel des Technotalk zu bringen. Der Übersichtlichkeit halber möchte ich Ihnen dabei Webspace und Mailspace getrennt vorstellen, auch wenn sie in der Praxis zusammengehören.

Die folgende Grafik zeigt zunächst die wichtigsten Begriffe zum Thema Webspace:

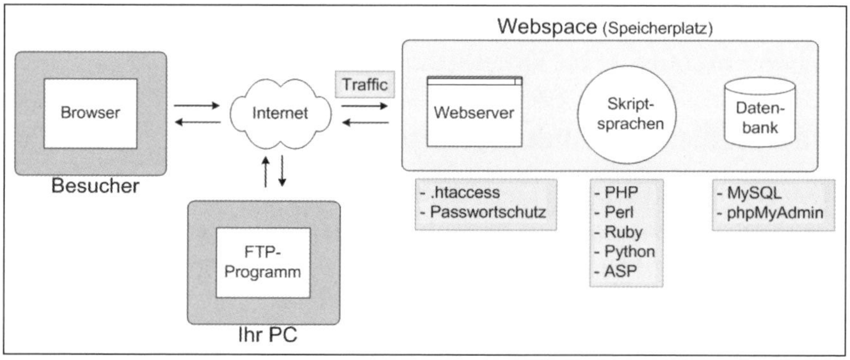

Abbildung 7.5: Die wichtigsten Begriffe rund um den Webspace

Im Folgenden werden diese Begriffe etwas detaillierter erläutert.

Wie viel Speicherplatz wird benötigt?

Speicherplatz wird üblicherweise in Megabyte oder Gigabyte gemessen und wie viel Speicherplatz Sie für Ihre Website benötigen hängt ganz davon ab, was Sie dort veröffentlichen möchten.

Inhalt kann im Internet aus Text, Grafiken, Sound oder Video bestehen und mit diesen Inhaltsarten gehen unterschiedliche Ansprüche an die Speicherplatzmenge einher.

- Wenn Sie nur Textbeiträge mit ein paar Fotos veröffentlichen möchten, reichen wenige Megabyte.
- Wenn Sie ständig neue Fotos auf Ihrer Site veröffentlichen möchten, benötigen Sie schon ein bisschen mehr Speicher.
- Für einen Podcast mit zum Beispiel einer wöchentlichen, halbstündigen Sendung als MP3 steigt der Anspruch noch einmal. Faustregel: 1 Minute MP3 benötigt ca. 1 Megabyte Speicherplatz.
- Als Hobbyfilmer oder Videojournalist benötigen Sie wahrscheinlich noch mehr Speicherplatz.

Wenn Sie sich in der Planungsphase überlegt haben, was Sie auf der Site alles veröffentlichen möchten, ist die benötigte Speichermenge im Idealfall nur eine kleine Rechenaufgabe. Schauen Sie einfach einmal nach, wie groß Ihre Dateien sind.

Interessant ist noch die Frage, ob sich die angegebene Speichermenge nur auf den Speicherplatz für Webseiten bezieht oder ob der Platz für E-Mails darin enthalten ist.

Wie viel Traffic (Datentransfer) brauchen Sie?

Traffic meint den Datentransfer von und zu Ihrem Webspace. Das beinhaltet in der Regel die Abrufe der Webseiten, den Download von Dateien, das Empfangen und Verschicken von E-Mails und meist auch den Zugang per FTP. Hier ein konkretes Beispiel:

- Gesetzt den Fall, dass ein Besuch auf Ihrer Site 500 Kilobyte Traffic verursacht ...
- ... und Sie haben ein monatliches Limit von 20 Gigabyte Traffic ...
- ... dann würde das für Pi mal Daumen ungefähr 40.000 Besuche reichen.

Wenn Sie neben Text und Grafiken auch MP3 und Video anbieten, sollten Sie den Traffic pro Besuch wahrscheinlich etwas höher ansetzen.

Vor Vertragsabschluss sollten Sie sich in jedem Fall informieren, was zusätzlicher Traffic kostet, denn wenn Ihre Website plötzlich zu einem Hit wird, könnte das auf Ihrem Konto sonst eine deutliche Delle hinterlassen.

Am besten ist natürlich unbegrenzter Traffic, aber die Webhoster müssen selbst jedes Megabyte an Traffic bezahlen und wenn Sie es darauf anlegen, eine Flatrate wirklich wörtlich zu nehmen und auszureizen, kann es durchaus passieren, dass Ihnen von Seiten des Webhosters gekündigt wird.

Der Zugang zum Webspace: FTP & Co.

Der normale Weg, um Dateien auf den Webspace zu bekommen ist per **FTP**, idealerweise mit irgendeiner Form von Verschlüsselung. Neben dem Zugang mit einem normalen FTP-Programm wie z. B. FileZilla bieten viele Provider auch Zugang per WebFTP-Programm, was sehr praktisch ist, wenn man von unterwegs per FTP auf seinen Webspace zugreifen muss:

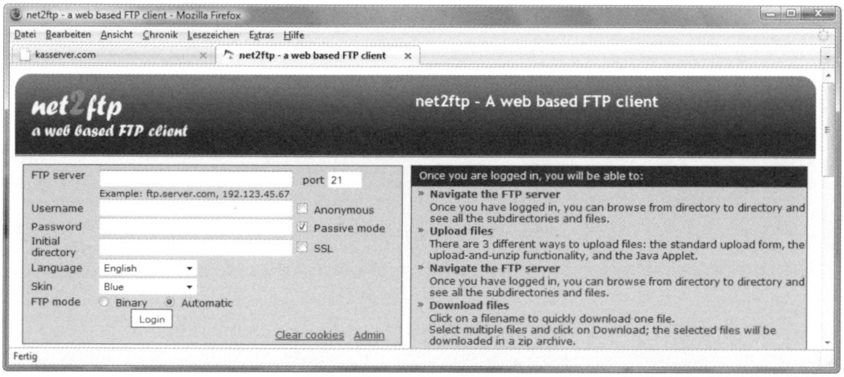

Abbildung 7.6: Ein WebFTP-Programm zum Zugriff auf den Webspace

Ein FTP-Zugang gibt meistens Zugriff auf den Hauptordner des Webspace. Falls Ihr Webspace mehrere FTP-Zugänge anbietet, können Sie diese zum Beispiel nutzen, um für einige Anwender den Zugriff nur auf bestimmte Unterordner zu ermöglichen, zum Beispiel Hochladen von Bildern oder anderen Dateien in ein bestimmtes Verzeichnis.

In teureren Angeboten gibt es einen Zugang per **Secure Shell** (SSH). Damit können Sie direkt auf dem Webservercomputer arbeiten und an der Kommandozeile Befehle eingeben. Allerdings sollte man dabei schon wissen, was man tut, denn sonst kann das natürlich auch nachteilige Auswirkungen haben. Wenn Sie über die Arbeit in einer

Linux-Shell nicht viel wissen, ist ein Zugang per Secure Shell vielleicht nicht wirklich ein erstrebenswertes Feature.

Selten findet man einen Zugang per **WebDAV**. Damit können Sie Ihren Webspace ganz bequem direkt im Windows Explorer (oder auf dem Mac mit dem Finder) verwalten. Was genau Sie dazu tun müssen, verrät Ihnen der Webhoster, der Ihnen WebDAV anbietet.

Serverseitige Skriptsprachen: PHP & Co.

Um auf Ihrem eigenen Webspace eine Webanwendung laufen zu lassen, muss die Programmiersprache, in der die Anwendung geschrieben wurde, unterstützt werden. Wenn die Anwendung also in PHP geschrieben wurde (und das sind viele), dann muss der PHP-Übersetzer auf Ihrem Webspace zur Verfügung stehen.

Mit Abstand am weitesten verbreitet ist wie erwähnt die Skriptsprache PHP, die es momentan in den Versionen 4 und 5 gibt. Wenn nicht ein ganz konkreter Grund dagegen spricht, sollten Sie sich für **PHP ab V5.2** entscheiden.

Einige Webanwendungen haben außerdem neben der reinen PHP-Unterstützung noch bestimmte Ansprüche an die PHP-Konfiguration, die in der Datei *php.ini* definiert wird. Dabei geht es um Details wie lange die Webanwendung laufen darf (Laufzeit), wie viel Arbeitsspeicher sie pro Anfrage beanspruchen darf oder um das Sperren bestimmter Funktionen (SafeMode, *allow url fopen* etc.). Da aber viele Provider zu diesen Details keine Angaben machen und man zum Verstehen ein recht tiefgehendes technisches Verständnis benötigt, ist es einfacher, den Webhoster zu fragen, ob das von Ihnen gewünschte Programm auf dem anvisierten Webspace auch wirklich läuft.

Falls Sie Abkürzungen wie *SSI* (ServerSide Includes) oder *CGI* (Common Gateway Interface) und *Perl* finden – das sind etwas aus der Mode gekommene Möglichkeiten, die Erstellung des Quelltextes jenseits des Webservers zu beeinflussen. Andere serverseitige Sprachen wie *Ruby*, *Python* etc. sind relativ exotisch und nur wichtig, wenn Sie wissen, dass Sie sie benötigen. *ASP* (Active Server Pages) finden Sie nur auf Windows-Servern und die sind beim preiswerten Webhosting eher eine Ausnahme.

Datenbanken: MySQL und phpMyAdmin

Eine Datenbank dient zum Speichern von Daten und wenn Sie auf Ihrem Webspace eine Webanwendung betreiben möchten, dann benötigen Sie zumeist mindestens eine Datenbank. Beim Webhosting ist *MySQL* sehr weit verbreitet. Genau genommen ist MySQL ein Datenbankserver, aber das kann Ihnen bei der Auswahl von Webspace erst einmal egal sein.

Wichtiger ist wie so oft die Versionsnummer, und wenn nichts dagegen spricht, sollten Sie V 5.x gegenüber den älteren Versionen 3 und 4 bevorzugen. Einfach zu merken: PHP und MySQL jeweils in der Version 5.x.

Wie viele Datenbanken Sie benötigen, hängt davon ab, wie viele Webanwendungen Sie betreiben möchten. Idealerweise kann jede auf Ihrem Webspace betriebene Anwendung über eine eigene Datenbank verfügen.

Zur Verwaltung Ihrer Datenbanken sollte der Webhoster unbedingt die Webanwendung *phpMyAdmin* zur Verfügung stellen. Damit können Sie falls nötig mit Ihrem Browser direkt auf die Daten in der Datenbank zugreifen und zum Beispiel bestimmte Datensätze löschen.

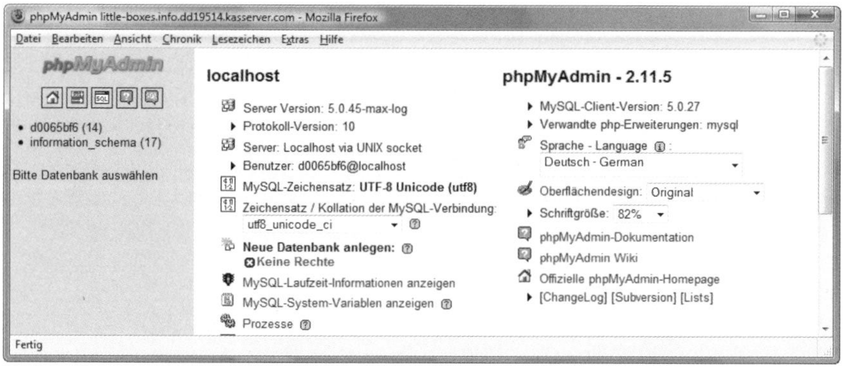

Abbildung 7.7: phpMyAdmin dient zur Verwaltung von MySQL-Datenbanken.

Interessant ist außerdem noch, ob der MySQL-Datenbankserver auf demselben Server liegt wie Ihre Webseiten oder auf einem speziellen Datenbankserver, denn wenn MySQL auf einem anderen Server liegt, ist der Zugriff oft langsamer.

Sonstige Fachbegriffe rund um den Webspace

Zum Abschluss dieses Technotalk-Schnellkurses noch ein paar Begriffe, die Ihnen wahrscheinlich früher oder später begegnen werden.

Passwortschutz und .htaccess

Wenn Sie auf Ihrem Webspace einige Verzeichnisse mit einem Passwort schützen möchten, dann ist erstens die Frage, ob das überhaupt geht und zweitens, wie bequem das ist. Technisch wird ein Passwortschutz meist mit einer Datei namens *.htaccess* (wirklich mit einem Punkt vorweg) geregelt, aber meistens gibt es ein komfortables Formular, in dem Sie den Namen des zu schützenden Ordners und das gewünschte Passwort einfach eintragen.

Mit der Datei *.htaccess* kann man übrigens den Apache Webserver konfigurieren und je mehr Webanwendungen auf Ihrem Webspace laufen, desto wahrscheinlich wird es, dass Sie das einmal machen müssen. Zugriff auf*.htaccess* ist also nicht schlecht.

Subdomain und Domainkonfiguration

Subdomain ist einfach nur ein anderer Name für eine Third-Level-Domain. Diese können Sie oft benutzen, um auf Ihrem Webspace bestimmte Dinge auszuprobieren, ohne diese gleich zu veröffentlichen.

Immer mehr Provider bieten auch die Möglichkeit, die DNS-Einstellungen für Ihren Webspace zu ändern. Dabei wird unterschieden zwischen einem MX-Record für Mail und einem A-Record für die Webseiten. Allerdings sollten Sie damit nur spielen, wenn Sie 120prozentig sicher sind, was Sie da tun.

Kunden pro Server

Das ist eine Angabe, die man bei Providern nur selten findet, die aber – wenn sie auftaucht – meist positiv zu bewerten ist. Wenn ein Webhoster also schreibt, dass bei dem Angebot nicht mehr als zum Beispiel 50 Kunden sich einen Server teilen, dann sind das recht wenige. Sie können sich dann auch vorstellen, wie viele Kunden pro Server das sind, wenn diese Angabe *nicht* vorhanden ist ...

Providerwechsel (KK-Antrag)

Falls Sie den Provider wechseln möchten, sollte Ihnen der neue Provider dabei helfen und Ihnen genau sagen, was Sie tun müssen. Generell wird dabei der alte Domain gekündigt und dann vom neuen Provider ein sogenannter KK-Antrag gestellt, der dann vom zuständigen NIC akzeptiert werden muss. Mit Provider ist in diesem Falle natürlich der Webhoster gemeint, und nicht der Internetprovider.

KK steht übrigens für *Konnektivitätskoordination*. Yep. Schönes Wort. Finde ich auch.

Der Mailspace: POP3, IMAP und Webmail

Ein E-Mail-Postfach ist ein Speicherplatz auf einer Festplatte, auf den Sie mit einer bestimmten Kombination von Benutzername und Passwort zugreifen können. Man kann durchaus verschiedene E-Mail-Adressen in einem einzigen Postfach sammeln. Wenn Sie also mehr E-Mail-Adressen als E-Mail-Postfächer haben, ist das durchaus gut. Umgekehrt gibt das keinen Sinn.

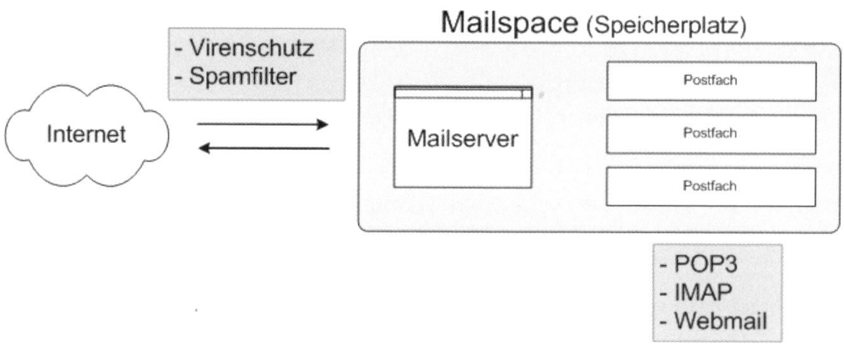

Abbildung 7.8: Wichtige Begriffe rund um Ihren Mailspace

Auf die E-Mail-Postfächer können Sie auf drei verschiedene Arten zugreifen, um Ihre Mail zu lesen:

- **POP3**. Der Klassiker. Jedes E-Mail-Programm kann per POP3 auf ein Postfach zugreifen. Dabei werden die Mails vom Server geholt, auf Ihren Rechner kopiert und anschließend vom Sever gelöscht.
- **IMAP**. Kommt langsam in Mode und immer mehr E-Mail-Programme beherrschen dieses Protokoll. Der wichtigste Unterschied zu POP3 ist, dass die Mails *auf dem Server* verwaltet werden.

So können Sie von verschiedenen Rechnern aus auf Ihre Postfächer zugreifen und haben immer alle Mails zur Verfügung. Andererseits benötigen Sie auf dem Server wesentlich mehr Speicherplatz als für POP3.

- **Webmail**. Mail lesen (und schreiben) mit dem Browser. Praktisch von unterwegs.

Virenschutz und Spamfilter sollten eigentlich zum Standard gehören und sind oft bereits im Angebot enthalten. Falls Sie sich nicht sicher sind, ob das der Fall ist – einfach fragen.

Interessant ist bei Angeboten noch, ob eine Maximalgrenze für einzelne E-Mails, einzelne Postfächer oder den gesamten Mailspace existiert und ob der Speicherplatz für E-Mails gesondert gerechnet wird oder ob er vom angebotenen Webspace abgerechnet wird.

7.6 Auf einen Blick

Die wichtigsten Themen noch einmal im Überblick:

- Webspace ohne eigene Domain ist oft kostenlos verfügbar.
- Wenn Ihr Wunschname vergeben ist, gibt es drei Möglichkeiten:
  - andere Second Level Domain
  - andere Top Level Domain
  - Domain abkaufen
- Eigenen Webspace bekommen Sie von einer als Webhoster bezeichneten Firma.
- Einen Überblick über Webhoster bekommen Sie z. B. bei *webhostlist.de*.
- Lassen Sie sich von den vielen Sternchen-Preisen nicht verwirren. Achten Sie auf einmalige Einrichtungsgebühren, monatliche Gebühren, Vertragslaufzeit, Kündigungsfrist und Zahlungsweise.
- Webspaceangebote lassen sich grob in drei Kategorien einteilen:
  - Einstieg: Domain und Mail
  - Mittelklasse: Mit PHP und Datenbank
  - Premiumklasse: Alles darüber ...

Teil III

Inhalte erstellen

Kapitel 8

Schreiben im Web für Menschen

Worin Sie erfahren, wie Menschen im Web lesen und wie man Texte so schreibt und aufbereitet, dass sie am Bildschirm möglichst leicht zu lesen sind.

Schreiben fürs Web ist anders, denn Lesen im Web ist anders: Zum einen lesen Menschen Webseiten am Bildschirm, zum anderen werden sie nicht nur von Menschen gelesen, sondern auch von Maschinen.

In diesem Kapitel erfahren Sie zunächst, wie Sie Texte so schreiben und aufbereiten, dass sie am Bildschirm gut lesbar sind.

Die Themen im Überblick

- Wie Menschen im Web lesen, Seite 166
- Verständliche Texte: Die Hamburger Pyramide, Seite 170
- Grafisches Schreiben: Texte scannbar machen, Seite 172
- Abstände und Schriften: Fließtext gestalten, Seite 175
- Der Umgang mit Hyperlinks, Seite 180
- Schreiben im Web: Beispiel und Übung, Seite 182
- Auf einen Blick, Seite 186

Zum Lesen dieses Kapitels genügen ein Browser (zum Ansurfen der Links) und eine Textverarbeitung wie Word oder Writer (für die Übung).

8.1 Wie Menschen im Web lesen

Wahrscheinlich glauben Sie, dass Sie beim Lesen dieses Absatzes einen Buchstaben nach dem anderen aufnehmen und den darin enthaltenen Text nur verstehen, weil die Buchstaben in den Worten in einer bestimmten Reihenfolge stehen.

Dann lesen Sie doch bitte einmal folgenden Absatz:

> *Shocn wdeier enei Rcehtschrbierofrem? Nien, aebr enei Sutide eneir elgnihcesn Uvinisterät zgiet, dsas es nchit witihcg ist, in wlecehr Rneflogheie die Bstachuebn in eneim Wrot seethn. Hptacsauhe der estre und der leztte Bstabchue snid ritihcg. Der Rset knan ttoaelr Bsinöldn sein. Wir leesn nmälcih nciht jeedn Bstachuebn enzelin, snderon das Wrot als gnzaes.*

Haben Sie den Text verstanden? Die Augen nehmen beim Lesen nicht einen Buchstaben nach dem anderen auf, sondern springen über mehrere Buchstaben hinweg zum nächsten Wort, einem Komma oder einer anderen besonderen Stelle. Wenn wir etwas falsch gelesen oder nicht verstanden haben, geht es zurück, um die Stelle genauer zu untersuchen. Deshalb ist es auch so schwierig, selbst geschriebene Texte Korrektur zu lesen. Die Fehler werden einfach übersprungen.

Natürlich funktioniert das nur in einer bekannten Sprache und wenn der Text nicht zu viele unbekannte Wörter enthält, aber es ist doch erstaunlich, wie unser Hirn den Buchstaben trotz der falschen Reihenfolge einen Sinn abtrotzt. Die englische Uni war übrigens Crmbadgie.

Und es hat Zoom gemacht: Lesen am Bildschirm

Lesen am Bildschirm ist unbequem und Schwerstarbeit für die Augen. Das beginnt schon damit, dass der Bildschirm Ihnen eine bestimmte Position vorschreibt:

- Eine Zeitung oder ein Buch nehmen Sie in die Hand und machen es sich dann am Schreibtisch, im Lesesessel, auf einem Sofa oder in einer Badewanne bequem.
- Ein Monitor schreibt die Sitzposition vor und Sie starren oft stundenlang in fast derselben Haltung auf immer dieselbe Stelle.

Die geringe Auflösung der Monitore verbessert die Situation auch nicht. Während selbst einfache Laserdrucker etwa 600 Punkte pro Zoll (dpi, dots per inch) schaffen, liegt dieser Wert bei Monitoren ungefähr bei 72 bis 100, was dazu führt, dass die Schrift am Bildschirm unscharf und schlecht lesbar wird. Ungünstige Beleuchtung kann das Lesevergnügen noch weiter beeinträchtigen.

Eine der wenigen Möglichkeiten, das Lesen am Bildschirm angenehmer zu machen, ist die Vergrößerung der Schrift. Zoom. So können Sie sich entspannt in einem Stuhl zurücklehnen und in Ruhe lesen:

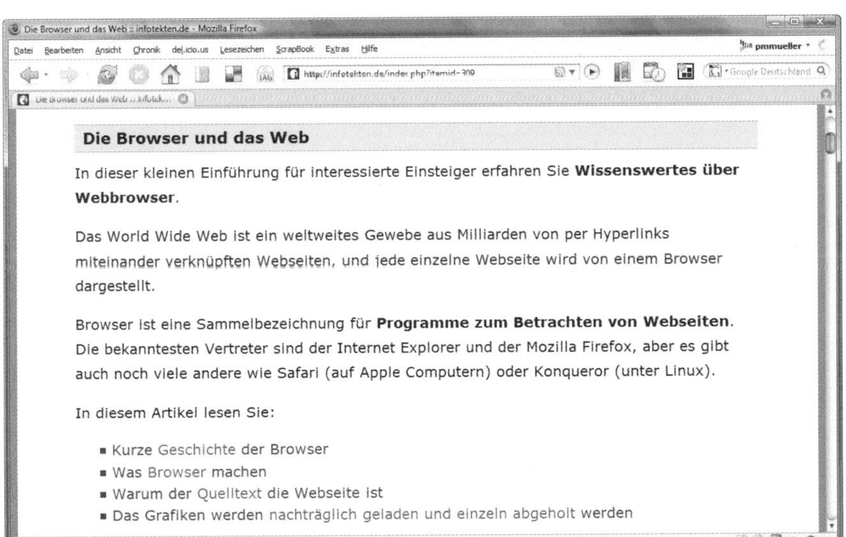

Abbildung 8.1: Vergrößerte Schrift auf Webseiten (Strg + Scrollrad)

In fast allen Browsern können Sie den Text mit Strg + Scrollrad auf der Maus zoomen. Per Tastatur geht es meist so: Vergrößern mit Strg+ +, Verkleinern mit Strg+ - und zurück auf normale Größe mit Strg+ 0 (Null).

Im Ernst: Das Vergrößern der Schrift am Bildschirm ist eine der besten Angewohnheiten, die Sie sich und Ihren Augen gönnen können. Nicht nur im Web, auch in Word oder anderen Programmen. Nutzen Sie die Zoomfunktion und bauen Sie Webseiten so, dass jeder, der es gerne möchte, die Schrift beliebig vergrößern kann.

Webseiten werden nicht gelesen, sondern überflogen

Wenn unsere Augen beim normalen Lesen auf Papierseiten schon durch den Text hoppeln wie ein Kaninchen über eine frisch gemähte Wiese, wie lesen wir dann eine Webseite am Bildschirm? Jakob Nielsen hat das in seinem Artikel »How Users Read on the Web« bereits Mitte der 90er Jahre untersucht, und seine ernüchternde Antwort ist »Gar nicht«:

Abbildung 8.2: Wie Benutzer Webseiten lesen – gar nicht.

Natürlich werden Webseiten gelesen, aber nicht Wort für Wort. Nielsens Artikel auf der Seite *http://useit.com/alertbox/9710a.html* beginnt wie folgt:

> *People rarely read Web pages word by word; instead, they scan the page, picking out individual words and sentences.*
>
> *Menschen lesen Webseiten nur selten Wort für Wort; stattdessen überfliegen sie die Seite und bleiben nur bei einzelnen Worten und Sätzen hängen.*

Webseiten werden also zunächst einmal nicht gelesen, sondern überflogen. Das schon bei Texten auf Papier vorhandene Springen der Augen wird verstärkt und die Sprünge werden größer.

Hinweis

Jakob Nielsen über Lesen und Schreiben im Web

Links zu weiteren Artikeln von Jakob Nielsen zum Thema »Writing for the Web« finden Sie auf der folgenden Seite:

- *http://www.useit.com/papers/webwriting/*

Einige von Jakob Nielsens Kolumnen gibt es auch in einer deutschen Übersetzung:

- *http://www.usability.ch/Alertbox/main.htm*

Zwischenlandung: Scannen – Skimmen – Lesen

Webseiten werden also von den Besuchern nach der Anzeige im Browserfenster zunächst überflogen. Oft haben sie bei der Ankunft auf einer Webseite eine ganz bestimmte Frage im Kopf, und die Seite wird dann nur nach dafür relevanten Informationen untersucht. Alles andere wird gar nicht richtig wahrgenommen.

Beim Erfassen einer Webseite lassen sich drei Stufen unterscheiden:

- **Scannen** (Überfliegen)

  Zunächst wird eine Webseite überflogen und flüchtig auf Interessantes gescannt. Grafiken, Überschriften und Links werden unsystematisch untersucht, und das Auge springt wild hin und her. Eine gute optische Strukturierung der Seite (und der Texte) erleichtert dem Besucher das Scannen.

- **Skimmen** (Zwischenlanden)

  Scheint die Seite an sich vielversprechend zu sein, verlangsamt der Besucher das Flugtempo und lässt seine Augen an besonders interessanten Stellen zwischenlanden. Jetzt werden auch Teile des Fließtextes erfasst, vor allem Zusammenfassungen, Zwischenüberschriften und andere hervorgehobene Texte (Listen, Fettgedrucktes).

- **Lesen** (Wort für Wort lesen)

  Wenn eine Textstelle das Interesse des Besuchers erregt hat, wird er seine Aufmerksamkeit darauf fokussieren und diese Passage mehr oder weniger konzentriert Wort für Wort lesen.

Die folgende Tabelle zeigt eine ungefähre Übersicht dieser drei Aufmerksamkeitsphasen, wobei die Zahlenwerte aus verschiedenen Quellen stammen und nur eine ungefähre Orientierung geben sollen (siehe auch Hinweiskasten weiter unten):

Tabelle 8.1: Übersicht »Scannen – Skimmen – Lesen«

	Scannen (Überfliegen)	Skimmen (Zwischenlanden)	Lesen (konzentriert)
Ziel	Seite relevant?	Fundstelle relevant?	Information aufnehmen
Aufnahme	ca. 10–20%	ca. 50%	ca. 80%
Tempo	ca. 1500 Wörter/ Minute	ca. 500 Wörter/ Minute	ca. 150 Wörter/ Minute
Objekte	Bilder, Überschriften und Navigationsbereiche	Teaser, Listen und hervorgehobener Text	gesamte Information

Ein Webtext sollte also so geschrieben sein, dass er diese drei Aufmerksamkeitsphasen unterstützt und leicht skaliert werden kann.

Hinweis

Quellen zum Lesen im Web

Zwei Bücher, die sich mit dem Schreiben und Lesen im Web beschäftigen sind:

- Alkan, Saim Rolf, »1x1 für Online-Redakteure ...« (ISBN 978-3938358368)
- Wirth, Thomas, »Missing Links: Über gutes Webdesign« (ISBN 978-3446225541)

8.2 Verständliche Texte: Die Hamburger Pyramide

Der Text einer Webseite wird von Menschen und von Maschinen gelesen. Die folgenden Abschnitte beschreiben zunächst, wie ein Webtext geschrieben sein sollte, damit er von Menschen gelesen wird. Los geht's mit der Verständlichkeit.

Pulitzer und das Hamburger Verständlichkeitsmodell

Bei Texten geht es in erster Linie nicht nur darum, sie zu lesen, sondern auch sie zu *verstehen*. Bereits Anfang der 70er Jahre entwickelten drei Professoren das »Hamburger Verständlichkeitsmodell«, mit dessen Hilfe sie die Verständlichkeit von Texten erklärbar machen wollten. Einer der drei Professoren war übrigens Friedemann Schulz von Thun, Autor des Kommunikationsklassikers »Miteinander reden«.

Die vier Kriterien des Hamburger Modells eignen sich auch heute noch als Grundlage zur Beurteilung der Verständlichkeit von Texten:

1. **Einfachheit**: Kurze Sätze, einfache Begriffe.
2. **Gliederung**: Inhaltlich folgerichtig und optisch erkennbar
3. **Kurz und prägnant**
4. **Anregende Zusätze**: Keine unverdaulichen Buchstabenwüsten.

Zusammengefasst könnte man sagen: Benutzen Sie eine einfache Sprache und gliedern Sie Ihren Text übersichtlich. Sprechen Sie dabei kein »Marketing« und langweilen Sie nicht.

Noch kürzer umschrieb der amerikanische Publizist Joseph Pulitzer diesen Sachverhalt:

> *Was immer du schreibst,*
> *schreibe kurz, und sie werden es lesen;*
> *schreibe klar, und sie werden es verstehen;*
> *schreibe bildhaft, und sie werden es im Gedächtnis behalten.*

Klingt gut, aber einfacher als es ist. Im ersten Anlauf klappt das selten. Ein Text muss geschrieben, verdichtet und geschliffen werden, bevor er diesen Kriterien standhält. Und wer nimmt sich beim Texten fürs Web schon so viel Zeit?

Hinweis

Texte im Web verständlicher schreiben

Jan Eric Hellbusch und Karin Zoller haben den Artikel »Texte im Web verständlicher schreiben« verfasst, in dem sie auch auf die vier Merkmale des Hamburger Verständlichkeitskonzepts eingehen:

- *http://barrierefreies-webdesign.de/knowhow/verstaendlicher-text/*

Die umgekehrte Pyramide: Das Wichtigste am Anfang

Während des Studiums verinnerlichen viele Geistes- und Naturwissenschaftler den traditionellen Aufbau einer wissenschaftlichen Arbeit so sehr, dass sie später auch ihre Webtexte entsprechend verfassen: Nach einer Einleitung und unzähligen Seiten mit Diskussionen, Tabellen und Argumenten findet der Leser am Ende des Textes ein Fazit, das das Wichtigste in Kürze zusammenfasst.

Journalisten gehen, besonders beim Schreiben von Nachrichten, den umgekehrten Weg:

- Es beginnt mit einer Aufmerksamkeit haschenden Überschrift.
- Danach kommt der Überblick: »Wer hat was wann wo wie warum getan?«
- Erst danach werden weitere Details und Hintergrundinformationen gegeben, sodass bei einer Kürzung des Textes nichts wirklich Wichtiges verloren geht.

Diese Vorgehensweise wird auch als »umgekehrte Pyramide« (»inverted pyramid«) bezeichnet:

PHANTASTISCHE ÜBERSCHRIFT
SEHR WICHTIGES INTRO
WICHTIGER TEXT
Nicht so wichtiger
langweiliger
Text
0

Im Web ist der journalistische Stil adäquater, denn bei Webtexten gilt der Pyramidenstil sowohl für den Aufbau der Seite als auch für die Struktur des ganzen Textes und der einzelnen Absätze. Das Wichtigste gehört immer an den Anfang.

8.3 Grafisches Schreiben: Texte scannbar machen

Durch den Einsatz von Überschriften, Absätzen und Listen lockern Sie einen Text unabhängig von einer aufwändigen Formatierung optisch auf und bieten dem Auge des Betrachters beim Überfliegen der Seite Landeplätze an. Da man dabei nicht nur den eigentlichen Text, sondern auch dessen Aussehen im Visier haben sollte, spricht man von »grafischem« Schreiben.

Überschriften und Zwischenüberschriften

Überschriften sollten optisch auf den ersten Blick als solche erkennbar und ohne den Kontext verständlich sein. Eine Überschrift sollte ...

- ... erklären, wovon der Text handelt.
- ... in klarer Sprache geschrieben sein. Vorsicht mit Wortspielen.
- ... ohne einleitende Artikelwörter auskommen.

Für Zwischenüberschriften gelten textlich gesehen die gleichen Grundregeln. Wichtig ist lediglich, *dass* Sie Zwischenüberschriften benutzen, die den Text inhaltlich deutlich gliedern und ihn dabei optisch auflockern, sodass dem Leser der Schritt vom Scannen zum Skimmen erleichtert wird.

Schreiben Sie kurze Absätze

Bei Online-Texten sollte pro Absatz nur ein Gedanke beschrieben werden. Online-Leser hören manchmal mitten in einem Absatz einfach auf zu lesen und springen zum nächsten.

Heben Sie wichtige Worte hervor

Die Kernbegriffe eines jeden Absatzes sollten hervorgehoben werden:

- Benutzen Sie **Fettdruck**, um den Text bereits vor dem Lesen hervorzuheben.
- Setzen Sie Text *kursiv*, wenn er erst während des Lesens auffallen soll.

Am Bildschirm ist Kursivschrift besonders bei kleiner Schrift mit Vorsicht zu genießen.

Die folgende Abbildung zeigt eine Webseite, auf der die Hervorhebung im Fließtext intensiv eingesetzt wird:

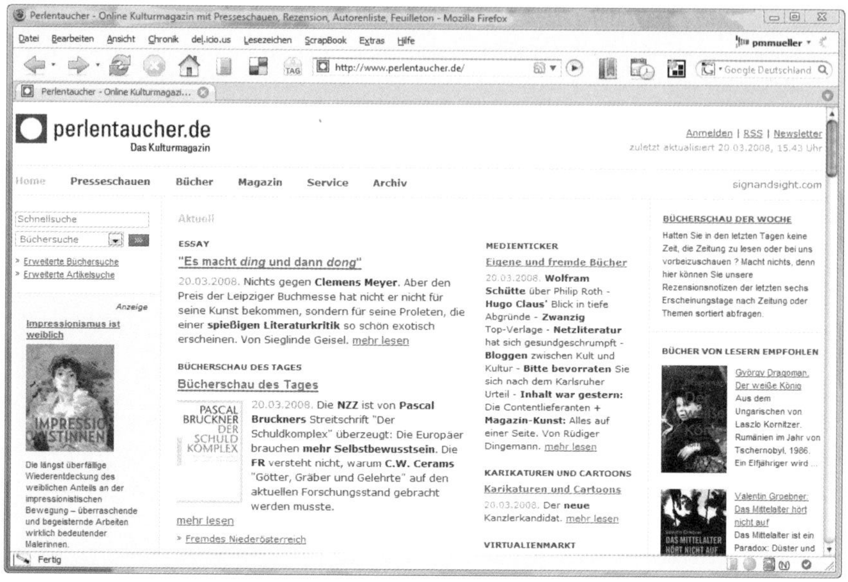

Abbildung 8.3: Hervorhebungen im Fließtext auf perlentaucher.de

Benutzen Sie Listen

Einer der wirklich einfachen und gleichzeitig wichtigsten Tipps zum Schreiben von Online-Texten lautet schlicht und einfach »Benutzen Sie Listen!«. Es gibt im Web wie in Word zwei verschiedene Arten von Listen, »Aufzählungen« und »Nummerierungen« genannt.

Eine Aufzählung bekommt vor jedem Listenelement einen Aufzählungspunkt und heißt im HTML *ungeordnete Liste* (engl. »unordered list«, `<ul>`):

- Eine ungeordnete Liste wird oft »Aufzählung« genannt.
- Dabei kommt überhaupt keine Zahl drin vor.

Eine Nummerierung, im HTML *geordnete Liste* genannt (engl. »ordered list«, `<ol>`) wird, nun ja, nummeriert:

1. Nummerierung geht los.
2. Nummerierung geht weiter.

Immer wenn ein Absatz eine Aneinanderreihung mehrere ähnlicher Begriffe enthält, sollten Sie überlegen, ob diese nicht als Liste dargestellt werden sollten.

Selbst eine Liste mit nur einem Aufzählungspunkt ist in Online-Texten keine Seltenheit und wird zum Beispiel benutzt, um einen Hyperlink vom Fließtext abzusetzen:

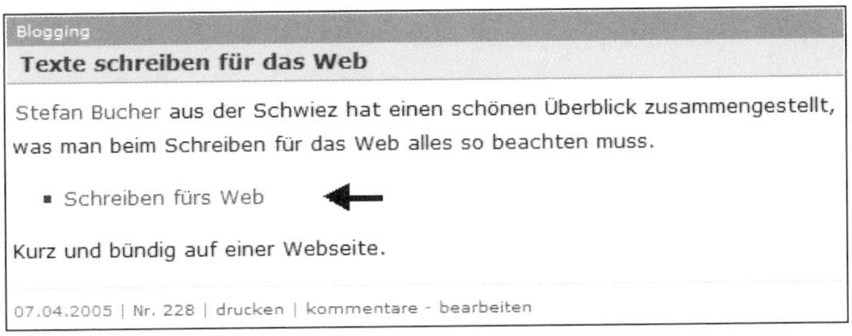

Abbildung 8.4: Auch eine Liste mit einem einzigen Aufzählungspunkt kann sinnvoll sein.

8.4 Abstände und Schriften: Fließtext gestalten

Der Einsatz von Überschriften, Absätzen, Hervorhebungen und Listen lockert den Text auf und macht ihn scannbar. In diesem Abschnitt geht es nun um die Gestaltung des Fließtextes.

Abstand halten im Fließtext

Nicht nur im Straßenverkehr gilt Abstand halten als eine sinnvolle Maßnahme, auch im Fließtext auf Webseiten, und zwar gleich im doppelten Sinne:

- Zwischen den Überschriften und Absätzen sollte genug Abstand sein, um Beginn und Ende deutlich erkennen zu lassen.
- Zwischen den Zeilen des Textes erhöht ein genügender Abstand das Lesevergnügen beträchtlich.

Die folgende Abbildung zeigt einen Fließtext mit minimalen Abständen:

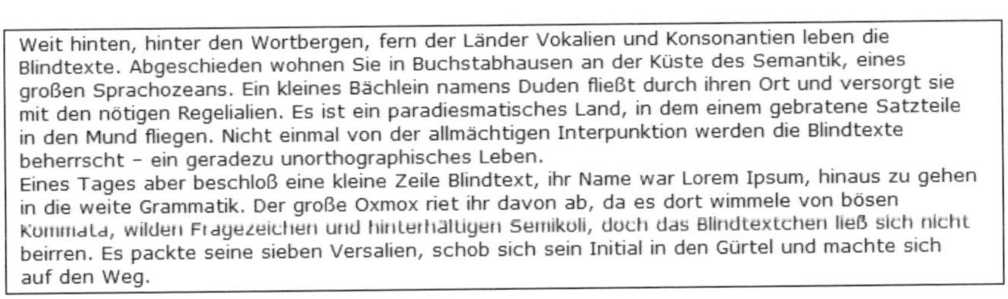
Weit hinten, hinter den Wortbergen, fern der Länder Vokalien und Konsonantien leben die Blindtexte. Abgeschieden wohnen Sie in Buchstabhausen an der Küste des Semantik, eines großen Sprachozeans. Ein kleines Bächlein namens Duden fließt durch ihren Ort und versorgt sie mit den nötigen Regelialien. Es ist ein paradiesmatisches Land, in dem einem gebratene Satzteile in den Mund fliegen. Nicht einmal von der allmächtigen Interpunktion werden die Blindtexte beherrscht – ein geradezu unorthographisches Leben.
Eines Tages aber beschloß eine kleine Zeile Blindtext, ihr Name war Lorem Ipsum, hinaus zu gehen in die weite Grammatik. Der große Oxmox riet ihr davon ab, da es dort wimmele von bösen Kommata, wilden Fragezeichen und hinterhältigen Semikoli, doch das Blindtextchen ließ sich nicht beirren. Es packte seine sieben Versalien, schob sich sein Initial in den Gürtel und machte sich auf den Weg.

Abbildung 8.5: Fließtext ohne jegliche Abstände

In der folgenden Abbildung sehen Sie denselben Text, aber mit Abständen zwischen den Absätzen und einem erhöhten Zeilenabstand:

> Weit hinten, hinter den Wortbergen, fern der Länder Vokalien und Konsonantien leben die Blindtexte. Abgeschieden wohnen Sie in Buchstabhausen an der Küste des Semantik, eines großen Sprachozeans. Ein kleines Bächlein namens Duden fließt durch ihren Ort und versorgt sie mit den nötigen Regelialien. Es ist ein paradiesmatisches Land, in dem einem gebratene Satzteile in den Mund fliegen. Nicht einmal von der allmächtigen Interpunktion werden die Blindtexte beherrscht – ein geradezu unorthographisches Leben.
>
> Eines Tages aber beschloß eine kleine Zeile Blindtext, ihr Name war Lorem Ipsum, hinaus zu gehen in die weite Grammatik. Der große Oxmox riet ihr davon ab, da es dort wimmele von bösen Kommata, wilden Fragezeichen und hinterhältigen Semikoli, doch das Blindtextchen ließ sich nicht beirren. Es packte seine sieben Versalien, schob sich sein Initial in den Gürtel und machte sich auf den Weg.

Abbildung 8.6: Fließtext mit Abständen zwischen Absätzen und Zeilen

Im Idealfall sind diese Abstände bereits bei der Gestaltung der Site im Stylesheet definiert, falls nicht, können Sie mit grundlegenden HTML- und CSS-Kenntnissen beim Schreiben notfalls selbst Hand anlegen.

Hinweis

Grundlegende HTML- und CSS-Kenntnisse

In »Little Boxes, Teil 1« lernen Sie die Grundlagen zur Gestaltung von Webseiten mit HTML und CSS kennen, die im Teil 2 vertieft werden. Abbildung 8.5 und Abbildung 8.6 stammen übrigens aus »Little Boxes, Teil 2«, und zwar aus dem Abschnitt »Inhalte gestalten« (Seite 219). Dort wird auch erklärt, wie das in CSS umgesetzt wird.

Sie können nicht jede Schriftart benutzen

Eine bei der Gestaltung einer Webseite gewünschte Schriftart kann im Browser des Besuchers nur dargestellt werden, wenn sie auf dessen Computer auch installiert ist. Da man nie weiß, welche das sind, muss man bei der Wahl der Schriftarten entsprechend vorsichtig zu Werke gehen, denn wenn man das nicht tut, können allerlei seltsame Dinge passieren.

Im folgenden Beispiel wurde der Text mit den Schriftarten *Comic Sans*, *Lucida Handwriting* und *Wingdings* formatiert:

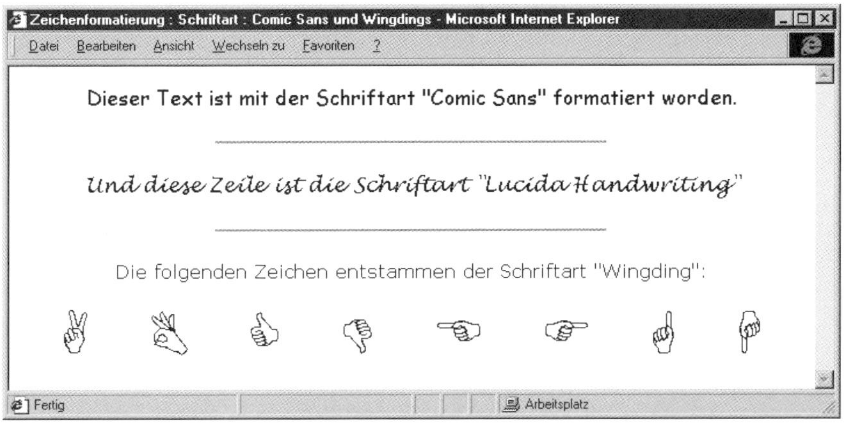

Abbildung 8.7: Die Webseite auf einem Rechner mit den Schriftarten

Wenn diese Schriftarten auf dem Computer des Besuchers nicht installiert sind, sieht dieselbe Webseite mit demselben Quelltext so aus:

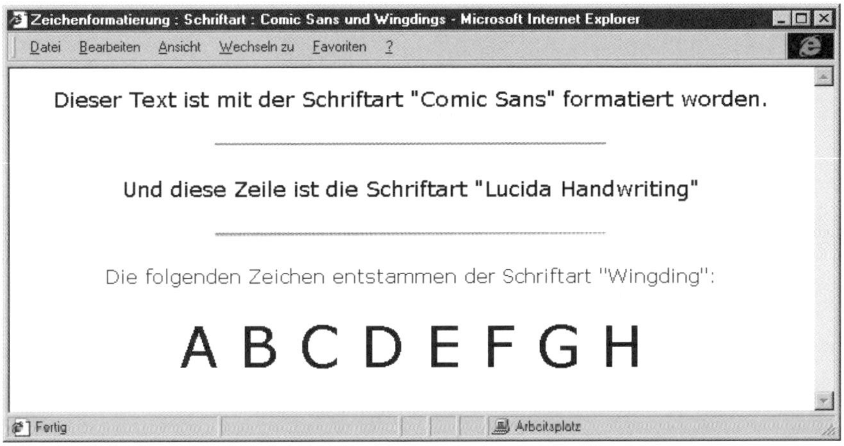

Abbildung 8.8: Die Webseite auf einem Rechner ohne die Schriftarten

Im Klartext: Verabschieden Sie sich schon mal vorsichtig von einer eventuell vorhandenen Hausschrift, die Sie auf Ihren Webseiten auch gerne hätten. Für den Fließtext geht das nicht. Für die Überschriften wäre es machbar, ist aber mit zum Teil beträchtlichem Aufwand verbunden. Stichworte sind »Image Replacement« oder »sIFR« (»scalable Inman Flash Replacement«).

Weil man nie weiß, welche Schriften beim Besucher installiert sind, gibt man dem Browser übrigens eine Wunschliste von Schriftarten mit, die er von links nach rechts abarbeitet. Das könnte zum Beispiel so aussehen:

```
body { font-family: Verdana, Helvetica, Arial, sans-serif; }
```

Für den Browser bedeutet diese Zeile »Bitte formatiere den Text im sichtbaren Bereich der Webseite mit der Schriftart *Verdana*. Wenn du die nicht finden kannst, suche nach *Helvetica* oder *Arial*. Gibt's das auch nicht, dann nimm irgendeine Schriftart, Hauptsache *ohne Serifen*.«

Hinweis

Putting the Sans in Comic Sans

Im Beispiel habe ich der Deutlichkeit halber die Schriftart Comic Sans verwendet. Besonders Einsteiger in die Computerei finden diese Schriftart sehr attraktiv, wahrscheinlich weil sie auf den ersten Blick so uncomputerhaft wirkt. Falls Sie auch dazu gehören, sollten Sie der Versuchung widerstehen, sie auf Ihren Webseiten einzusetzen. Es wirkt einfach unprofessionell. Falls Sie Comic Sans eher nicht so mögen:

- *http://www.bancomicsans.com/*

Schnörkel oder nicht Schnörkel: Schriften und Serifen

Alle Schriftarten können in vier verschiedene Schriftfamilien eingeteilt werden:

- Schriftarten mit Häkchen (Serifen), z. B. Times New Roman oder Georgia
- Schriftarten ohne Häkchen (Sans Serif), z. B. Verdana, Arial oder Helvetica
- Schreibmaschinenschriften, z. B. Courier New
- Symbolschriften, z. B. Wingdings oder Zapf Dingbats

Im Printbereich sind die Überschriften oft in Schriftarten *ohne* Serifen (z. B. Helvetica) gehalten. Der Fließtext hingegen bekommt eine Schriftart *mit* Häkchen (wie Times New Roman), da die Häkchen die Buchstaben verbinden und den Text so besser lesbar machen.

Auf dem Bildschirm ist es eher umgekehrt:

- Für den Fließtext sind Schriften ohne Serifen besser lesbar, denn wegen der geringen Auflösung verbinden die Häkchen die Buchstaben nicht, sondern wirken matschig.
- Bei den Überschriften können Sie am Bildschirm Serifenschriften einsetzen, da viele Sans-Serifen-Schriften bei hohem Schriftgrad zu knallig wirken.

Die folgende Abbildung zeigt eine Übersicht der wichtigsten Schriftartnamen, die auf Windows- und Mac-Rechnern meistens zur Verfügung stehen:

Windows fonts / Mac fonts / *Font family*

Normal style
Arial, Arial, Helvetica, *sans-serif*
Arial Black, Arial Black, Gadget, *sans-serif*
Comic Sans MS, Comic Sans MS[5], *cursive*
Courier New, Courier New, Courier[6], *monospace*
Georgia[1], Georgia, *serif*
Impact, Impact[5], Charcoal[6], *sans-serif*
Lucida Console, Monaco[5], *monospace*
Lucida Sans Unicode, Lucida Grande, *sans-serif*
Palatino Linotype, Book Antiqua[3], Palatino[6], *serif*
Tahoma, Geneva, *sans-serif*
Times New Roman, Times, *serif*
Trebuchet MS[1], Helvetica, *sans-serif*
Verdana, Verdana, Geneva, *sans-serif*
Symbol, Symbol (Symbol[2], Symbol[2])
Webdings, Webdings (Webdings[2], Webdings[2])
Wingdings, Zapf Dingbats (Wingdings[2], Zapf Dingbats[2])
MS Sans Serif[4], Geneva, *sans-serif*
MS Serif[4], New York[6], *serif*

Abbildung 8.9: Fonts auf Windows und Macintosh. Links normal, rechts fett.

Die Abbildung stammt aus dem im Juni 2008 geschriebenen Artikel »Common fonts to all versions of Windows & Mac equivalents« von Alberto Martinez Perez:

- *http://ampsoft.net/webdesign-l/WindowsMacFonts.html*

Dort können Sie auch die in der Abbildung enthaltenen Fußnoten nachlesen.

Hinweis

Schriftarten auf Webseiten unter der Lupe

Gerrit van Aaken hat einen sehr ausführlichen Artikel über den Einsatz von Schriftarten auf Webseiten geschrieben: »HTML-Schriften unter der Lupe«. Darin wird auch kurz auf die neuen Fonts von Windows Vista eingegangen:

- *http://praegnanz.de/essays/typo-im-web-html-schriften-unter-der-lupe*

8.5 Der Umgang mit Hyperlinks

Links, Hyperlinks, Verknüpfungen und Verweise – viele Wörter für dieselbe Sache. Beim Einsatz von Hyperlinks sollten Sie unter anderem die nachfolgend erläuterten Punkte beachten.

Linken Sie nicht nur des Linkens wegen

Hyperlinks mitten in einem Fließtext unterbrechen den Fluss des Textes und stören den natürlichen Rhythmus des Lesens. Die Wirkung eines Links ist ungefähr so, als ob Sie in einer Unterhaltung ab und zu einzelne Wörter oder Phrasen unvermittelt laut schreien und dann wieder ganz normal weitersprechen. Es wird dadurch nicht unbedingt leichter, Ihnen zu folgen.

Links sind besonders im Fließtext ein zweischneidiges Schwert: Sie haben mit viel Mühe einen Text geschrieben und jeder Link ruft dem Besucher ein »Klick mich!« zu.

Anders ausgedrückt: Nur weil zufällig das Wort »Kaffee« in Ihrem Text vorkommt, müssen Sie nicht gleich einen Link zum entsprechenden Wikipedia-Artikel setzen. Ein Link sollte dem Leser immer einen Mehrwert bieten, der mit dem ursprünglichen Inhalt in Zusammenhang steht.

Eine Alternative wäre es zum Beispiel, die Links am Ende eines Artikels in einer Linkliste zusammenzufassen. Dann kann der Leser in Ruhe zu Ende lesen und hat trotzdem alle Informationen parat.

Das »Hier«-Syndrom: *Klicken Sie hier*

Sicherlich sind Ihnen im Web schon Sätze wie der folgende begegnet:

- Weitere Informationen zu unserem Angebot für den Aeron erhalten Sie hier.

Das Wort »hier« ist verlinkt und springt dem Leser ins Auge, verrät aber mit keinem Wort, was den Klickenden am anderen Ende erwartet. Diese vier Buchstaben scheinen Links übernatürlich anzuziehen und sind in gleichem Maße überhaupt nicht dazu geeignet. Unterstreichen Sie alles, aber nicht die vier Buchstaben h-i-e-r.

Heben Sie Wörter als Link hervor, die den Inhalt des Sprungziels möglichst genau charakterisieren:

- Bei Bedarf erhalten Sie weitere Informationen zu unserem Angebot für den Aeron.

Durch leichte Umformulierungen lässt sich fast immer ein vernünftiger Link bauen. Im Kapitel über das Schreiben für Maschinen wird auf Seite 194 erklärt, warum das Hier-Syndrom auch bei der Platzierung in den Suchmaschinen eine verpasste Chance bedeutet.

Der Aeron ist übrigens ein Stuhl. Weitere Informationen finden Sie hier. Oder auf der Website *aeronchair.de*.

Benutzen Sie Linklisten

Listen wurden als Stilmittel ja schon vorgestellt. Listen mit einem Hyperlink pro Aufzählungspunkt werden »Linklisten« genannt, und Linklisten bieten dem Leser den Mehrwert des Hypertextes, ohne den Lesefluss zu stören:

- Forumsbeitrag zum Thema Dürfen bei IKEA Hunde mit rein?
- Artikel Verkaufsoffene Sonntage (mit aktuellen Terminen)
- Artikel Park And Ride am Sontweg (hinter IKEA)

Abbildung 8.10: Eine einfache Linkliste

Eine solche Linkliste ist sehr flexibel einsetzbar: Sie können sie innerhalb eines Fließtextes zur Auflockerung benutzen oder am Ende eines Beitrages zur Zusammenfassung der wichtigsten Links. Oder zum Beispiel, um auf ähnliche Beiträge oder Produkte zu verweisen, die den Besucher auch interessieren könnten.

Beschreiben Sie Downloadlinks deutlich

Haben Sie schon mal auf einen Link geklickt, nur um dann festzustellen, dass der Adobe Reader gestartet wird und der Rechner für Sekunden bis Minuten lahmgelegt ist?

Wenn ein Link zu einer externen Datei führt, sollten Sie hinter dem Link Dateiformat und Dateigröße vermerken, damit der Surfer weiß, was ihn erwartet, *bevor* er klickt. Zum Beispiel so:

- Download: Little Boxes – Teil 1 – Inhaltsverzeichnis (PDF, 10 Seiten, 612 Kb)

Hyperlinks können im CSS auch durch eine kleine Grafik wie z. B. das PDF-Symbol gekennzeichnet werden.

8.6 Schreiben im Web: Beispiel und Übung

In diesem Abschnitt möchte ich Ihnen ein klassisches Beispiel zum Schreiben von Webtexten zeigen. Danach haben Sie die Gelegenheit, in einer kleinen Übung ein Rezept zur Erstellung einer Caipirinha auf ähnliche Weise zu optimieren.

Beispiel: Zürich, die Stadt, die die Römer Turicum nannten ...

Stefan Bucher hat auf seiner Website ein bekanntes Beispiel zur Optimierung von Webtexten von Jakob Nielsen eingedeutscht und verschiedene Versionen eines kurzen Textes miteinander verglichen.

Ausgangspunkt ist ein Text, den man so in einer gedruckten Werbebroschüre finden könnte, blumig geschrieben, ausschweifend und voller emotionaler Adjektive:

Beispiel

Werbesprache

Zürich, die Stadt, die die Römer Turicum nannten, ist die wahre Perle an der Limmat. Neben weiträumigen Parkanlagen am See bietet diese grüne Lunge einladende Flaniermeilen und verführerische Freizeitparks. Zu den beliebtesten Sehenswürdigkeiten, die kein Zürichbesucher verpassen sollte, gehören der Chinagarten, der Lindenhof, die Fraumünsterkirche mit den weltberühmten Chagall-Fenstern. Und natürlich nicht zu vergessen ist die Bahnhofstraße, die unzählige Geschäfte der Haut Couture beheimatet.

Die folgende Variante hat inhaltlich dieselbe Aussage, ist aber wesentlich kürzer, hat eine scannbare Gestaltung und benutzt eine sachliche Sprache:

Beispiel

Kurzer Text, scannbar und sachliche Sprache

Die bei Touristen beliebtesten Sehenswürdigkeiten Zürichs:

- Parkanlagen am See
- Chinagarten
- Lindenhof
- Fraumünsterkirche mit Chagall-Fenstern
- Bahnhofstraße

Jakob Nielsen hat diese beiden und noch ein paar andere Varianten des Textes genau untersucht und kam zu dem Schluss, dass der zweite Text gegenüber dem ersten eine um 124% verbesserte Benutzbarkeit hat. Diese Feststellung beruht auf zwei Komponenten:

- Erstens steigt in Variante 2 die Chance, dass der Text *überhaupt gelesen* wird.
- Zweitens behalten die Leser nach der Lektüre *mehr Einzelheiten*.

Das komplette Beispiel mit diversen Zwischenschritten können Sie sich im Web anschauen:

- Das Originalbeispiel von Jakob Nielsen (über Nebraska): *http://www.useit.com/alertbox/9710a.html*
- Die deutsche Version von Stefan Bucher (über Zürich): *http://stefanbucher.net/tutorial/textefuersweb/*

Übung: Rezept für Caipirinha übersichtlich gestalten

Die folgende Übung können Sie mit Word oder einer beliebigen Textverarbeitung machen, da es dabei ausnahmsweise nur um den optischen Eindruck des Textes geht und nicht um die Verwendung der richtigen HTML-Elemente. Deren Bedeutung lernen Sie im Kapitel über das Schreiben im Web für Maschinen kennen (ab Seite 191).

Für die Übung gibt es nicht *die* eine richtige Lösung. Nehmen Sie die Sache nicht zu ernst, denn es soll in erster Linie – genau wie das Trinken einer Caipirinha – Spaß machen. Hier nun die Aufgabe:

- Gestalten Sie das folgende Caipirinha-Rezept durch den Einsatz von Überschriften, Absätzen, Hervorhebungen und Listen möglichst übersichtlich.
- Sie können den Text gerne im Sinne einer einfachen Sprache umformulieren, sollten aber vorerst keine Grafiken hinzufügen.

Und hier das Rezept:

> *Caipirinha. Eine Warnung vorweg: Caipirinha wirkt sehr erfrischend und man schmeckt ihr den Alkohol nicht an. Dabei stecken je nach Mischung 50% davon in ihr. Also Vorsicht ab dem zweiten Drink, besonders an heißen Tagen.*
>
> *Für eine Caipirinha braucht man eine besondere, grüne Zitronenart namens Limetten, braunen oder (besser) weißen Zucker, Cachaça (Zuckerrohrschnaps) und zerstoßenes Eis oder Eiswürfel. Statt Cachaça können Sie notfalls auch Wodka oder weißen Rum nehmen. An Utensilien für die Zubereitung werden ein Messer, Gefäß und Stampfer zum Zerstampfen der Limetten und idealerweise ein Cocktail-Shaker benötigt. Waschen Sie die Limetten (1 pro Drink) und trennen Sie die Enden ab. Achteln Sie die Limetten mit dem Messer und geben Sie die Stücke zusammen mit dem Zucker (2–3 Teelöffel) in ein Glas. Zerstampfen Sie die Limetten, bis der Saft raus ist und der Zucker sich aufgelöst hat. Geben Sie jetzt den Zuckerrohrschnaps hinzu, je nach Tagesform ein Drittel bis die Hälfte. Diese Mischung geben Sie zusammen mit dem Eis in den Shaker und schütteln das Ganze kräftig durch. Die fertige Caipirinha ins Glas geben und trinken. Saúde!*

Solche Textwüsten gibt es wirklich auf Webseiten. Achten Sie einfach mal darauf. Eine Beispiellösung finden Sie übrigens auf der nächsten Seite.

8.7 Lösung: Rezept für Caipirinha

Es gibt wie gesagt nicht *die* richtige Lösung, aber hier folgt ein Beispiel, wie so etwas aussehen könnte:

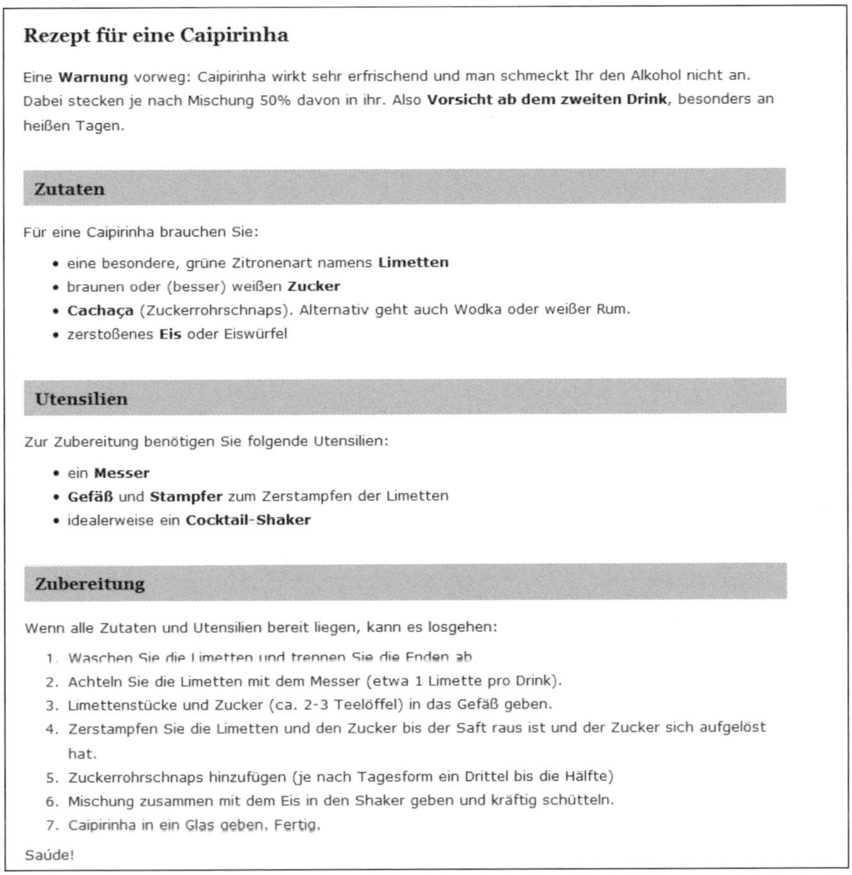

Rezept für eine Caipirinha

Eine **Warnung** vorweg: Caipirinha wirkt sehr erfrischend und man schmeckt Ihr den Alkohol nicht an. Dabei stecken je nach Mischung 50% davon in ihr. Also **Vorsicht ab dem zweiten Drink**, besonders an heißen Tagen.

Zutaten

Für eine Caipirinha brauchen Sie:

- eine besondere, grüne Zitronenart namens **Limetten**
- braunen oder (besser) weißen **Zucker**
- **Cachaça** (Zuckerrohrschnaps). Alternativ geht auch Wodka oder weißer Rum.
- zerstoßenes **Eis** oder Eiswürfel

Utensilien

Zur Zubereitung benötigen Sie folgende Utensilien:

- ein **Messer**
- **Gefäß** und **Stampfer** zum Zerstampfen der Limetten
- idealerweise ein **Cocktail-Shaker**

Zubereitung

Wenn alle Zutaten und Utensilien bereit liegen, kann es losgehen:

1. Waschen Sie die Limetten und trennen Sie die Enden ab.
2. Achteln Sie die Limetten mit dem Messer (etwa 1 Limette pro Drink).
3. Limettenstücke und Zucker (ca. 2-3 Teelöffel) in das Gefäß geben.
4. Zerstampfen Sie die Limetten und den Zucker bis der Saft raus ist und der Zucker sich aufgelöst hat.
5. Zuckerrohrschnaps hinzufügen (je nach Tagesform ein Drittel bis die Hälfte)
6. Mischung zusammen mit dem Eis in den Shaker geben und kräftig schütteln.
7. Caipirinha in ein Glas geben. Fertig.

Saúde!

Abbildung 8.11: Beispiel für die übersichtliche Aufbereitung eines Caipirinha-Rezeptes

Überschriften, Listen, Absätze und Hervorhebungen plus ein größerer Zeilenabstand und eine gut lesbare Schriftart. So schwer ist Schreiben im Web für Menschen gar nicht.

8.8 Auf einen Blick

Die wichtigsten Punkte dieses Kapitels im Überblick:

- Webseiten werden nicht Wort für Wort gelesen, sondern überflogen.
- Auf der Suche nach relevanten Informationen durchlaufen Surfer drei Phasen
  - Scannen (Überfliegen)
  - Skimmen (Zwischenlanden)
  - Lesen (konzentriert Informationen aufnehmen)
- Um die Verständlichkeit von (Web-)Texten beurteilen zu können, gibt es das Hamburger Verständlichkeitsmodell.
- Für Webseiten, Webtexte und einzelne Absätze gilt gleichermaßen das Prinzip »Das Wichtigste gehört an den Anfang«.
- Grafisches Schreiben lockert Webtexte auf: Überschriften, kurze Absätze, Hervorhebungen, Listen und Hyperlinks.
- Im Fließtext sollten die Abstände zwischen den Zeilen und zwischen den Absätzen groß genug sein.
- Serifenlose Schriften sind bei kleinen Schriftgraden am Bildschirm besser zu lesen.

Kapitel 9

Schreiben im Web für Maschinen

Worin Sie erfahren, wie Texte im Web von Maschinen gelesen werden und worauf man beim Schreiben der Texte achten muss, damit man über Suchmaschinen gefunden wird.

Eine Besonderheit beim Schreiben von Texten fürs Web ist, dass diese nicht nur von Menschen, sondern auch von Maschinen gelesen werden, insbesondere natürlich von Suchmaschinen.

Die Themen im Überblick

- Wie Maschinen im Web lesen, Seite 188
- Grafisches Schreiben hilft auch bei Suchmaschinen, Seite 191
- Nicht zugänglich: Wie Sie sehen, sehen Sie nichts, Seite 195
- Ranking: Bei Google auf Platz 1 ..., Seite 196
- Auf einen Blick, Seite 204

Dieses Kapitel will kein Handbuch zur Suchmaschinen-Optimierung sein, sondern nur einen kurzen Einblick darin geben, wie man durch webgerechtes Schreiben von Texten das Ranking bei den Suchmaschinen positiv beeinflussen kann.

Für dieses Kapitel benötigen Sie nur einen Browser.

9.1 Wie Maschinen im Web lesen

Webseiten werden wie bereits erwähnt nicht nur von Menschen gelesen, sondern auch von Maschinen, insbesondere von Suchmaschinenrobots.

Robots sammeln den Quelltext der Webseiten ein

Wenn Sie bisher alles gelesen haben, dann wissen Sie schon ein bisschen über Suchmaschinen und ihre Robots:

- Suchmaschinen haben *Robots* (auch *Crawler* oder *Spider*) genannte Programme, die eine Liste mit URLs bekommen, den Quelltext der besuchten Seiten einsammeln und in der Datenbank der Suchmaschine speichern (Seite 40).
- Suchmaschinenrobots können nicht lesen, nicht hören, nicht denken und nicht klicken (Seite 91).

Für einen Suchmaschinenrobot sieht eine Webseite denn auch etwas anders aus als für einen menschlichen Besucher. Der Anfang des ARD-Artikels über Suchmaschinen von Abbildung 1.11 auf Seite 33 sieht für einen Suchmaschinenrobot ungefähr so aus:

SEO Tools : Search Engine Spider Simulator

Spidered Text :
Internet-Recherche: Mehr finden als "Google" erlaubt Zur Haupt-Navigation der ARD. Zum Inhalt. Weitere ARD Online-Angebote. ARD Home Nachrichten Sport Börse Ratgeber Boulevard Kultur Kinder Fernsehen Radio ARD Mediathek ARD Intern 30.07.2008 Kontakt | Hilfe | Impressum Suche im Internet-Angebot der ARD Suchbegriff: ratgeber.ard.de:Finanzen & RechtGesundheitMultimediaInternetTelefon & HandyBild & TonComputer Essen & TrinkenHaus & GartenFamilie & LebenAuto & Verkehr ARD-Themenwochen Demografischer Wandel Kinder sind Zukunft Leben mit Krebs http://www.ard.de/-/id=591166/omkvdw/index.html Internet Internet-Recherche Mehr finden als "Google" erlaubt Rafael Bujotzek, Frauke Scholl Beginn des Inhaltes Wer im Internet etwas sucht, der "googelt" meist. Tatsächlich aber liefert "Google" oft kein wirklich gutes Suchergebnis ab. Tipps für professionelle Suchstrategien, Suchmöglichkeiten und Werkzeuge für Suchmaschinen. Mal ist das Suchergebnis zu groß und man sieht den Wald vor lauter Bäumen nicht mehr, dann wieder ist das Ergebnis zu dürftig oder die Seiten sind nicht mehr aktuell bzw. nicht mehr zu erreichen. Auch der gute Ruf des derzeitigen Suchmaschinenmarktführers "Google" tröstet nicht über die Tatsache hinweg, dass man oft nicht - und wenn, dann nur über Umwege - beim gewünschten Ergebnis landet.Dazu kommt, dass Suchmaschinen ("Google", Yahoo und alle anderen auch) nicht alle Informationen finden, die das Internet bietet. So werden beispielsweise dynamische Seiteninhalte, die erst auf Suchanfrage geliefert werden, Foren-Inhalte, kostenpflichtige Artikel oder nicht verlinkte Seiten von Suchmaschinen nicht gefunden. Insgesamt - so schätzen Experten - werden im Internet mehr Informationen nicht gefunden als gefunden.Suchmaschinen durchforsten nicht das gesamte Internet, sondern nur die Seiten, die in ihrem Index, in ihrem selbst erstellten Inhaltsverzeichnis des Internets, zu finden sind. Den Index erstellen so genannte "Crawler", spezielle Programme der Suchmaschinenbetreiber. Sie gehen auf die Jagd nach neuen Internetseiten, die sie im Index unter allen möglichen Stichworten ablegen. Dabei folgen sie auf den ihnen bekannten Webseiten einem Link nach dem anderen. Wie häufig diese Crawler das Suchen wiederholen, entscheidet über die Aktualität des Indexes und ausgespielte Ergebnisse.Suche ohne ErgebnisOft liegt das schlechte Suchergebnis aber auch am Nutzer selbst. War die Anfrage zu ungenau, ist das Ergebnis oft ernüchternd schlecht. Schnell lernt man daher, dass nur eine präzise Suchanfrage ein genaues Ergebnis liefert. Doch selbst wenn man ganz genau beschreibt, was man möchte, landet man nicht zwangsläufig beim richtigen Ergebnis. Ein Computer versteht keine Zusammenhänge. So kann man bei der Suche nach einer "Mutter" (gesucht ist das Metallteil für ein Fahrrad) schnell bei "Mutter Teresa" landen.Fest steht: Die Anzahl an Suchmaschinen ist so vielfältig wie das Internet selbst, und nicht jede liefert gleich gute Ergebnisse. Im Kampf um die meisten Nutzer erweitern die Suchmaschinen ihr Angebot stetig mit Spezialangeboten: Bilder-, Video- oder Audiosuche, dazu Nachrichten-Suchdienste und Service-Informationen, Online-Shopping oder interaktive Funktionen wie Blogs und E-Mail-Konten.Fazit: Suchmaschinen sind zwar gute Informationsquellen, bieten Nutzern aber nicht nur Vorteile. Außerdem sollte jeder Internetnutzer wissen:Suchmaschinen manipulieren den eigenen Index: Vom Betreiber unerwünschte Suchergebnisse können so dem Nutzer vorenthalten werden. Zwei Beispiele, die "Google" betreffen: Aufgrund von Zensurgesetzen musste sich der Suchmaschinen-Betreiber in China der Regierungspropaganda beugen und kritische Artikel verbannen. In Deutschland warf "Google" nach einem Manipulationsvorwurf für einige Zeit die Seite des Autobauers BMW aus dem Index.Suchmaschinen sammeln Daten: Mit jeder Suchanfrage gibt der Nutzer seine persönlichen Interessen preis.

Abbildung 9.1: So etwa sieht ein Suchmaschinenrobot eine Webseite.

Dieser Text wird zusammen mit der entsprechenden URL in der Datenbank der Suchmaschine gespeichert.

Hinweis

Links zu Suchmaschinensimulatoren

Falls Sie einen solchen *Search Engine Simulator* einmal selbst ausprobieren möchten, hier ein paar URLs:

- *http://webconfs.com/search-engine-spider-simulator.php*
- *http://webmaster-toolkit.com/search-engine-simulator.shtml*
- *http://linkvendor.com/seo-tools/se-spider.html*

Oder Sie geben bei Google ins Suchfeld *search engine simulator* ein.

Suchmaschinen lesen den head-Bereich der Webseite

Der Quelltext besteht überwiegend aus HTML. HTML-Elemente teilen jede Webseite in zwei große Bereiche:

- `head`

  Der Head ist eine Art Vorspann, der im Quelltext zwischen den Anweisungen `<head>` und `</head>` liegt. In diesem Bereich gibt es Elemente wie zum Beispiel `title` und `meta`, die zum Teil im Browserfenster nicht sichtbar, aber trotzdem wichtig sind.

- `body`

  Dieser Bereich beginnt mit `<body>`, endet mit `</body>`, enthält den im Browserfenster sichtbaren Teil des Quelltextes und ist oft in Kopf-, Navigations-, Inhalts- und Fußbereich unterteilt.

Abbildung 9.2 zeigt den Quelltext des in Abbildung 1.11 auf Seite 33 dargestellten Artikels mit markiertem `head` und `body`:

Auch wenn die menschlichen Surfer den Quelltext meist nicht zu Gesicht bekommen, die Programme unter den Besuchern interessieren sich sehr dafür und während Menschen meist nur den im Browserfenster sichtbaren `body` lesen, sehen Suchmaschinenrobots immer auch den unsichtbaren `head`-Bereich.

Wie auf Seite 53 erwähnt, analysieren Suchmaschinen den ganzen Quelltext einer Webseite, auch den im Browserfenster unsichtbaren `head`-Bereich. Hier sind insbesondere der `title` und einige `meta`-Elemente von Bedeutung.

Abbildung 9.2: head und body im Quelltext

Der `title` im `head`-Bereich ist eines der am meisten unterschätzten HTML-Elemente und enthält einen kurzen Text, der unter anderem auf den Ergebnisseiten der Suchmaschinen als dicker blauer Hyperlink oberhalb eines Treffers wieder auftaucht.

Abbildung 9.3: »Neue Seite 1« – Ein suboptimaler Titel für eine Webseite

Ein guter Titel ist kurz (fünf bis sieben Worte) und beschreibt den Inhalt der Webseite, wenn man diese *nicht* sieht. Ein paar wichtige Begriffe, die den Inhalt der Webseite beschreiben und den Namen der Firma oder der Site. *Texten für das Web – infotekten.de* ist besser als *Neue Seite 1* (siehe Abbildung 9.3).

Hinweis

Die meta-Elemente

In »Little Boxes, Teil 2« wird ab Seite 28 geschildert, wie Sie die Elemente mit `<meta name="robots" …>` und `<meta name="description" …>` einsetzen. Im Web bekommen Sie unter anderem in Michael Jendryschiks hervorragender Einführung ins Webdesign gute Hinweise (gibt es übrigens auch als Buch):

- *http://jendryschik.de/wsdev/einfuehrung/xhtml/meta*

9.2 Grafisches Schreiben hilft auch bei Suchmaschinen

Auf Seite 42 hatte ich erwähnt, dass Suchmaschinen nur Buchstaben vergleichen. Die Grundfrage für die Suchmaschine lautet also, *ob* die Suchbegriffe im Quelltext der Webseite vorkommen. Falls sie auftauchen, wird dann noch untersucht, *wo* genau auf der Seite die Suchbegriffe stehen. Aber der Reihe nach.

Sprechen Sie die Sprache Ihrer Benutzer

Beim Schreiben eines Webtextes sollten Sie sich vorstellen, welche Suchbegriffe der gewünschte Leser benutzen würde, um diesen Artikel zu finden, und diese Begriffe, auch *Keywords* genannt, sollten im Text vorkommen. Anders ausgedrückt:

- Benutzen Sie Wörter, die den Suchanfragen der Benutzer entsprechen.

Menschen suchen zum Beispiel wahrscheinlich eher nach »Billigflieger« als nach »preiswerten Discountflügen«.

Beim Erstellen von Wortfeldern rund um die Suchbegriffe können Sie ganz einfach den Thesaurus von Word (Wort markieren und ⇧+F7 drücken) benutzen. Für speziellere Ansprüche ist ein *Key-*

word Generator, wie Google ihn im Rahmen seiner Werbeprogramme AdSense und Adwords anbietet, natürlich viel besser geeignet.

Dabei sollten Sie aber nicht übertreiben und statt eines lesbaren Textes eine gestelzte Anhäufung von Suchbegriffen kreieren. Erstens wird Ihr Text von Maschinen *und* von Menschen gelesen und zweitens mögen es weder Menschen noch Maschinen, wenn sie merken, dass sie veräppelt werden.

Einige HTML-Elemente sind wichtiger als andere

Für das Ranking in den Suchmaschinen ist also nicht nur wichtig, *dass* der Suchbegriff auf der Webseite gefunden wird, sondern auch *in welchem HTML-Element* er steht. Folgende Elemente sind dabei von besonderer Bedeutung:

- Der Titel der Webseite zwischen `<title>` und `</title>`
- Überschriften: `<h1>` bis `<h6>`
- Hervorgehobener Text: `<strong>` und `<em>`
- Text in Hyperlinks: `<a href="">Anklickbarer Text</a>`
- Die Beschreibung der Webseite: `<meta name="description" ...>`

Einige dieser Elemente möchte ich Ihnen im Folgenden kurz vorstellen.

Suchbegriffe in Überschriften

Im Abschnitt »Grafisches Schreiben« ab Seite 172 ging es um den Einsatz von Überschriften, Absätzen, Hervorhebungen, Listen und Hyperlinks, um einen Text für Menschen möglichst übersichtlich und scannbar zu gestalten.

Den Suchmaschinen ist es zwar herzlich egal, ob der Text übersichtlich und scannbar ist, denn sie können sowieso nicht lesen, aber trotzdem ist der Einsatz von Überschriften, Absätzen, Hervorhebungen, Listen und Hyperlinks auch beim Schreiben für Suchmaschinen hilfreich.

Suchmaschinen bewerten in Überschriften gefundene Suchbegriffe höher als solche in normalem Fließtext. Für eine Suchmaschine ist eine Textstelle eine Überschrift, wenn sie im Quelltext in den HTML-Elementen für Überschriften (`h1` bis `h6`) steht.

Folgendes Beispiel zeigt zwei Sätze, die im Browserfenster fast identisch aussehen:

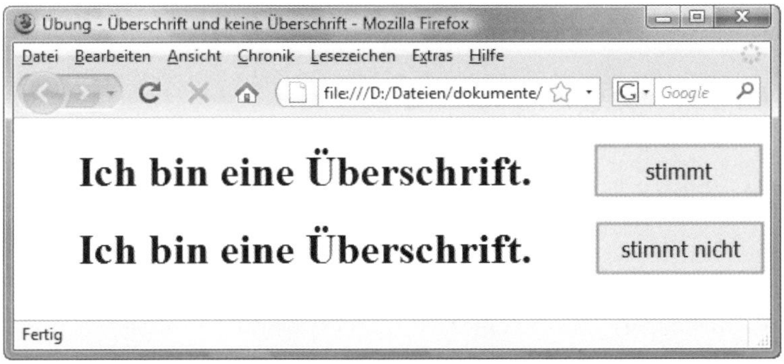

Abbildung 9.4: Die erste Überschrift ist eine, die zweite nicht.

Die erste Überschrift in der Abbildung ist tatsächlich eine Überschrift, denn im Quelltext wird das HTML-Element `h1` eingesetzt, das für die wichtigste Überschrift auf einer Seite gedacht ist:

```
<h1>Ich bin eine Überschrift</h1>
```

Listing 9.1: So kann im HTML-Quelltext eine Überschrift aussehen.

Die zweite Überschrift sieht der ersten zwar sehr ähnlich, ist aber keine Überschrift, denn im Quelltext findet sich nur das Absatzelement `p`, ein völlig veralteter Befehl zur Vergrößerung der Schrift (`font`) und eines zum Einfetten (`b` für *bold*):

```
<p><font size="7"><b>Ich bin eine Überschrift</b></font></p>
```

Listing 9.2: Das ist keine Überschrift, sondern großer, fetter Text.

Eine Schwalbe macht noch keinen Sommer und großer fetter Text noch keine Überschrift, denn wie Text auf der Webseite aussieht spielt für die Suchmaschine keine Rolle. Wichtig sind nur die HTML-Elemente im Quelltext, und Text gilt nur als Überschrift, wenn er in einem Überschriften-Element enthalten ist (`h1` bis `h6`).

Hinweis

Mehr zu HTML in »Little Boxes, Teil 1«

Falls Ihnen das Gerede über HTML-Elemente so gut wie nichts sagt: »Little Boxes, Teil 1« beginnt mit einer kurzen Einführung in HTML, in der Sie die Grundlagen lernen. HTML ist nicht schwer, aber wichtig.

Suchbegriffe in Hervorhebungen

Auf Seite 173 haben Sie gelesen, dass wichtige Begriffe im Fließtext hervorgehoben werden sollten, damit das Auge des Lesers sie auf den ersten Blick findet. Maschinen haben keine Augen und können nicht lesen, aber im Quelltext achten sie auf die HTML-Elemente zur Hervorhebung von Textstellen:

- `strong` bedeutet stark hervorheben und wird in visuellen Browsern **fett** gedruckt.
- `em` steht für *emphasize*, auf Deutsch betonen; wird meist *kursiv* dargestellt.

Die Hervorhebung von wichtigen Begriffen hilft also nicht nur dem menschlichen Leser, sondern auch dem maschinellen. Ähnliches gilt für Listen: Wenn der Text durch sein Listendasein aus dem Fließtext heraussticht, könnte eine Suchmaschine glauben, dass er wichtiger ist als normaler Text. Besonders wenn er auch noch in einem Link steht.

Suchbegriffe in Hyperlinks und Listen

Dem Text in Hyperlinks wird von vielen Suchmaschinen besonderes Gewicht beigemessen. Achten Sie also beim Schreiben des Textes auf die Formulierungen für die Links und vermeiden Sie das auf Seite 181 beschriebene »Hier«-Syndrom.

Google zum Beispiel durchforstet nicht nur den Inhalt einer Webseite nach den eingegebenen Suchbegriffen, sondern auch den Text von Links, mit dem andere Seiten darauf verweisen. Das Suchergebnis beinhaltet somit nicht nur Seiten, die den gesuchten Text enthalten, sondern auch Seiten, auf die entsprechend benannte Links verweisen.

In den meisten Fällen führt diese Technik zu brauchbaren Suchergebnissen, in einigen zu einer sogenannten »Google-Bombe«:

- Eine Zeit lang führte eine Suche nach den Begriffen »miserable failure« direkt zur offiziellen Biografie von George W. Bush.

Die Suchbegriffe kamen im Text der Biografie nicht vor, aber zahlreiche Websitebesitzer hatten verabredet, einen Link mit den Suchbegriffen »miserable failure« auf Bushs Biografie zu setzen, und Google ist darauf reingefallen.

Hinweis

Google-Bomben

In der Wikipedia steht noch eine Menge mehr über Google und seine »Bomben«:

- *http://de.wikipedia.org/wiki/Google_Bombe*

9.3 Nicht zugänglich: Wie Sie sehen, sehen Sie nichts

Zum Abschluss dieses Abschnitts noch eine Seite, die optisch recht ansprechend aussieht, die aber für Suchmaschinen nicht existiert, da sie nur aus einem Flash-Objekt besteht:

Abbildung 9.5: Hübsche Seite, ...

Für einen Suchmaschinensimulator sieht diese Seite so aus:

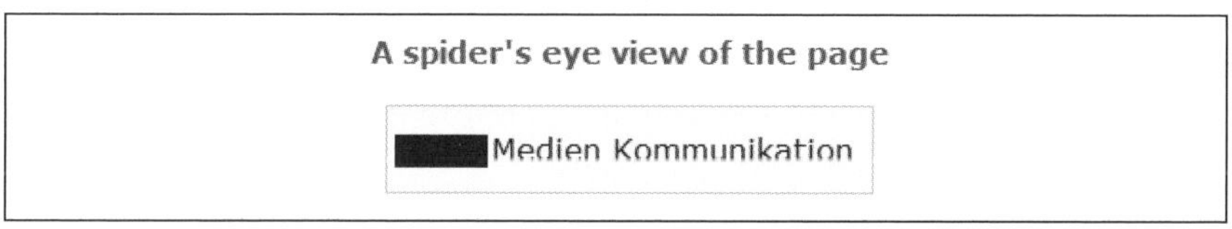

Abbildung 9.6: ... aber für die Suchmaschine ohne Inhalt

Nova Forma Scribendi steht auf der Seite. Die neue Art des Schreibens. Für die Suchmaschinenrobots ist dieser Text jedoch nicht vorhanden, weil er Teil einer Flash-Anwendung ist. Auch wenn die Suchmaschinen beim Lesen von Text in Flash-Filmchen immer besser werden, die neue Art des Schreibens sieht anders aus.

Hinweis

Die Geschichte vom Suchmaschinenrobot und dem Webdesigner

»An einem schönen Sommerabend in einer rheinischen Großstadt lehnte ein Suchmaschinenrobot gelassen an einer Kneipentheke und genoss nach seinem langen Arbeitstag ein paar Gläser kühles Altbier...«. So beginnt die Geschichte vom Suchmaschinenrobot und dem Webdesigner, die Sie auf der folgenden Seite ganz lesen können:

- *http://www.woodshed.de/publikationen/dialog-robot.html*

9.4 Ranking: Bei Google auf Platz 1 ...

Webdesigner können ein Lied davon singen, dass viele Kunden früher oder später sagen:

- »Ach ja. Bei Google will ich natürlich auch ganz oben stehen.«

Am besten stellen Sie gleich die Gegenfrage:

- »Bei welchen Suchbegriffen denn?«

Eine vordere Platzierung für »Klompfastikumpi« etwa ist einfach, »Digitalkamera« hingegen wird schon schwieriger. Da gibt's einfach mehr Konkurrenz.

Hinweis

Klompfastikumpi stammt aus der Suchfibel

Das Kunstwort »Klompfastikumpi« hat Stefan Karzauninkat in seiner Suchfibel erfunden:

- *http://www.suchfibel.de/2kunst/zeichenketten.htm*

Kapitel 2 der Suchfibel, »Die Kunst des Suchens«, ist übrigens Pflichtlektüre für alle an Suchmaschinen Interessierten.

Google mag Hyperlinks ...

Das Besondere am World Wide Web ist Hypertext und Hyperlinks mag Google am liebsten. Im Rahmen einer inzwischen leider nicht mehr verfügbaren Einführung hat Google selbst das einmal so ausgedrückt:

> *Das Herz unserer Software ist PageRank(TM), ein System der Beurteilung von Webseiten, das von den Gründern von Google, Larry Page und Sergey Brin, an der Universität von Stanford entwickelt wurde. [...]*
>
> *PageRank verlässt sich auf die einzigartige demokratische Natur des World Wide Webs, indem es die weitverzweigte Link-Struktur als einen Indikator für die individuelle Einschätzung der Qualität einer Seite nimmt. Der ist dabei, dass Google einen Link von Seite A zu Seite B als ein »Votum« von Seite A für Seite B interpretiert.*

Mit »einzigartige demokratische Struktur des World Wide Webs« ist gemeint, dass Google schaut, wie viele Hyperlinks auf eine bestimmte Seite zeigen. Jeder dieser eingehenden Links wird als Stimme gewertet und je mehr Stimmen sie hat, desto wichtiger ist die Seite. Gleichzeitig schaut Google auch, ob die Stimme von einer seinerseits wichtigen Seite kommt, denn dann zählt sie mehr: »*Das Votum von einer Seite, die selber 'wichtig' ist, zählt mehr und hilft, andere Seiten »wichtig« zu machen.*« So viel zur demokratischen Struktur des World Wide Web ...

Diese simple Tatsache hat weitreichende Folgen, denn um eine Seite bei Google möglichst gut zu platzieren, benötigen Sie Links auf Ihre Seiten. Dabei gehen einige Sitebetreiber weite und zum Teil auch nicht ganz legale Wege, um Hyperlinks auf ihre eigenen Seiten zu bekommen.

Was Sie selbst in dieser Richtung tun können, ist zum Beispiel Folgendes:

- Bitten Sie Freunde und Bekannte, einen Link auf Ihre Seiten zu setzen.
- Wenn Sie in Foren oder Chats aktiv sind oder bei anderen Blogs kommentieren, setzen Sie in der Signatur einen Link auf Ihre eigene Site.
- Tragen Sie die URL Ihrer Site in den Profilen bei XING und anderen Social Networks ein.

Und nochmal der Hinweis: Ohne guten Inhalt lohnt sich dieser Aufwand nicht. Dann kommen die Besucher zwar, gehen aber gleich wieder weg.

Hinweis

Der PageRank™ von Google

Die Wichtigkeit einer Seite misst Google mit dem *PageRank*, der von 1 (nicht wichtig) bis 10 (superwichtig) reicht und den Sie mit der Google Toolbar in Ihrem Browser anzeigen lassen können:

- *http://toolbar.google.com/*

Einen PageRank von 10 haben nur ganz wenige Seiten wie z. B. *w3.org*. Ein PageRank von 3 ist normal, 7 schon ziemlich gut.

Ein Beispiel: IKEA in Groningen

In diesem Abschnitt möchte ich Ihnen an einem konkreten Beispiel zeigen, wie man das Schreiben im Web für Maschinen umsetzen kann:

Abbildung 9.7: Die Startseite von groningen-info.de

Einige kurze Anmerkungen zu diesem Beispiel vorweg:

- *groningen-info.de* ist ein Hobby von mir. Mehr dazu etwas weiter unten auf Seite 200.
- Die Suche ist nicht gestellt und funktioniert schon seit Jahren, aber sowohl die Seite als auch das Ranking von Google ändern sich ständig. Wenn Sie diese Zeilen lesen, kann die Beispielsuche also ein anderes Ergebnis liefern.
- Der Ranking-Algorithmus von Google ist sehr komplex und nur zum Teil bekannt. Die in diesem Kapitel geschilderten Maßnahmen *verbessern* das Ranking einer Seite, sind aber in keinster Art und Weise eine Garantie für einen vorderen Platz.

Eine Suche nach »IKEA Groningen« bei *google.de* bringt momentan folgendes Ergebnis:

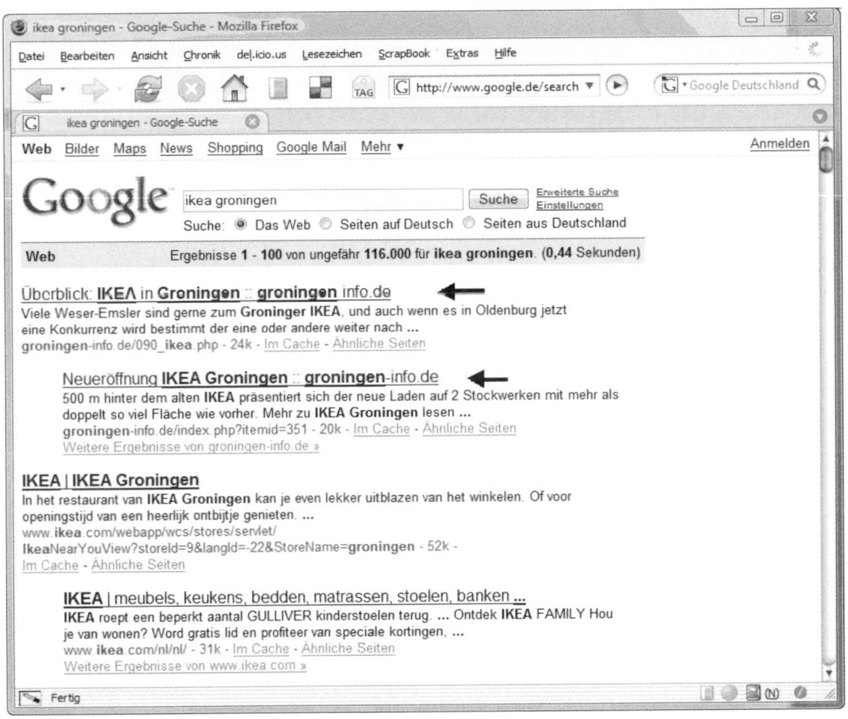

Abbildung 9.8: Google-Suche nach »ikea groningen«

116.000 Treffer, aber wie kommt es, dass Google bei der obigen Suche eine kleine Hobby-Website namens *groningen-info.de* auf der Ergebnisseite *vor* der offiziellen IKEA-Site auflistet? Nun, das ist die Summe vieler Kleinigkeiten plus ein bisschen Glück.

In Abbildung 9.8 können Sie zum Beispiel sehen, dass die Suchbegriffe *ikea* und *groningen* an mehreren Stellen wieder auftauchen:

- Im `title` der Webseite: *Überblick: IKEA in Groningen – groningen-info.de*
- Im Ausschnitt unter dem Titel: *... zum Groninger IKEA ...*
- In der URL: *groningen-info.de/090_ikea.php*

Das ist kein Zufall. Das Geheimnis des Ranking-Algorithmus gibt Google nur zum Teil preis, aber im Folgenden möchte ich Ihnen zeigen, dass die in diesem Kapitel gezeigten Maßnahmen zum Schreiben für Maschinen einen kleinen Teil zu einer guten Positionierung beitragen können.

Die Site gibt es schon länger und der Inhalt wird gepflegt

Die Site *groningen-info.de* wurde im Jahre 2003 erstellt und ist ein reines Hobby. Groningen liegt gut 50 km jenseits der deutsch-niederländischen Grenze und ist für die Bewohner der nordwestdeutschen Tiefebene ein beliebtes Wochenendziel, insbesondere der Markt, die Innenstadt und – IKEA.

Als ich vor einigen Jahren nach Groningen zog, stellten mir Freunde und Bekannte in Deutschland immer wieder dieselben Fragen, sodass ich irgendwann beschloss, eine kleine Site mit den entsprechenden Antworten zu bauen.

Im Laufe der Jahre sind so einige Hundert Beiträge entstanden, die je nach zur Verfügung stehender (Frei)zeit immer mal wieder aktualisiert werden. Erstellt wurde die Site ohne Layout-Tabellen mit einem reinen CSS-Layout, sodass der Quelltext übersichtlich ist und von den Suchmaschinen gerne mitgenommen wird.

Ich erwähne diese Vorgeschichte, weil daraus zwei Dinge resultieren:

- Die Site existiert nicht erst seit letzter Woche.
- Die Inhalte auf der Site wurden über Jahre hinweg mehr oder weniger regelmäßig geändert und erweitert.

Beide Faktoren haben Einfluss auf das Ranking bei den Suchmaschinen. Ältere Sites werden von Google besser bewertet als ganz neue und regelmäßig erscheinender Inhalt wird ebenfalls belohnt.

Es zeigen viele Links auf die Site

Etwas weiter oben hatte ich erwähnt, dass Google Hyperlinks mag. Neben gutem Inhalt, ein bisschen Hintergrundwissen und viel Zeit hilft letztendlich auch ein bisschen Glück.

Mit dem Befehl `link:groningen-info.de` können Sie überprüfen, wie viele Hyperlinks auf eine bestimmte Seite zeigen. Da dieser Dienst bei Google nicht besonders zuverlässig ist, zeigt die folgende Abbildung die Suche mit dem Site Explorer von Yahoo (*siteexplorer.search.yahoo.com*):

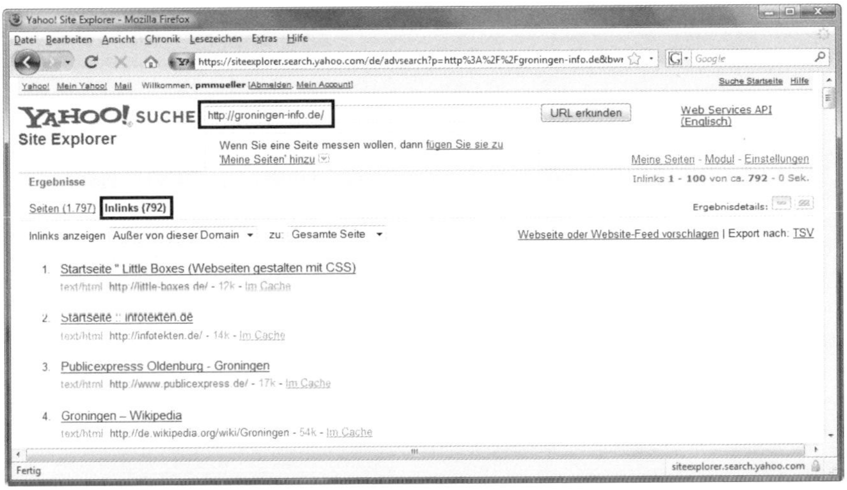

Abbildung 9.9: Links, die auf groningen-info.de zeigen

Insgesamt zeigen einige Hundert Links auf *groningen-info.de*, darunter auch einer von der deutschen Wikipedia. Aber zu einem guten Suchmaschinen-Ranking gehört wie gesagt auch ein bisschen Glück:

- *groningen-info.de* wurde mit NucleusCMS erstellt und war bei der Standardinstallation von NucleusCMS lange Zeit als Beispielsite gelistet.

Aus diesem Grunde zeigten und zeigen Links aus der ganzen Welt zurück auf *groningen-info.de*. Von so etwas lassen Suchmaschinen sich beeindrucken.

Die Site ist suchmaschinenfreundlich geschrieben

Beim Schreiben des IKEA-Artikels habe ich zuerst überlegt, welche Suchbegriffe jemand eingibt, um Informationen über IKEA in Groningen zu bekommen und bin ziemlich bald bei den Begriffen *IKEA* und *Groningen* gelandet.

Aus diesem Grunde wäre es keine besonders pfiffige Idee, den Artikel »Das schwedische Möbelhaus kurz hinter der Grenze« oder »Billy und Antje: Blau-Gelb in Oranje« zu nennen. Danach sucht niemand. Eine Überschrift wie »Überblick: IKEA in Groningen« ist im Web einfach besser.

Die folgende Abbildung zeigt die betreffende Webseite im Web:

Abbildung 9.10: Einfach, aber wirksam – suchmaschinenfreundlich schreiben

Die Abbildung zeigt sechs bemerkenswerte Stellen:

1. Der `title` der Seite enthält die Überschrift des Artikels und den Domain Namen. Somit tauchen beide Suchbegriffe im <title> auf.
2. In der URL des Artikels sehen Sie beide Suchbegriffe.

3. Das Logo mit dem Suchbegriff *Groningen* besteht fast nur aus Text, der im HTML als Hauptüberschrift `h1` markiert wurde.
4. Die Artikelüberschriften sind im HTML als `h2` (»IKEA, Meubelboulevard & andere«) und `h3` (»Überblick: IKEA in Groningen«) markiert und enthalten ebenfalls die Suchbegriffe.
5. Im Text tauchen – neben einigen Grammatik- und Rechtschreibfehlern – auch die Suchbegriffe auf.
6. Die Grafik hat einen alternativen Text und ein Attribut namens `title`, in dem auch der Suchbegriff *IKEA* auftaucht.

Jeder dieser Faktoren beeinflusst das Ranking ein klitzekleines Bisschen, aber wie sagt man: Kleinvieh macht auch Mist.

Fazit: Gut schreiben und fleißig linken

Wenn Sie bei Google und anderen Suchmaschinen gefunden werden wollen, definieren Sie die Suchbegriffe, unter denen Sie gefunden werden möchten, und berücksichtigen Sie dies bereits bei der Planung der Site und besonders bei der Erstellung des Inhalts.

Je aktiver Sie im Web sind und je mehr Spuren Sie auf Ihrer eigenen Site hinterlassen, desto eher werden Sie belohnt. Aber denken Sie dran, dass die Suchmaschinen die Besucher nur auf Ihre Site bringen. Wenn es dort dann nichts Interessantes zu lesen oder zu sehen gibt, sind sie auch ganz schnell wieder weg. Der Inhalt Ihrer Site sollte also einen Besuch wert sein, sonst lohnt sich die ganze Optimierung nicht.

Noch einmal zur Deutlichkeit:

- Ich habe *nicht* den Anspruch, ein Experte für Suchmaschinen-Optimierung zu sein, und dies ist auch *kein* Buch zu diesem Thema.
- Dieses Kapitel soll nur zeigen, wie man Webtexte so schreibt, dass Suchmaschinen damit etwas anfangen können.

Zu einer bewusst für Suchmaschinen optimierten Site gäbe es bei *groningen-info.de* noch jede Menge Luft nach oben, aber die Site ist nur ein Hobby.

Hinweis

Buchempfehlung: Website Boosting von Mario Fischer

Wenn Sie dieses Kapitel interessant fanden und Sie Ihre Seiten für Suchmaschinen optimieren möchten, sollten Sie einen Blick in folgendes Buch werfen:

- Fischer, Mario; »Website Boosting« (ISBN 978-8266-1586-3)

Fischer gibt einen Überblick über Online-Marketing, zeigt wie man seine Site für Suchmaschinen optimiert (viel ausführlicher als in diesem Kapitel), macht deutlich, dass nur eine benutzerfreundliche Site den Aufwand der Suchmaschinen-Optimierung lohnt und stellt zum Schluss wichtige Werkzeuge zur Kontrolle vor. Ganz nebenbei macht das Buch auch noch Spaß zu lesen.

9.5 Auf einen Blick

Hier die wichtigsten Themen dieses Kapitels im Überblick:

- Suchmaschinenrobots sammeln den Quelltext der Webseiten ein und speichern ihn in der Datenbank der Suchmaschine.
- Suchmaschinen analysieren den Quelltext und lesen auch den `head`-Bereich.
- Grafisches Schreiben ist auch für Suchmaschinen gut.
- Suchmaschinen mögen Hyperlinks.
- Schreiben Sie gut und linken Sie fleißig.

Kapitel 10

Grafiken fürs Web vorbereiten

Worin Sie das Wichtigste zur Vorbereitung von Grafiken zur Benutzung im Web erfahren. Welche Formate sind erlaubt, woher bekommt man gute Grafiken und wie bereitet man sie vor?

Die Themen im Überblick

- Webgrafiken – Das Wichtigste in Kürze, Seite 206
- Grafiken – Woher nehmen und nicht stehlen?, Seite 207
- Fotos für das Web vorbereiten, Seite 211
- Know-how: JPEG, GIF und PNG im Detail, Seite 215
- Auf einen Blick, Seite 219

Für dieses Kapitel benötigen Sie einen Browser mit aktuellem Flash-Player (ab Version 9).

10.1 Webgrafiken – Das Wichtigste in Kürze

In diesem Abschnitt erfahren Sie das Wichtigste über die Besonderheiten von Bildern und Grafiken im Web.

Grafiken laden länger als Text

»Ein Bild sagt mehr als tausend Worte« heißt es im Volksmund, und es stimmt. Bilder sind oft hilfreich, um komplexe Sachverhalte zu veranschaulichen. Im Web könnte man den Satz allerdings umwandeln in »ein Bild lädt länger als tausend Worte«. Die erste Grundregel lautet deshalb:

- Grafiken sind die Beilage, nicht die Hauptspeise!

Grafiken sollen die Wirkung einer Webseite unterstützen. Sie sind kein Selbstzweck. Es sei denn, die Grafiken *sind* der Inhalt. Otto Normalsurfer verbringt einen nicht unbeträchtlichen Teil seiner Surfzeit mit dem Warten auf Grafiken. Achten Sie darauf, dass Ihre Grafiken so klein wie möglich sind, oder anders ausgedrückt:

- Prüfen Sie die Dateigröße Ihrer Grafiken!

Im Stile von Wilhelm Busch könnte man anmerken: »*Drum prüfe, wer ein Bild einbindet, ob sich nicht ein klein'res findet.*«

Im Web sind nur GIF, JPEG oder PNG erlaubt

Auf Webseiten sind zurzeit drei Grafikformate einsetzbar: GIF, JPEG und PNG. Hier eine Faustregel, welches Format für welche Grafiken am besten geeignet ist:

- GIF (**.gif*; mit hartem G gesprochen, nicht »dschif«)

  Geeignet für alle kleineren Bilder mit wenig Farben, z. B. Logos, Schaltflächen oder Buttons, Schriften und Zeichnungen.

- JPEG (**.jpg*; »dschäi-peg« gesprochen)

  Geeignet für alle Fotos und Grafiken mit Farbverläufen.

- PNG (**.png*; »ping« gesprochen, oder p-n-g)

  Wurde in den 90er Jahren entwickelt um die Vorteile von JPG und GIF zu kombinieren, ist aber trotz einiger Vorteile immer noch nicht so bekannt wie JPG und GIF.

Im Zweifelsfalle probieren Sie es aus: Speichern Sie die gewünschte Grafik als GIF, JPG und PNG und nehmen Sie die mit der kleinsten Dateigröße. Mehr zu diesen drei Grafikformaten erfahren Sie gegen Ende des Kapitels ab Seite 215.

Hinweis

Umbenennen ist nicht konvertieren

Um einem möglichen Missverständnis vorzubeugen: Zum Konvertieren reicht es nicht, eine Grafik wie z. B. *wolken.tif* im Windows Explorer in *wolken.gif* oder *wolken.jpg* umzubenennen. Konvertieren ist nicht dasselbe wie Umbenennen.

Beim Konvertieren einer Grafik wird der *Inhalt* der Datei verändert, beim Umbenennen lediglich der *Dateiname*. Wenn zum Beispiel auf dem Frühstückstisch ein Salzstreuer steht und man schreibt »Zucker« drauf, dann bleibt trotzdem Salz darin. Genauso bleibt in einer TIFF-Datei TIFF drin, auch wenn Sie GIF oder JPG dranschreiben.

10.2 Grafiken – Woher nehmen und nicht stehlen?

Grafiken sind auf Webseiten mehr als nur das Salz in der Suppe, aber besonders für Nicht-Grafiker stellt sich immer wieder die Frage: »Woher nehmen ...?« Dazu möchte ich auf den folgenden Seiten einige Anregungen geben.

Vorsicht bei Grafiken von anderen Webseiten

Eine offensichtliche Quelle für Grafiken ist das World Wide Web selbst. Jedes in Ihrem Browser dargestellte Bild können Sie ganz einfach speichern:

- Mit der rechten Maustaste auf das gewünschte Bild klicken.
- Befehl BILD SPEICHERN UNTER oder GRAFIK SPEICHERN UNTER oder Ähnliches auswählen.

Das Substantiv »Copyright« wird dabei zum Verb mit Leerstelle: »copy right«.

Um keine Missverständnisse aufkommen zu lassen: Die gesetzlichen Bestimmungen zum Urheberrecht gelten natürlich auch im Web. Im Web ist es genauso wenig erlaubt, das Eigentum anderer ohne deren Erlaubnis zu benutzen, wie in der richtigen Welt. Es ist nur manchmal etwas schwieriger zu kontrollieren. Ein Bild im Browser ist ja bereits im Arbeitsspeicher Ihres Rechners und niemand kann prüfen, ob Sie es auf Ihrer Festplatte speichern. Das kann man erst, wenn Sie es irgendwo wieder *veröffentlichen*.

Wenn Sie eine Grafik oder ein Foto finden, das Sie selbst gern benutzen würden, hilft eine nett formulierte E-Mail an den Autor oft schon weiter. Schließlich ist es ja auch ein Kompliment, wenn Sie seine Arbeit und Ideen so gut finden, dass Sie sie gern einsetzen würden.

Die Google-Bildersuche ist keine gute Quelle ...

Weil es so leicht ist, eine Grafik zu speichern, erscheint die Google-Bildersuche für viele Homepagebetreiber eine naheliegende Quelle. Wenn sie zum Beispiel das Bild einer Tomate benötigen, gehen viele Surfer einfach zur Google Bildersuche und geben dort »Tomate« ein:

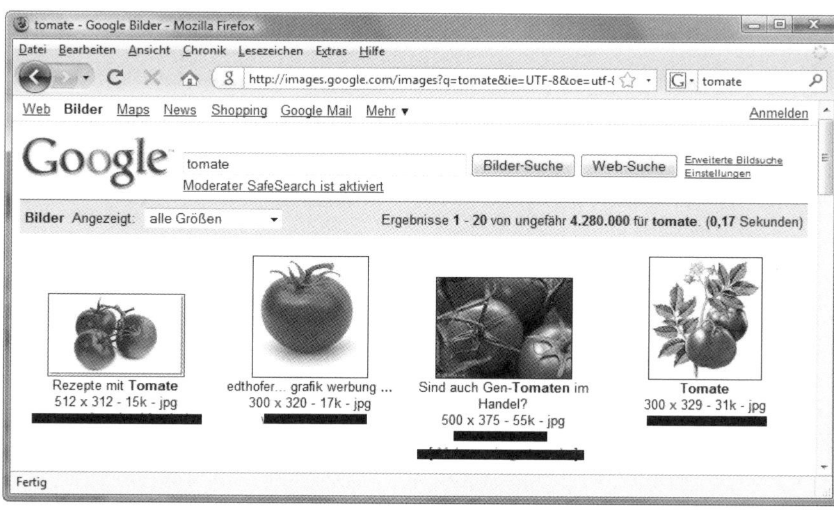

Abbildung 10.1: Tomatenbilder mit der Google-Bildersuche

Wenn Sie eines dieser Bilder abspeichern und auf Ihrer Website veröffentlichen, kann der Autor es natürlich finden. So soll es Fotografen geben, die das Web nach den eigenen Bildern durchsuchen. Wenn dann eines der eigenen Fotos auf einer anderen Webseite gefunden wird, kommt eine Abmahnung ins Haus geflattert.

Dann doch lieber das Gemüse selber knipsen. Oder eine andere Quelle suchen.

Flickr.com und CreativeCommons

CreativeCommons ist der recht gelungene Versuch, im Internet ein länderübergreifendes, verständliches Lizenzierungsmodell für Inhalte zu etablieren. So können Autoren auch auf Flickr.com ihren Fotos eine solche Lizenz mit auf den Weg geben und andere Nutzer können die Bilder auf Flickr danach filtern:

- *http://www.flickr.com/creativecommons/*

Dabei gibt es verschiedene Bedingungen, unter denen Sie ein Foto oder einen Text benutzen dürfen, die jeweils durch recht eindeutige Symbole gekennzeichnet sind:

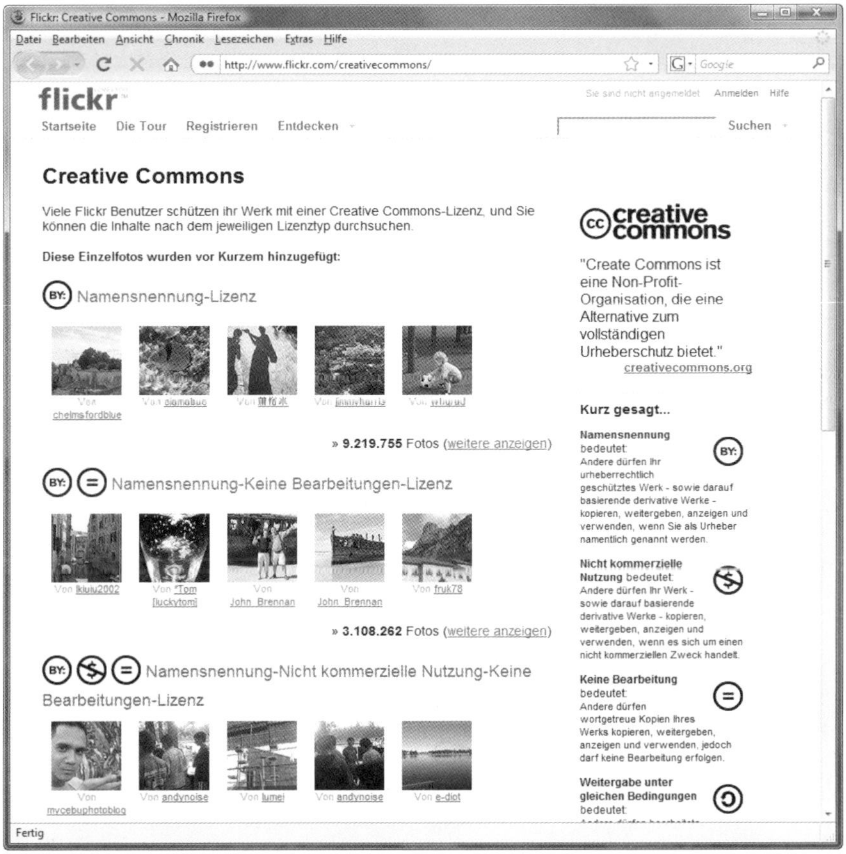

Abbildung 10.2: Flickr-Bilder, sortiert nach CC-Lizenz

Am häufigsten anzutreffen ist die CreativeCommons-Lizenz mit den folgenden drei Bedingungen:

- **Namensnennung**: Andere dürfen die Fotos kopieren, weitergeben, anzeigen und verwenden, wenn Sie als Urheber namentlich genannt werden.
- **Nicht kommerzielle Nutzung**: Andere dürfen die Fotos kopieren, weitergeben, anzeigen und verwenden, wenn es sich um einen nicht kommerziellen Zweck handelt.
- **Keine Bearbeitung**: Andere dürfen die Fotos kopieren, weitergeben, anzeigen und verwenden, jedoch darf keine Bearbeitung erfolgen.

Im Zweifelsfall kontaktieren Sie wie erwähnt einfach den Autor und fragen, ob Sie das Foto für diesen oder jenen Zweck verwenden dürfen.

Hinweis

Mehr Infos über CreativeCommons

Falls Sie sich genauer über CreativeCommons informieren möchten:

- *http://creativecommons.org/*

Andere Websites mit lizenzfreien Fotos

Es gibt aber auch noch jede Menge andere Websites, bei denen Sie Ihren Grafikbedarf völlig legal decken können. Hier drei gute Adressen:

- Pixelio: *http://pixelio.de/* (hieß früher mal Pixelquelle)
- Wikimedia Commons: *http://commons.wikimedia.org/wiki/Hauptseite*
- Stock.Xchng: *http://www.sxc.hu/*

Malte Landwehr hat sage und schreibe 117 Quellen für kostenlose Bilder gesammelt und in seinem Blog veröffentlicht:

- *http://lorm.de/2008/01/02/102-quellen-fuer-kostenlose-fotos/*

10.3 Fotos für das Web vorbereiten

In diesem Abschnitt möchte ich Ihnen einige grundlegende Dinge zeigen, die Sie mit Ihren Fotos am häufigsten machen werden müssen. Welches Bildbearbeitungsprogramm Sie dazu benutzen, spielt überhaupt keine Rolle, aber in diesem Kapitel benutze ich die Onlinebildbearbeitung *picnik.com*, die besonders zur Nachbearbeitung von Fotos hervorragend geeignet ist:

Abbildung 10.3: Die Startseite von picnik.com

Der Name »Picnik« leitet sich von dem Wort *pic* ab (kurz für »pictures«, Bilder), allerdings wird die Metapher des Picnik auf sehr erfrischende Art umgesetzt. Beim Laden der Anwendung wird unterhalb des Fortschrittsbalkens buchstäblich das »Picnik« vorbereitet: *Vogelgezwitscher … Butterbrote werden geschmiert … Brombeeren werden gepflückt …*

Hinweis

Picnik und Flickr

Wenn Sie in Flickr ein Bild editieren, werden Ihnen die Bearbeitungsoptionen wahrscheinlich bekannt vorkommen, denn Picnik ist in Flickr integriert.

Ein Foto in Picnik bearbeiten

Nach der üblichen kostenlosen Registrierung können Sie ein Bild zur Bearbeitung auswählen, und zwar entweder von Ihrem Computer oder direkt von einer anderen Site wie Flickr. Nach dem Laden präsentiert Picnik das Foto und zeigt gleich die wichtigsten Bearbeitungsschritte:

Abbildung 10.4: Picnik mit einem Foto, fertig zum Bearbeiten

Das Beispielfoto kommt direkt aus einer 6 Megapixel Digitalkamera, hat eine Auflösung von 2800 x 2100 Pixel und ist etwa 980 Kb groß. Wenn Sie ein solches Bild unbearbeitet online stellen, ist es erstens unheimlich langsam, hat zweitens mehr Pixel als die meisten Monitore und ist drittens demzufolge wesentlich größer als die meisten Bildschirme.

Ziel der Grafikoptimierung ist eine möglichst kleine Datei in möglichst guter Qualität und die Bedienleiste von Picnik zeigt bereits die möglichen Befehle zur Bearbeitung des Bildes. Zur Optimierung von Grafiken für das Web sind die wichtigsten Schritte:

- **Zuschneiden**: Foto auf einen gewünschten Bildausschnitt reduzieren.
- **Größe ändern**: Bildgröße verändern, entweder prozentual oder mit genauen Pixelangaben.
- **Belichtung:** Helligkeit und Kontrast des geladenen Bildes korrigieren.

Die Beispielgrafik wird ein bisschen zugeschnitten und auf 600 x 600 Pixel reduziert und hat danach nur noch 80 Kb, ist also ca. zwölfmal schneller beim Betrachter als das Original:

Abbildung 10.5: Zugeschnittene und verkleinerte Grafik

Hinweis

Kreative Bearbeitung in Picnik mit der Option Erstellen

In der Picnik-Abteilung Erstellen können Sie die geladene Grafik kreativ weiter bearbeiten und mit zahlreichen Effekten, Formen und Texten versehen.

Verschiedene Größen derselben Grafik

Auf Webseiten benötigen Sie oft verschiedene Größen derselben Grafik, um zum Beispiel ein kleines Vorschaubild mit einem Link auf eine große Version zu erstellen.

Sie können diese Versionen einzeln in einer Bildbearbeitung erstellen und abspeichern, oder sich die Sache mit Flickr etwas einfacher machen, indem Sie in der Einzeldarstellung in der Symbolleiste oberhalb des Bildes auf das Symbol für Alle Größen klicken. Danach erscheint eine Seite wie die folgende:

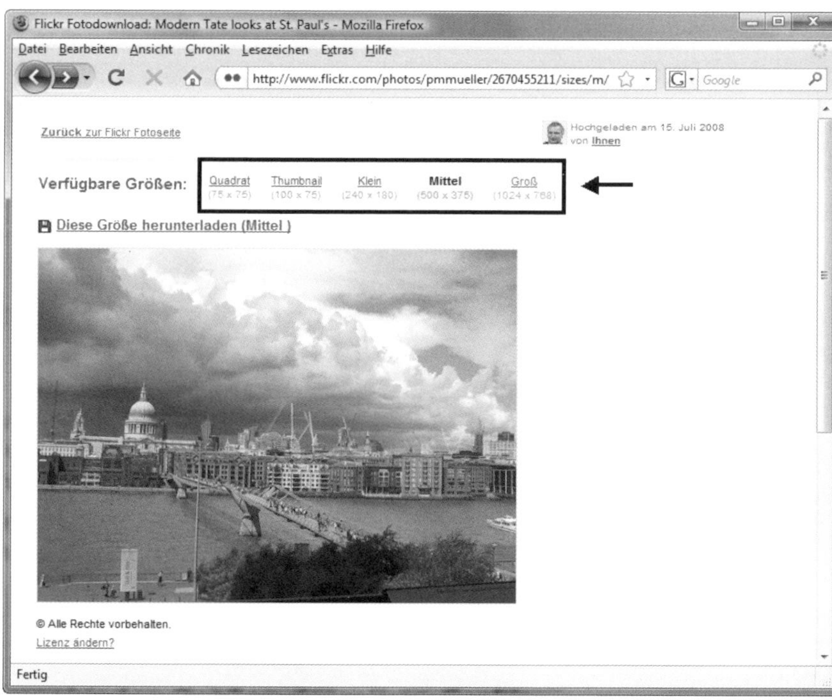

Abbildung 10.6: Flickr bietet für jedes Bild verschiedene Größen an.

Die folgenden fünf Größen bietet Flickr automatisch an (Querformat, bei Bildern im Hochformat gelten die Pixelangaben jeweils umgekehrt):

- Quadrat: 75x75
- Thumbnail: 100x75 (gut für Vorschaubilder)
- Klein: 240x180
- Mittel: 500x375 (reicht meist auch für große Bilder)
- Groß: 1024x768

Sofern die von Flickr vorgegebenen fünf Größen zu Ihren Bedürfnissen passen, müssen Sie die Bilder nur noch herunterladen. Einfacher geht's nicht.

10.4 Know-how: JPEG, GIF und PNG im Detail

Zum Abschluss dieses Kapitels möchte ich Ihnen noch einige wichtige Details zu den Grafikformaten GIF, JPEG und PNG mit auf den Weg geben.

Besonderheiten von JPEG: Kompressionsrate vs. Qualität

Beim JPEG Format können Sie die Kompressionsrate stufenlos einstellen. Je größer die Kompressionsstufe, desto kleiner die Dateigröße, aber desto schlechter wird auch die Bildqualität.

JPEG bedeutet in der Praxis immer einen Kompromiss zwischen Qualität und Quantität, also zwischen der Qualität des Bildes und der Dateigröße. In fast jedem Bildbearbeitungsprogramm gibt es beim Speichern in JPEG deshalb eine Art Schieberegler, um den Kompressionsgrad zu bestimmen. Im Zweifelsfalle ist die Standardeinstellung um die 80 % (in der Abbildung die 8) ein guter Kompromiss:

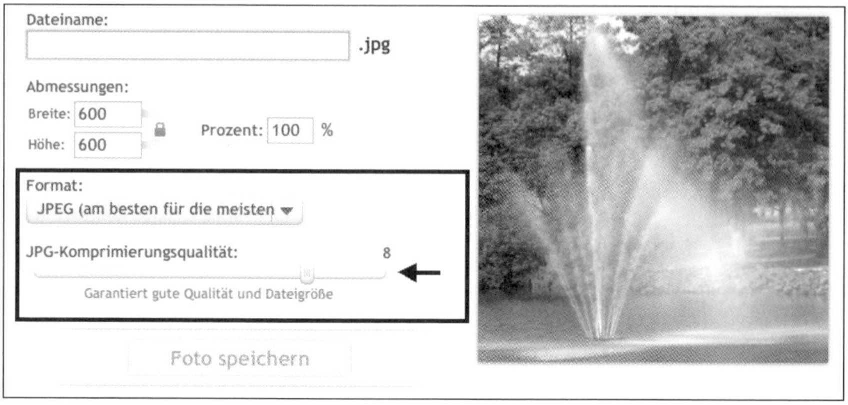

Abbildung 10.7: JPG-Komprimierung per Schieberegler

Wenn man JPGs bearbeitet und abspeichert, bilden sich leicht sogenannte JPEG-Artefakte, die als flächige kleine Kästchen im Bild erscheinen. Wenn Sie diese Artefakte einmal richtig in Aktion sehen möchten, speichern Sie ein Bild als JPEG mit niedriger Qualität. Achten Sie auf die flächigen Pixelblöcke in der Mitte des Bildes:

Abbildung 10.8: Ein JPEG mit sehr großer Kompression

Hier die Vor- und Nachteile im Überblick:

- **Vorteile**: Komprimiert komplexe Grafiken wie Fotos und Grafiken mit vielen Farben sehr gut, bei hoher Qualität fast verlustfrei.
- **Nachteile**: Keine transparenten Hintergrundfarben, keine Animationen, schlecht zur Weiterverarbeitung.

Besonderheiten von GIF: Interlaced, Transparenz und Animation

GIF gibt es bereits seit Ende der 80er Jahre und es hat drei Besonderheiten:

- **Interlaced** (Zeilensprung)

  Sie können ein GIF-Bild als *Interlaced* abspeichern. Das bewirkt beim Laden des Bildes im Browser den sogenannten Jalousien-Effekt: Das Bild wird Zeile für Zeile aufgebaut und wird nach und nach immer deutlicher. Manchmal heißt diese Option auch *Zeilensprung*.

- **Transparenz**

  In GIF-Bildern können Sie beim Abspeichern eine einzige Farbe als transparent, d. h. als durchsichtig festlegen. Diese Farbe wird dann im Browser nicht dargestellt, sodass die Hintergrundfarbe der Seite durchscheint und das Bild viel plastischer und eingebundener wirkt. Um in einem vorhandenen GIF-Bild eine bestimmte Farbe transparent zu machen, brauchen Sie ein Bildbearbeitungsprogramm, das diese Option unterstützt.

- **Animationen**

  Ein GIF-Bild kann aus mehreren Einzelbildern bestehen, die im Browser hintereinander dargestellt werden wie ein Daumenkino. Die Entdeckung dieser Möglichkeit hat in den 90ern zu einer Flut von animierten GIF-Bildern geführt.

Bis auf die Animationen kann PNG-8 (siehe unten) auch alles das, was GIF kann und komprimiert dabei meist sogar besser, aber Menschen sind Gewohnheitstiere und setzen deshalb oft trotzdem weiterhin GIF ein.

- **Vorteile**: Komprimiert einfache Grafiken verlustfrei. Eine Farbe kann transparent sein. Animationen sind möglich.
- **Nachteile**: Komprimierung nicht so gut wie PNG-8, für Fotos und andere komplexere Grafiken ungeeignet.

Besonderheiten von PNG: Alphatransparenz

Genau genommen gibt es gleich zwei PNG-Formate, PNG-8 und PNG-24, die zwar unterschiedliche Fähigkeiten, aber trotzdem beide die Endung **.png* haben, sodass man einer PNG-Datei von außen nicht ansehen kann, ob sie mit 8 oder 24 Bit gespeichert wurde.

- PNG-8 hat ein ähnliches Einsatzgebiet wie GIF, komprimiert aber besser. Der Name leitet sich von der Farbtiefe ab. 8 Bit pro Pixel ermöglichen maximal 256 verschiedene Farben (für die Mathematiker: 2^8 sind 256).
- PNG-24 ermöglicht wie JPEG 16,7 Millionen verschiedene Farben (2^{24}) und durch einen sogenannten 8-Bit Alphakanal wesentlich flexiblere Transparenz als GIF. So könnten z. B. Grafiken mit runden Ecken und Übergängen zu Hintergründen in wechselnden Farben sehr viel einfacher realisiert werden. Bei Fotos und komplexen Grafiken komprimiert PNG-24 meist allerdings schlechter als JPEG.

Anmerkung: Leider funktioniert die Alphatransparenz im Internet Explorer 6 und kleiner nicht oder nur mit sehr großem Aufwand (siehe auch »Little Boxes, Teil 2«, Seite 253ff.), sodass der Nutzeffekt von alphatransparenten PNGs sich noch im Rahmen hält.

JPG, GIF und PNG im Überblick

Die folgende Tabelle zeigt die wichtigsten Eigenschaften der drei Grafikformate im Überblick:

Tabelle 10.1: Übersicht der Grafikformate für Webgrafiken

	JPG	GIF	PNG
Abkürzung für	Joint Photographic Expert Group	Graphical Interchange Format	Portable Network Graphics
Anzahl Farben	16,7 Millionen	256	PNG-8: 256 PNG-24: 16,7 Millionen
Einsatzgebiet	Fotos, größere Bilder	Logos, Buttons, Schriften, Zeichnungen	PNG-8 wie GIF, PNG-24 Alphatransparenz
Kompression	je kleiner, desto schlechter	verlustfrei	verlustfrei
Besonderheiten	progressive (Jalousien-Effekt)	interlaced (Jalousien-Effekt) Transparenz (nur eine Farbe) Animation	PNG-24 kennt Alphatransparenz (mehrere Farben)

10.5 Auf einen Blick

Hier noch einmal die wichtigsten Themen im Überblick:

- Grafiken benötigen mehr Speicherplatz als Text und benötigen daher im Web mehr Übertragungszeit: »Ein Bild lädt länger als tausend Worte ...«
- Im Web sind nur die Grafikformate GIF, JPEG oder PNG erlaubt.
- Grafiken ungefragt von anderen Webseiten zu kopieren, verletzt das Urheberrecht.
- Die Google-Bildersuche ist keine gute Quelle für Tomatenbilder.
- CreativeCommons bietet ein länderübergreifendes, leicht verständliches Lizenzierungsmodell für Inhalte im Web.
- Bei Flickr kann man die Bilder nach CreativeCommons Lizenzen filtern.
- Um ein Foto für das Web vorzubereiten, sollten Sie es zuschneiden und nicht größer machen als nötig.

Teil IV

Werkzeuge

Kapitel 11

Werkzeuge zum Selberbauen

Worin Sie ein paar nützliche Programme und Websites kennen lernen, die Ihnen dabei helfen, Ihre Website selbst zu bauen.

Die Themen im Überblick

- Text-Editoren zum Erstellen von Webseiten, Seite 224
- Editoren zum Bearbeiten von Grafiken, Seite 229
- Browser zum Testen von Webseiten, Seite 230
- FTP: Veröffentlichen von Webseiten, Seite 232
- Hilfe im Web und in Foren, Seite 232
- Bücher und Videotrainings, Seite 233

Für dieses Kapitel benötigen Sie einen Browser, einen Internetzugang zum Downloaden der gewünschten Programme und ein bisschen Zeit zum Installieren und Ausprobieren.

11.1 Text-Editoren zum Erstellen von Webseiten

Das wichtigste Werkzeug ist ein Editor zum Bearbeiten von Text.

WYSIWYG-Editor oder Quelltext-Editor

Zum Erstellen von Webseiten brauchen Sie einen Editor zum Bearbeiten der Sprachen HTML und CSS. Dazu kommen dann im Laufe der Zeit eventuell noch Programmiersprachen wie JavaScript und PHP.

Es gibt dabei zwei Typen von Editoren:

- Quelltext-Editoren zeigen während der Bearbeitung den Quelltext an.
- WYSIWYG-Editoren zeigen während der Bearbeitung die fertige Webseite.

Quelltext-Editoren erleichtern Ihnen die Arbeit mit dem, nun ja, Quelltext. Sie helfen beim Einfügen der Sprachelemente, färben den Quelltext übersichtlich ein, überprüfen, ob die Befehle korrekt verwendet wurden, und vieles mehr. Die folgende Abbildung zeigt eine Beispielseite aus »Little Boxes, Teil 1« in einem Quelltext-Editor:

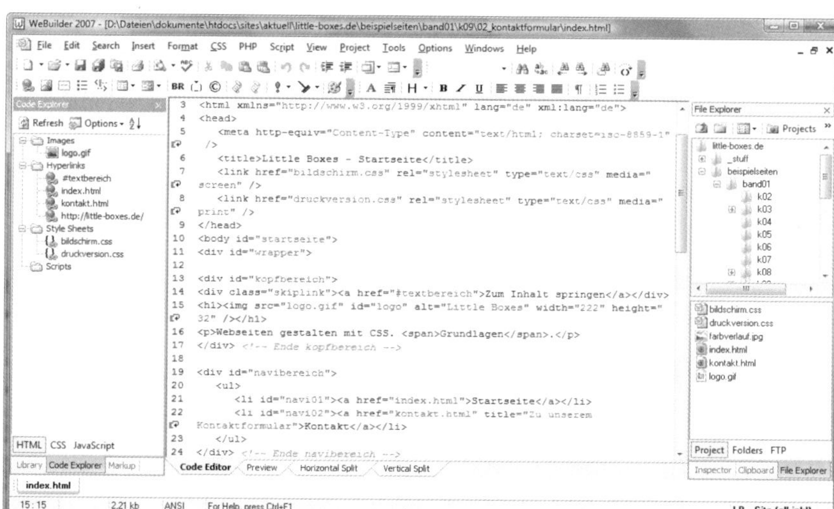

Abbildung 11.1: Webseite in einem Quelltext-Editor namens WeBuilder

Das Gegenteil von Quelltext ist WYSIWYG. Die Abkürzung steht für »What You See Is What You Get«, was frei übersetzt »Was Sie sehen, ist, was Sie bekommen« bedeutet und im Deutschen meist »wüsiewück« gesprochen wird. Erfunden wurde der Begriff Anfang der 90er-Jahre, als in Textverarbeitungen der Text auf dem Monitor endlich fast genauso aussah wie der gedruckte Text: *what you see* (was Sie bei der Erstellung auf dem Monitor sehen) ist identisch mit *what you get* (aus dem Drucker). Das war früher nicht so selbstverständlich, wie es heute erscheinen mag.

Die folgende Abbildung zeigt dieselbe Webseite wie oben, aber in einem WYSIWYG-Editor:

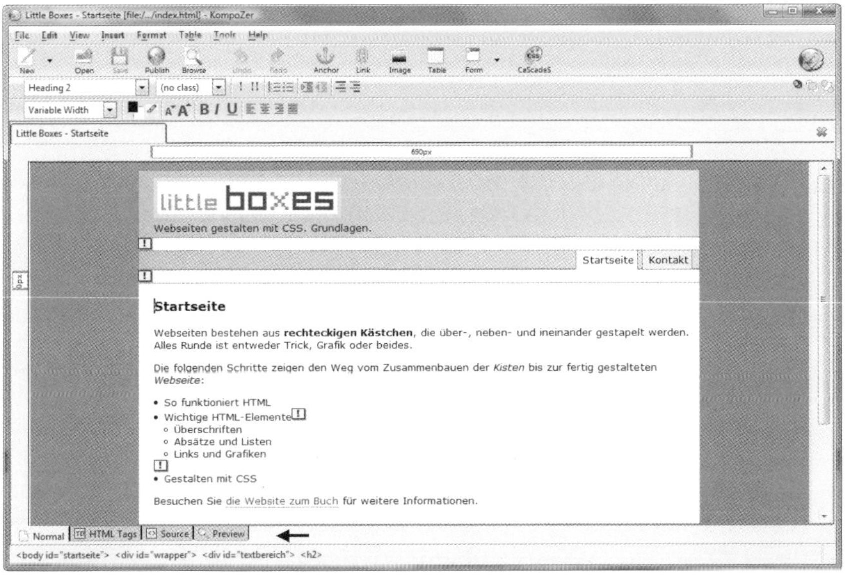

Abbildung 11.2: Webseite in einem WYSIWYG-Editor namens Kompozer

WYSIWYG-Editoren erzeugen den Quelltext automatisch und ersparen Ihnen dadurch so weit es geht die manuelle Eingabe der Befehle. Das klingt zunächst verlockend, hat aber einen Haken: Auf Webseiten gibt es im Gegensatz zu Papierseiten eigentlich gar kein WYSIWYG. Eine Webseite besteht aus Quelltext und sieht auf jedem Rechner ein klein bisschen anders aus. Nicht der Autor im Editor bestimmt wie die Seite aussieht, sondern der Betrachter im Browser.

Wenn Sie sich entschlossen haben, Webseiten selbst zu bauen, sollten Sie sich mit dem Quelltext auseinandersetzen und sowohl von HTML als auch von CSS zumindest die Grundlagen lernen. Im Klartext:

- Der Quelltext *ist* die Webseite.

Und die Arbeit mit dem Quelltext ist nicht schwer.

Übersicht: Editoren für den Quelltext

Falls Sie jetzt auf eine Empfehlung für einen Editoren hoffen, muss ich Sie enttäuschen. Welcher Editor Ihnen gefällt, ist zum großen Teil einfach Geschmackssache. Probieren Sie ein paar aus. Hier zunächst eine kleine Auswahl kostenloser Editoren:

- **Weaverslave**: *http://www.weaverslave.ws/index.3.html*
  Reiner Quelltext-Editor ohne Firlefanz. Was Funktionsvielfalt anbelangt, nicht unbedingt ein Überflieger, aber vielleicht genau deswegen auch gut für Einsteiger. In Sekunden installiert, setze ich ihn gerne in Seminaren (und in meinem Videotraining, siehe Ende dieses Kapitels) ein. Die letzte Version ist aber bereits von 2005.
- **PSPad**: *http://www.pspad.com/de/*
  »Der ultimative Editor für Programmierer« steht auf der Site. Unterstützt aber auch ganz simpel HTML und CSS. Hat eine Projektverwaltung und FTP-Unterstützung eingebaut.
- **Notepad++**: *http://notepad-plus.sourceforge.net/de/site.htm*
  Auch ein kostenloser Editor, der in erster Linie für Programmierer gedacht ist. Einfach ausprobieren, welchen Sie lieber mögen.
- **Phase 5**: *http://www.phase5.info/*
  Der Klassiker unter den deutschen Editoren. Wird nicht mehr vom Erfinder Ulli Meybohm betreut, aber immer noch weiter entwickelt. Kostenlos für Schulen und Privatanwender.

Und dann gibt es noch einige kostenpflichtige Editoren:

- **WeBuilder**: *http://www.blumentals.de/*
  Quelltext-Editor. Kostet 35–50 Euro. Inklusive Projektverwaltung und FTP-Programm zum Hochladen der Dateien. Gibt es auch etwas günstiger in abgespeckten Versionen als *Rapid CSS, HTMLPad* und *RapidPHP*. Auf der Site des Herstellers Blumenthal Software gibt es eine Übersicht.
- **UltraEdit**: *http://www.ultraedit.com/loc/de/index_de.html*
  Viele Programmierer schwören darauf. Das Schweizer Taschenmesser unter den Quelltext-Editoren. Kostet ca. 50 Euro.

Dreamweaver & Co.

Zum Abschluss noch eine Anmerkung zum *Adobe Dreamweaver*, der eierlegenden Wollmilchsau unter den Editoren. Dreamweaver kostet ca. 550 Euro, ist ein Programm für Webdesign-Profis und entsprechend komplex. Besonders Einsteiger haben oft mehr Probleme mit der Bedienung von Dreamweaver als mit dem Quelltext und daher vergleiche ich das Programm oft mit einer Kettensäge: In der Hand eines Profis ein sehr nützliches Werkzeug, für Einsteiger oft eher gefährlich als nützlich.

Falls Sie Dreamweaver zufällig auf Ihrer Festplatte haben und es unbedingt ausprobieren möchten, hier ein Crashkurs in 30 Sekunden, damit nicht gleich der erste Schnitt ins Bein geht:

- Drücken Sie gleich nach dem Start die Taste F4, um alle Fenster auszublenden.
- Erstellen Sie mit SITE – NEUE SITE... zunächst eine neue Site. Dahinter verbirgt sich die Projektverwaltung von Dreamweaver, auf der viele Funktionen beruhen. Falls Sie noch keinen Webspace haben, stellen Sie die *Verbindung zur Remote-Site* (damit ist der Webspace gemeint) auf *Keine*.
- Im Editorfenster können Sie zwischen den Ansichten CODE (Quelltext) und ENTWURF (WYSIWYG) wählen. Ideal zum Lernen ist die Option TEILEN, die oben den Quelltext und unten die Entwurfsansicht zeigt. »Entwurf« ist die übrigens die Übersetzung von »Design«.

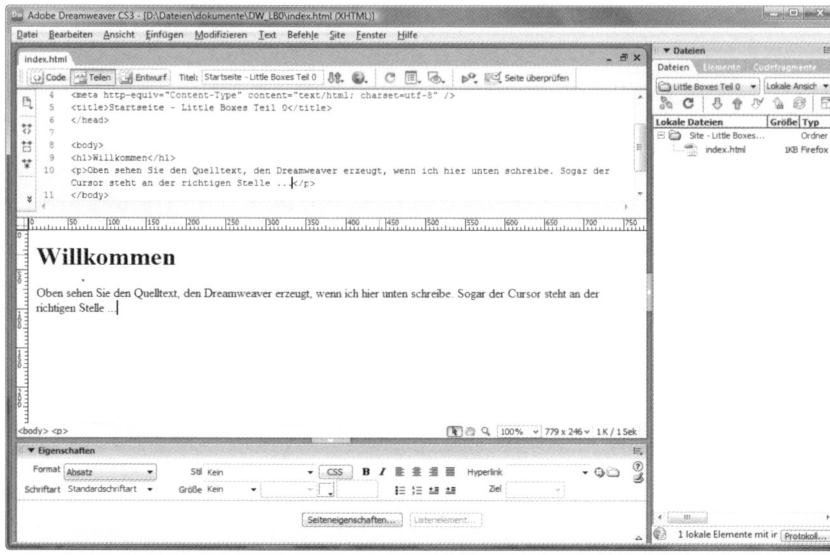

Abbildung 11.3: Dreamweaver in der geteilten Ansicht mit einigen Fenstern

Probieren Sie über das Menü Fenster aus, welche Fenster Sie nützlich finden. Im Einsteiger-Alltag sind Eigenschaften (zeigt unter dem Editorfenster die Eigenschaften des gerade ausgewählten Elements an) und Dateien (zur Dateiverwaltung und zum Hochladen) sehr hilfreich. Blenden Sie nicht benötigte Fenster konsequent aus.

Falls Sie in der Aufzählung der Editoren *Adobe GoLive* vermissen: Die Entwicklung ist zugunsten von Dreamweaver eingestellt worden. Auch *Microsoft Frontpage* gibt es nicht mehr, dafür aber einen Nachfolger namens *Expression Web*. *Expression Web* ist besser als Frontpage, nicht ganz so leistungsfähig wie Dreamweaver, aber dafür mit ca. 350 Euro auch nicht ganz so teuer.

Hinweis

Editoren für den Mac

Neben dem Dreamweaver gibt es auch für den Macintosh gute Text-Editoren. Zum Beispiel:

- Textmate: *http://macromates.com/*

Angeblich haben sich einige Leute einen Mac gekauft, nur weil Textmate so klasse ist.

11.2 Editoren zum Bearbeiten von Grafiken

In Kapitel 10.3 haben Sie bereits eine Online-Bildbearbeitung kennen gelernt, deshalb möchte ich hier mit einigen Webanwendungen beginnen:

- **Picnik**: *http://picnik.com*
  Ideal zur Bearbeitung von Fotos. In der Basisversion kostenlos.
- **Splashup**: *http://www.splashup.com/*
  Hieß früher *Fauxto.com*. Gut geeignet zum Erstellen eigener kleiner Grafiken. Wird in »Little Boxes, Teil 2« bei der Erstellung der Grafiken für Boxen mit runden Ecken verwendet.
- **Adobe Photoshop Express**: *https://www.photoshop.com/express/*
  Abgespeckte Version von Photoshop als Webanwendung, die sich vor allem an Anfänger und private Nutzer richtet, die nur die grundlegenden Funktionen einer Bildbearbeitung benötigen.

Natürlich gibt es auch jede Menge Bildbearbeitungsprogramme, die Sie ganz traditionell auf Ihrem Computer installieren müssen.

Für die grundlegenden Bearbeitungsschritte wie Zuschneiden, Bildgröße ändern und Helligkeit sowie Kontrast regeln, reichen einfache Programme, wie sie bei einem Scanner, einer Digitalkamera mitgeliefert werden. Auch zum Lieferumfang von Microsoft Office gehören einfache Bild-Editoren wie *Photo Editor* (Office 97 bis Office XP) oder *Picture Manager* (ab Office 2003).

Etwas leistungsfähiger sind die folgenden Programme:

- **Adobe Photoshop Elements**:
  http://adobe.com/de/products/photoshopelwin/
  Lightversion von Photoshop für ca. 80 Euro, aber mit mehr Funktionen als die oben erwähnte Webanwendung *Express*. Gut zur Bearbeitung von Fotos. Auch für Mac.
- **Gimp**: *http://gimp-win.sourceforge.net/stable.html*
  Kostenlos und frei. Leistungsfähig, aber eine eher ungewöhnliche Bedienung steht vielen Einsteigern beim Kennenlernen von Gimp im Weg.

Adobe Photoshop ist der große Bruder von *Elements* und ebenso wie Dreamweaver ein Profiprogramm. Kostenpunkt um die 1000 Euro. Wenn Sie mit Photoshop umgehen können, werden Sie kein anderes Bildbearbeitungsprogramm mehr benötigen. Wenn Sie noch nicht mit Photoshop umgehen können: Zur Erstellung einer Homepage ist es definitiv nicht nötig, Photoshop zu lernen. Es sei denn, Sie haben vor, Grafikdesigner zu werden.

11.3 Browser zum Testen von Webseiten

Während der Erstellung sollten Sie die Webseiten immer mal wieder in verschiedenen Browsern testen.

Die Browser

Zur Minimalausstattung einer Testsuite gehören auf jeden PC folgende Browser:

- Internet Explorer
- Mozilla Firefox: *http://getfirefox.com/*
- Opera: *http://opera.com/*

Auf dem Mac kommt *Safari* mit auf die Liste und unter Linux der *Konqueror*. Vielleicht möchten Sie auch *Chrome* von Google ausprobieren, aber das wird zum gegenwärtigen Zeitpunkt (Oktober 2008) noch nicht empfohlen.

Da man vom Internet Explorer nicht verschiedene Versionen auf einem Computer installieren kann, hat sich jemand eine Lösung einfallen lassen:

- Der IE-Tester: *http://www.my-debugbar.com/wiki/IETester/HomePage*

Abbildung 11.4: Der IETester simuliert verschiedene Versionen des Internet Explorer

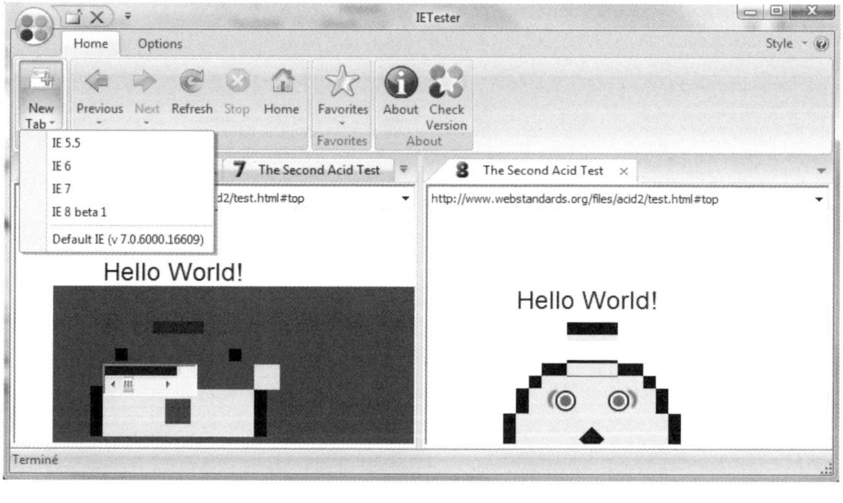

Zwei Zusatzprogramme für den Firefox

Die meisten, nützlichsten und besten Zusatzprogramme gibt es für den Firefox:

- **Web Developer Toolbar**:
  http://chrispederick.com/work/web-developer/
  Symbolleiste mit unzähligen Funktionen zum Testen und Überprüfen von Webseiten direkt vom Programmierer. Unter »Localization« finden Sie auch eine deutsche Version. Wird in »Little Boxes, Teil 1« auf Seite 315 kurz vorgestellt.
- **Firebug**: *http://getfirebug.com*
  Phantastisches Werkzeug zur Analyse von Quelltext. Know-how vorausgesetzt. Ein Tutorial zu Firebug finden Sie in »Little Boxes, Teil 2« ab Seite 379.

Editor und Browser im Alltag: Per Tastatur wechseln

Im Alltag hantieren Sie beim Webpublishing ständig mit mehreren Programmen und am schnellsten geht es, wenn Sie per Tastatur zwischen diesen Programmen hin und her wechseln.

Wenn Sie Editor und Browser gleichzeitig geöffnet und in beiden dieselbe Webseite geöffnet haben, geht das zum Beispiel wie folgt:

1. Speichern der Seite im Editor: Strg+S (wie *S*peichern)
2. Wechseln in den Browser: Alt+↹
3. Aktualisieren der Seite im Browser: Strg+R (wie *R*eLoad) oder F5
4. Wechseln zurück in den Editor: Alt + ↹

Oder als Kurzformel zum Merken:

- Strg+S
- Alt+↹
- Strg+R
- Alt+↹

Immer wenn Sie wissen wollen, ob eine Änderung im Editor wirklich funktioniert hat, sollten Sie in einen Browser wechseln und die Seite zum Testen neu laden.

11.4 FTP: Veröffentlichen von Webseiten

Um die auf Ihrem Computer erstellten Webseiten auf Ihren Webspace zu übertragen, benötigen Sie ein FTP-Programm (auch oft *FTP Client* genannt). Einige Editoren haben entsprechende Funktionen gleich mit eingebaut. Falls Ihnen diese Funktionen ausreichen, benötigen Sie natürlich kein zusätzliches Programm.

Die folgenden Programme bzw. Add-Ons sind zurzeit sehr beliebt:

- **FileZilla**: *http://filezilla-project.org/*
  Ein sehr beliebtes und kostenloses FTP-Programm.
- **FireFTP**: *https://addons.mozilla.org/de/firefox/addon/684*
  Ein komplettes FTP-Programm als Add-On für den Mozilla Firefox.

Falls Sie bereits ein FTP-Programm benutzen und damit zufrieden sind, sollten Sie einfach dabei bleiben.

11.5 Hilfe im Web und in Foren

Falls Sie bei der Erstellung Ihrer Site nicht weiterkommen, gibt es im Web zahlreiche Anlaufstellen, um Ihnen weiterzuhelfen. Zum einen gibt es zahlreiche Dokumentationen:

- Michael Jendryschik: *http://jendryschik.de/wsdev/einfuehrung/* (auch als Buch)
- SelfHTML: *http://de.selfhtml.org*
- CSS4You: *http://css4you.de*

Neben diesen Dokumentationen helfen bei Detailproblemen vor allem Foren weiter:

- *http://xhtmlforum.de/*
- *http://html.de/*
- *http://spotlight.de/*

Für alle Foren gilt, dass Sie vor dem ersten Posting die dort geltenden Verhaltensregeln und die Liste der am häufigsten beantworteten Fragen (FAQ, Frequently Asked Questions) studieren sollten.

Beschreiben Sie Ihr Problem so genau wie möglich. Wenn Sie sich nur 30 Sekunden Zeit lassen, um Ihr Problem zu beschreiben, können Sie nicht wirklich von anderen erwarten, dass sie mehr Zeit für die Lösung aufwenden. Oft hilft alleine das Nachdenken beim Beschreiben schon bei der Lösung.

Wenn Sie Fragen zu einer bestimmten Webseite haben, sollten Sie das Beispiel *online* irgendwo auf Ihrem Webspace zur Verfügung stellen und im Forum einen Link dazu posten. Das ist viel besser als den Quelltext direkt in den Forumsbeitrag zu schreiben, denn ein Onlinebeispiel können die Forumsexperten viel schneller untersuchen.

11.6 Bücher und Videotrainings

Tja. Was soll ich sagen. Natürlich gibt es unzählige Bücher zum Erstellen von Webseiten, zu HTML, zu CSS und zu vielen anderen Themen.

Wenn Ihnen dieses Buch aber gefallen hat und Sie beschlossen haben, Ihre Webseiten selbst zu bauen, dann schauen Sie sich doch einmal »Little Boxes« Teil 1 und 2 etwas näher an. Weitere Infos, Leseproben und vieles mehr finden Sie unter:

- *http://little-boxes.de/*

Dort finden Sie die neuesten Infos zu allen Little Boxes-Büchern und den gleichnamigen Videotrainings sowie Rezensionen und Links zu anderen Büchern aus dem Bereich Webpublishing.

Stichwortverzeichnis

.htaccess 159
<img> 56

A

Apache 152

B

Bildbearbeitung 212
Blog 125
- Bloganbieter (Bloghoster) 127
- deutsche Blogcharts 125
- Podcast 128
- starke Vernetzung 127
- typische Features 126
- Video-Blog 128
Bloghoster 127
Browser
- ABBRECHEN 35
- AKTUALISIEREN 35
- Chronik/Verlauf/History 40
- durchsucht den Quelltext 55
- dynamische Lesezeichen 38
- Firefox 230
- Grafiken ausstellen 56
- IE-Tester 230
- Internet Explorer 230
- Kontaktaufnahme mit Webserver 55
- Lesezeichen 36
- mehrere Fenster 35
- Navigationshilfen 34
- Opera 230
- Schrift vergrößern (Zoom) 167
- Session 35
- Sitzung 35
- STARTSEITE 36
- Symbolleiste 34
- und Editoren 231
- und Quelltext 54
- und Webserver 54
- Webseite vom Server anfordern 55
- ZURÜCK und VOR 35

C

Cloud Computing 83
CMS 76
- Beispiele 79
- Blogs 126
- Drupal 79
- Funktionsweise 78
- Joomla! 79
- TYPO3 79
- WordPress in Aktion 76
ComicSans 178
Content Management System siehe CMS
CreativeCommons 209
CSS
- Ergänzung zu HTML 60
- Navigation von Yahoo 61
- Styling der Webseite 57
- Trennung von Inhalt und Gestaltung 62
- verschiedene Ausgabemedien 62

D

DENIC.de 49, 143
DNS 46
- andere Top Level Domains 145
- Aufbau eines Domain Namens 48
- DENIC Richtlinien 145

- Domainkonfiguration 159
- Länderliste 50
- Namen zu Nummern 47
- Second Level Domains 50
- Subdomains 50
- Übersicht Top Level Domains 49
- und IP-Adressen 47
- und Sendung mit der Maus 48

Domain 147
- Angebote der Webhoster 148
- eigene Domain 142
- und Recht 148
- Webhoster 142

Domain Name System siehe DNS
Dreamweaver 227
Dynamisches Webpublishing 75

E

Editoren
- Bildbearbeitung 229
- Quelltext 226
- und Browser 231
- WYSIWY vs. Quelltext 224

E-Mail
- als Dienst im Internet 22
- auf dem Webspace 160
- IMAP-Zugriff 160
- POP3-Zugriff 160
- Spamfilter 161
- und Domain Namen 48
- Virenschutz 161
- Webmail-Zugriff 161

F

Favoriten 36
Feeds 38, 39
FileZilla (Download) 232
Firefox
- CSS ausstellen 58
- Firebug 231
- Grafiken ausstellen 56
- JavaScript ausstellen 63
- Lesezeichensymbolleiste 38
- Navigationshilfen 34
- Web Developer Toolbar 231

Flickr.com 81, 135
- und CreativeCommons 209
- und Picnik.com 211
- verschiedene Größen 214

forumromanum.de 137
Fotos
- fürs Web vorbereiten 211
- Größe ändern 213
- Helligkeit ändern 213
- Kontrast ändern 213
- kostenlose Quellen 209
- zuschneiden 213

FTP 22, 48, 69, 156, 232
Fünf Schritte zur Site
- 1. Rahmenbedingungen 104
- 2. Sammeln 107
- 3. Sortieren 110
- 4. Skizzieren 112
- 5. Umsetzen 115
- bauen lassen 115
- Baukasten benutzen 115
- Bedienungsanleitung 103
- Funktionen erstellen 118
- Inhalte erstellen 117
- Layout erstellen 116
- selber bauen 115
- Überblick 102, 119

G

GIF 206, 217
- Animation 217
- Interlaced (Zeilensprung) 217
- Transparenz 217
- Vor- und Nachteile 218

Google
- ägyptische Pyramiden 42
- Google Maps 134
- Google-Bombe 194
- mag Hyperlinks 197
- PageRank 197, 198

Grafiken
- Dateigröße überprüfen 206
- fürs Web vorbereiten 211
- Größe ändern 213
- Helligkeit ändern 213
- Kontrast ändern 213

- kostenlose Quellen 209
- Übersicht Grafikformate 219
- verschiedene Größen 214
- Vorschaubilder 214, 215
- zuschneiden 213

Grafisches Schreiben 172

H

Hamburger Verständlichkeits-
modell 171
Homepage (Begriff) 30
HTML
- body (Element) 189
- der Kern der Webseite 57
- Elemente 193
- head (Element) 189
- HTML-Elemente sind flexibel 59
- meta (Element) 191
- nicht hübsch, aber flexibel 58
- ohne CSS 58
- title (Element) 190
- Trennung von Inhalt und Gestaltung 62
- Überschriften (Elemente) 193
- und Little Boxes 59

HTTP 52
Hyperlinks 25, 28, 180
- Downloads kennzeichnen 182
- Empfehlungen zum Einsatz 180
- knüpfen weltweites Gewebe 28
- Linklisten 181
- und Hier-Syndrom 181, 194

Hypertext
- nicht auf Papier 29
- Text mit Hyperlinks 25

I

IANA.org 50
ICANN.org 49
IKEA in Groningen 198
IMAP 160
Internet
- ist ein Computernetzwerk 22
- und E-Mail 22
- und FTP 22
- und Telefonnetz 46
- und World Wide Web 25
- Unterschied zum WWW 25
- Zugang zum Internet 23

Internet Explorer
- Grafiken ausstellen 56
- Navigationshilfen 34

Internet Provider 23
Internetseite (Begriff) 30
IP-Adresse
- Konfiguration ipconfig 47
- und Domain Name 47
- Vergleich zu Telefonnummer 46
- vier Zahlen, drei Punkte 46

J

JavaScript
- ändert Verhalten der Webseite 63
- ausstellen im Firefox 63
- das Verhalten der Webseite 57

Jimdo.com 129
JPEG 206, 215
- Kompression vs. Qualität 215
- Vor- und Nachteile 217

K

Keyword Generator 191
Keywords 191
KK-Antrag 160
Klompfastikumpi 196

L

LAMP (Webhosting) 152
Lesen am Bildschirm
- der Bildschirm 167
- Scannen-Skimmen-Lesen 169

Links 180

M

Mailspace 160
Megapixel 212
meta (HTML-Element) 191
Mozilla Firefox 34

MySQL
- phpMyAdmin 158
- Webhosting 158

N

Navigation
- als Qualitätskriterium 89
- auf Webseiten 32
- Orientierung innerhalb der Site 33

Notepad++ (Download) 226

P

Phase5 (Download) 226
PHP 157
php.ini 157
phpMyAdmin 158
Picnik.com 211
Planung 102
- 1. Rahmenbedingungen 104
- 2. Sammeln 107
- 3. Sortieren 110
- 4. Skizzieren 112
- 5 Schritte im Überblick 119
- 5. Umsetzen 115

PNG 206, 218
- Alphatransparenz 218
- PNG-24 218
- PNG-8 218

Podcast 128
POP3 160
PSPad (Download) 226
Pyramide, die umgekehrte 172

Q

Qualitätskriterien
- Bibliothek 95
- Bibliothek und Galerie 94, 97
- Galerie 96
- Gestaltung 88
- Inhalt 87
- Interaktion 93
- Navigation 89
- Performance (Ladezeit) 90
- Quelltext 92
- Überblick 86
- Zugänglichkeit 91

Quelltext
- Bauplan der Webseite 53
- HTML, CSS und JS 57
- im Browser betrachten 54
- kommt vom Webserver 54

R

Rechtschreibreform 166
RSS 38

S

Scannen (Webseite) 169
Schreiben
- 184, 185
- Absatzabstand 175
- Abstand halten 175
- Beispiel 182
- für Maschinen 188
- für Menschen 166
- grafisches Schreiben 172
- Hamburger Verständlichkeitsmodell 171
- Hervorhebung 173, 194
- Hyperlinks 180, 194
- in der Sprache der Benutzer 191
- Linklisten 181
- Listen 174, 194
- Pulitzer (Zitat) 171
- Überschriften 173, 192
- umgekehrte Pyramide 172
- und Hier-Syndrom 181
- Zeilenabstand 175

Schriftart
- auf Webseiten 176, 180
- ComicSans 178
- mit Serifen 178
- ohne Serifen 178

Second Level Domains 50
Secure Shell (SSH) 156
Skimmen 169
Social Networking 124
Statisches Webpublishing 69

Subdomain 48, 159
Suchmaschinen 40
- Ablauf einer Suche 41
- analysieren den Quelltext 192
- durchsuchen nicht das Web 40
- Google-Bombe 194
- Keywords generieren 191
- lesen den <head> 189
- mögen Hyperlinks 197
- Robots (Crawler, Spider) 188
- Simulatoren 189
- vergleichen nur Buchstaben 42

T

Third Level Domain 48
title (HTML-Element) 190
Top Level Domains
- andere TLDs 145
- Länderliste 50
- Übersicht 49
Traffic (Datentransfer) 155

U

uitmuntend.de 137
UltraEdit (Download) 227
URL 27
- Aufbau 51
- Aussprache 51
- Groß- und Kleinschreibung 53
- mit Slash am Ende 52
- Uniform Resource Locator 51

V

Verknüpfungen 180
Verweise 180

W

W3C 29
Weaverslave (Download) 226
Web 2.0 81
Webanwendungen
- als Motor der Website 74
- auf dem Webspace 73
- Datenschutz 83
- ersetzen Desktop-Programme 82
- Forum 137
- gehostet 137
- gehostet (Funktion) 138
- gehostet (Überblick) 139
- Kontaktformular 71
- offline arbeiten 83
- Webmail 80
- Zusammenarbeit im Web 81
WebDAV 157
WebFTP 156
Webgrafiken 206
Webhosting 142, 148
- Checkliste Kosten 150
- Domainkonfiguration 159
- eigener Server 153
- Einstiegsangebote 151
- Fachbegriffe 154
- FTP-Zugang 156
- nur E-Mail 152
- Premiumklasse 153
- Reservierung und Weiterleitung 152
- Secure Shell (SSH) 156
- statische Webseiten 152
- Subdomain 159
- Traffic 155
- Überblick Webhoster 148
- Vertragsbedingungen 150
- Verwirrende Preise 150
- WebDAV 157
- Webspace mit PHP und MySQL 152
- wieviel Speicherplatz? 154
webhostlist.de 148
Weblog 125
Webmail 80, 160
Webpublishing
- Blogs 125
- Content 87
- Definition 68
- dynamisches 75
- eigene Domain 142
- Flickr einbinden 135
- gehostete Webanwendungen 137
- Google Maps einbinden 134

- Interaktion 71
- nach der Freischaltung 120
- ohne eigene Domain 142
- ohne eigene Site 124
- Planung 102
- statisches 69, 70
- user generated content 88
- Website-Baukästen 128
- wird interaktiv 70
- YouTube einbinden 135

Webseiten
- abonnieren 38
- besteht aus Quelltext 53
- dynamische Erstellung 75
- hat einmalige Adresse 26
- Scannen 169
- Sieben Qualitätskriterien 86
- Skimmen 169
- und Website (Begriff) 30
- werden überflogen, nicht gelesen 168

Webserver
- liefert Quelltext an Browser 54

Website
- anders als Buch 32
- Strato-Baukasten 132
- und Webseite (Begriff) 30

Webspace
- Definition 68
- der eigene 148
- Domainkonfiguration 159
- Fachbegriffe 154
- Passwortschutz 159
- Subdomain 159
- und E-Mail 160
- wieviel Speicherplatz? 154

Webstandards 29
WeBuilder (Download) 227
World Wide Web 23
- Ablauf einer Suche 41
- als interaktives Medium 71
- als weltweites Gewebe 28
- integriert andere Dienste 80
- Internet und Hypertext 24
- Social Bookmarking 81
- und Navigation 32
- Unterschied zum Internet 25
- Webseite 26
- Webstandards 29

World Wide Web Consortium 29
WYSIWYG
- gibt's im Web nicht 225
- was ist das? 225

X

XAMP (Webhosting) 152
XING.com 81, 124

Z

Zeilenabstand 175
Zoom 167
Zugänglichkeit
- und Suchmaschinen 195